与孩子共成长

《幼儿园教育指导纲要》的实践性解读

YUHAIZI
GONG
CHENGZHANG

◎ 沈颖洁 著

ZHEJIANG UNIVERSITY PRESS
浙江大学出版社

序

浙江省级机关北山幼儿园是浙江省贯彻《幼儿园教育指导纲要》(简称《纲要》,下同)的实验园,在探索如何将《纲要》的精神落实在幼儿教育的实践中走在了浙江省的前列。在这个幼儿园中,有许多勤于思考、勇于实践的优秀幼儿教师,本书的作者沈颖洁老师就是其中颇为优秀的一员。

认识沈颖洁老师时,她还在北山幼儿园担任一线教师,我曾多次因各种研讨活动来到北幼,她都代表该幼儿园在现场展示了教学活动。在那时,我感到她是一位充满热情的、肯钻研的教师,而且也是一位有良好素质的教师,我似乎预期到她会在不久的将来脱颖而出。果然几年后,我听说她已经成为了西湖区的一名幼教教研员,不仅沉浸一线,带领团队开展区域性研究,还在全国各地举行的研讨活动中展示优秀的教学能力。

这次,沈颖洁老师要求我为她的著作做个序,我仔细地翻阅了她的书稿,使我更进一步了解到沈颖洁老师这十年来的研究和积累。

这本书聚焦于五大领域的课程实施以及教师的专业成长两个方面,从教育实践中最薄弱、最难以把握的角度入手,呈现了一位优秀的幼儿园教师对于《纲要》的解读与诠释。

这本书从一线教师的立场和一线教师的需求出发,着眼于亟待解决的实践困惑,提出了解决问题的途径和方法。例如:《纲要》第一次明确将早期阅读方面的要求纳入语言教育的目标体系,这对于习惯于"故事、儿歌、看图讲述"等语言教学内容和形式的一线教师来说,早期阅读的确是接触甚少的教育内容。沈颖洁老师带领团队开始研究图画书教学。

这本书也体现了作为一线教师的沈颖洁解决问题的实践性智慧。例如:《纲要》中强调科学活动要着眼于探究,然而如何让探究成为幼儿主动的行为,并能支持幼儿饶有兴致地不断深入地参与活动?沈老师又开始研究如何利用驱动型问题来激发幼儿的探究兴趣,指引幼儿的探究方向,使问题转化成一个个富有情趣的探究任务,助推着幼儿的探究。这些教学策略是一线教师在与幼儿的互动中积累起来的,这些经验能帮助更多的幼儿园教师拓宽思路、获取经验。

这本书还着力呈现了作为一线教师和区教研员的沈颖洁如何帮助教师团队

去营造教研文化，创新研修载体，以及如何开展"提升幼儿教师课程执行力"的区域性研究。课程改革过程中，沈颖洁老师对教师课程实施的价值取向进行了冷静思考，从盲目创生、关注园本课程构建的研究误区中解脱了出来，将注意力转移到了更符合一线教师需求的课程执行力的提升等方面，体现出了对于国情园貌及当下教师能力素养等一系列现实问题的尊重和积极应对。

我翻阅了整本书，看到的是从《纲要》颁布至今，一位幼儿园一线教师所付出的努力，正是这些源自实践的"问题提出——寻求解决策略——实践验证——经验梳理"的研究历程，才真正使得课程实施能有效地助推着幼儿的发展；正是基于现实的反思调整，才使得教师能在伴随幼儿的成长的过程中获得了专业的发展。

我为沈颖洁老师的努力钻研、用心积累而感动；我相信随着这本书的出版，一定会带动越来越多的幼儿教师开展研究，并在与孩子共同成长的过程中带给幼儿教育更为可喜的明天！

华东师范大学教授　博导

朱家雄

2013 年 8 月

前 言

QIAN YAN

2003 年，浙江省级机关北山幼儿园作为省内唯一一所"全国贯彻《纲要》实验园"，正式加入到教育部"十五"重点项目——贯彻《纲要》行动计划"的研究中。当时的我，正担任幼儿园的教研组长，我为自己能参与这一重大课题研究项目而兴奋不已。时光匆匆而过，一眨眼，十年过去了。我也从一线教师到教研组长、幼儿园业务负责人慢慢地成长为一名区幼教教研员。做了教研员以后，我有机会接触到更多的教师，并有了更便利的条件去组织志同道合的伙伴们一起更深入地探究种种我们共同感兴趣的幼儿教育问题。

作为一线的《纲要》理念践行者，一直以来，我们遵循着行动研究的规律，不断探索、感悟、收获，共同体验着这种不确定的、非线性的、去模式化的研究过程。我们从基于幼儿园课程实践出发，在"发现问题、分析问题、解决问题、发现新的问题……"的探索历程中执着前进。我清晰地记得，项目组首席专家李季湄教授说过："贯彻《纲要》没有统一的模式，在于实践者将之演绎成独具特色的经验和实践路径，这样的实施过程本身就是一个创造高质量幼教的实践探索过程。"正是在这样的思想指导下，我们不断探索前行。回溯十年的研究历程，我们走过的是一条逐步深入的对《纲要》进行实践性解读的道路。

在这十年中，我们努力捕捉幼儿教育中那些最具元素性、根本性、普遍性的问题，努力从《纲要》的五大领域目标、教育内容、指导要点一步步入手，根据对现实的分析，努力寻找研究的切入点，用朴素的话语、具体的行动策略践行《纲要》。正因为如此，本书从"促进儿童身心健康的一日活动、基于图画书的早期阅读活动、带有驱动性的科学探索活动、关注社会性发展的主题活动、注重审美的音乐活动"等方面进一步阐释了我们对《纲要》五大领域核心价值的理解。从"园本教研的设计与实施、区域性园本教研文化的培育、师幼互动的研训策略、推动课程有效实施的课程执行力培育"等角度深入探讨了根据《纲要》理念有效促进教师专业发展的路径。这些基于实际问题、实践经验的研究促使我们越来越关注于幼儿教育的本质，越来越回归幼儿教育的基本元素，越来越珍视儿童特有的学习方式，越来越体会到师幼共同成长的快乐！

十年的探索，积累的一切都不是句号，而是一连串珍贵的逗号和一个大大的指向未来的充满希望的问号。我深信，只要我们坚持走在践行《纲要》理念的正确道路上，我们也一定能够为自己的自主专业发展书写下一个个精彩的惊叹号！

沈颖洁于杭州

2013 年 6 月

目录

上篇

《纲要》与课程的
有效实施

《纲要》与幼儿健康教育

健康是人与环境之间，心与身之间整体关系和谐的表现。仔细研读《纲要》关于健康教育的理念。笔者深深体会到，《纲要》所传递的最核心的健康教育观就是"身心并重"，即既关注幼儿的身体健康，更关注幼儿的心理健康。幼儿的身体健康以发育健全，具备基本的生活自理能力为主要表现，幼儿的心理健康则以情绪愉快、适应集体生活为主要特征。

幼儿的健康教育基于生活教育。陈鹤琴先生说过："儿童离不开生活，生活离不开健康教育，儿童的生活是丰富多彩的，健康教育也应把握时机。"幼儿健康教育的出发点与归宿是培养幼儿的健康行为即养成健康的生活方式，提高幼儿的生活乃至生命的质量，幼儿健康教育的内容涉及幼儿生活的全部。从这个意义上讲，幼儿的健康教育就是生活教育，举凡盥洗、进餐、如厕、睡眠、锻炼、游戏等日常生活的每一个寻常时刻都应渗透对幼儿的健康教育。

在这样的理念引领下，我们没有将健康教育局限于幼儿的体育活动，我们不是只关注幼儿的身体，更关注幼儿的心理。2010年，笔者作为杭州市西湖区幼教教研员，从那时起，我就有意识地在全区范围内掀起了"关注幼儿一日生活品质"的研究热潮。我们倡导教师从幼儿一日生活的各个环节入手，从儿童的身心发展需求及其规律出发，实施科学的保育和教育。我们在不断的自我审视中持续探寻幼儿健康教育的科学性问题，在反复实践中不断追寻生活教育的真谛，我们强调对幼儿生活自理能力的培养，让幼儿过好对其有发展价值的每一天，让幼儿在幼儿园感到安全、快乐、充实，进而得到身心的和谐发展。

我们还尝试关注幼儿的心理健康问题，敏感捕捉幼儿成长过程中的每一个关键事件，给予幼儿正面、积极的引导，帮助幼儿初步形成应对成长过程中种种心理困扰的能力，真正成长为《纲要》所描述的"愉快"、"主动"、"大胆"、"自信"、"不怕困难"的身心和谐发展的幼儿。

第一章　让孩子的生活更健康

第一节　为孩子提供充满品质的健康生活

一、幼儿园生活环境的优化

　　生活活动其内涵要义主要是指生活自理、交往礼仪、自我保护、环境卫生、生活规则等方面的活动，旨在让孩子在真实的生活情境中自主、自觉地发展各种生活自理能力，形成健康的生活习惯和交往行为，在共同的生活中能够愉快、安全、健康地成长。

　　生活教育另一个重要的使命在于培养儿童热爱生活的乐观态度和追求幸福的能力，但是这只有在体验了生活的愉悦以后才有可能。创设一个良好的生活环境，使儿童在早年的生活中充满幸福感是极其重要的。因此，教师在为儿童创设品质的生活需要把握以下三个方面：一是让幼儿愉快、安全、健康的成长；二是尊重儿童生活习惯的个体差异；三是关注儿童的情绪反应和情感体验，给予积极应答。这就是对儿童身心健康最好的呵护。

1. 创设富有教育性和生活情趣的环境

　　吃饭、喝水、盥洗、午睡这些生活环节对于儿童来说，有着更加重要的意义。它们不仅仅是满足儿童生理需求的一个环节，而是蕴含着丰富学习与发展价值的环节，相比于学习和游戏，这些环节带给孩子的发展同等重要，因此，我们需要去研究如何营造富有生活情趣和品质的环境，让环境具有教育意义。以下摘录西湖区星星艺术幼儿园午睡管理的案例，他们用心营造午睡环境的做法值得借鉴与推广。

案例：让午睡变成幼儿乐于接受的快乐时光

真舒服呀

我园为孩子们专门准备了摆放拖鞋的鞋架和每人一个挂衣服的衣架。在这个小小的更衣室里能给孩子们带来午休时身体的舒适和愉悦。

夏日午饭后，户外散步回来，就要准备进入寝室开始午睡了。只见孩子们三三两两地进入厕所，随后来到更衣室。更衣室里大家先换上自己的凉拖鞋，再从衣架上拿下自己的睡衣换上。女孩子互相帮忙拉拉链、解带子，把自己漂亮的裙子换成柔软的棉质睡衣，并把脱下来的裙子小心翼翼地挂在衣架上。男孩子们很利索地脱掉了已经微微有汗味的T恤，穿上了干爽的睡衣。孩子们一边熟练地更换自己的衣物，一边还在和同伴随意地交谈着，有的说："我家里没有更衣室，我也要让爸爸给我弄一个。"有的谈论着刚才散步时有趣的发现。

冬日里，午饭后只要有太阳，我们散步时会多带上一个朋友——棉拖鞋。先给棉拖鞋找一个能晒太阳的地方，让它们"暖暖身体、享受阳光"，等大家散步回来时就换上暖暖的拖鞋，并把脚上穿的鞋子换下来，也让它们在阳光下好好"睡一觉"。这样等孩子起床时就能穿上暖暖的鞋子了。冬天孩子们不用换睡衣，只要把厚厚的外套挂到衣架上就可以了，其他的衣服，在床上脱下摆放整齐。

从案例中，我们可以看到，教师为幼儿创设的"更衣室"温馨自主，幼儿在进入更衣室更衣的过程中，一方面获得了自我服务的锻炼机会，另一方面也让幼儿从兴奋的活动状态过渡到安静休息的状态。"棉质睡衣、干爽睡衣以及冬日里晒得暖暖的棉拖鞋"，无不体现了教师对细节的关注，让幼儿能在更为舒适、健康的环境中生活。

2. 接纳不同幼儿的个体差异和情绪

幼儿积极的情绪对其在幼儿园一日生活有着极其重要的影响，所以优化一日生活，首先要和幼儿建立良好的师幼关系，给予幼儿充分的宽容、接纳、理解，幼儿才能感受到幼儿园生活的愉悦感，因此，教师要努力接纳每一位孩子的个体差异，给予充分的情感认同，避免简单、划一的指令与要求。以下摘录省级机关北山幼儿园的就餐管理案例，其中教师对幼儿用餐情绪的关注与调整，所采用的游戏化、情景化的策略充满了人文关怀。

"小动物"餐厅开张喽

刚入园的孩子，常常一到进餐时就开始心情紧张，焦虑情绪一触即发，组织孩子进餐的过程总是让教师"身心疲惫"，想方设法地喂了这个赶紧喂那个，恨不得自己能多出几双手。怎样才能让孩子拥有良好的就餐情绪呢？于是，我们试着把教室的用餐区域"改造"成一个孩子喜爱的小餐厅。

我们首先结合孩子的就餐特点，自编了故事《啊呜啊呜我爱吃》，故事讲述了森林里的小动物在吃饭时也各有自己的特点，大老虎啊呜啊呜大口吃，小猪啊呜啊呜不挑食，小鸡啊呜啊呜吃得干净，希望孩子们能从故事中了解到每个人都有自己的就餐习惯，老师并不会对每人都统一要求，以缓解孩子就餐时的心理压力。伴随着故事情境，我们把原就餐区域布置成了大老虎、小猪和小鸡三个餐厅，以游戏情境的形式呈现，在餐厅入口处，悬挂了一个醒目的大招牌——"小动物餐厅"，招牌上贴满很多诱人而好吃的食物图片，还和孩子们一起制作了漂亮的帘子和隔断……这样，我们的"小动物"餐厅开张啦！

别看孩子年龄小，但他们也会根据自己的特点来选择，如吃得快的孩子就会主动坐到"大老虎餐厅"，而胃口较小、动作慢一些的则主动坐到可少分一些饭菜的"小鸡餐厅"。伴随着餐厅的开张，个别孩子的情绪也在发生变化，老师则及时肯定孩子的进步："佳佳真棒，吃饭时嘴巴张得跟老虎一样大！""星星，小猪在夸你呢，它说你今天把碗里的菜都吃完了。""青青，小鸡说你是它最最好的朋友，因为你和它一样喜欢把小碗变得亮晶晶。"

从案例中，我们可以感受到，对小年龄幼儿来说，环境的暗示作用特别明显，他们的情绪会随着环境的变化而变化，所以创造一个孩子喜爱、充满情趣的进餐环境在这一阶段特别重要。"小动物"餐厅的开设突破了传统的就餐环境，教师在开设前充分了解了孩子们的就餐特点，如有的食量大、有的挑食，有的速度慢，教师关注到这些个体差异，借用三个动物角色的就餐特点与之相对应，避开了自身就餐中的不足，强化了各自的亮点，所以孩子们特别乐意在这样能满足个体需要的环境中就餐。另一方面，孩子在自己的餐厅中可以得到动物朋友的"鼓励"，体验和小动物一起"用餐"的乐趣,这样一来,在模仿学习小动物用餐时,教师可以借此渗透良好的就餐习惯,从而让孩子体会到吃饭是一件愉快的事。

3. 调整一日生活的作息与流程

纵观幼儿园一日活动中的过渡环节,不合理的现象普遍存在,比如:有些教师把过渡环节当成放松期,由着孩子们自由玩耍;有的教师连过渡环节也总是高控制、不敢放手;有的习惯用如厕、盥洗等单一死板的生活活动替代过渡环节,存在拖沓等待现象……这些问题不仅浪费幼儿斑斓的成长时间,更重要的是在一定程度上削弱了幼儿参与活动的热情,压抑了幼儿的个性。如何让过渡环节变得更加科学合理,政苑幼儿园的"十分钟超市"的做法弹性自主,符合儿童的需要。

十分钟超市

教师在班级的一个角落里摆设了"十分钟超市",当幼儿喝完牛奶时,或者集体活动环节转换的过渡时段,孩子们可以到"十分钟超市自选区"拿取自己喜欢的玩具,相册、书籍……这些内容都是经过孩子们和教师共同商讨的,既可以在等待的时候有所消遣,又不会花费大量的时间而影响其他活动的开展。孩子们有时可以一个人自我陶醉,有时也和好朋友三三两两地一起玩,他们自发形成了临时性的小组化自主活动,我们可以看到,吵闹声小了,打闹不见了,快乐十分钟,让等待的过程变成有事可做,没有嘈杂的喧闹,每个人都自得其乐,一派宽松、自主的氛围,孩子们真正沉浸在快乐十分钟里。当老师弹起安静的曲子暗示孩子们十分钟时间到了的时候,孩子们将手中的东西及时归位了,就这样自然过渡到了下一个活动环节。

幼儿真正需要的过渡环节应该是"自主、宽松但又是有序的"。被动地等待着老师的安排,无意义的等待过程使孩子们的情绪得不到宣泄,所以教师越控制会越显凌乱。案例中的做法让幼儿在过渡环节中有选择权,自主权,有游戏材料,有同伴互动,不但缓解了幼儿整齐划一完成生活环节的拥挤,还营造了一种自主宽松的氛围,让幼儿获得更自主的发展。让幼儿在一个井然有序的生活环境中有规律地作息,建立秩序感,这不仅是一种潜移默化的养成教育,也必将有益于幼儿未来的学习与工作。

总之，幼儿园的一日生活作息需要体现科学性，既从容宽松，又不显得消极拖沓，既井然有序，又不显得高控拘泥，这其中"度"的把握就需要符合儿童身心发展的规律，根据幼儿的年龄特点和发展水平来安排，只有合理的安排才能体现对幼儿在园时间的珍视。

幼儿园的一日生活环节需要体现教育性，幼儿园的课程其特点之一就是保教结合。因此，需要教师用专业的眼光解读幼儿的情绪表现、生理需求、认知经验以及能力水平，无论生活、运动、游戏还是学习都能让幼儿感受安全、舒适，并渗透认知、情感、态度、能力的培养，体现教育意义，指向幼儿终身受益的发展。

幼儿园的一日生活管理需要体现孩子的自主性，让幼儿逐渐体验自我服务、自我管理、自主游戏、自主学习，成为一个有独立生活和学习能力的孩子。当然这样的成长过程离不开教师的引导与支持。

二、幼儿园运动活动的优化

1. 让晨间锻炼更有挑战

合理安排和开展晨间锻炼，不但能增强幼儿的身体素质，还能给幼儿带来愉快积极的情绪体验，以良好的精神状态投入到一日活动中去。晨间锻炼的内容一般以各种体育器械的运动为主，如：呼啦圈、皮球、跳绳、高跷等器械的一物多玩，也有些是利用周围环境设施安排锻炼活动，如：大型玩具、攀岩墙等，发展幼儿走、跑、跳、钻爬、投掷、平衡等方面的运动技能。《纲要》中提出"培养幼儿对体育活动的兴趣是幼儿园体育的重要目标，要根据幼儿的特点组织生动有趣、形式多样的体育活动吸引幼儿主动参与，"因此如何贯彻《纲要》精神，优化晨间锻炼，激发幼儿参与活动的兴趣是值得探讨的问题。西湖区申花路幼儿园在晨间锻炼上做了以下尝试：

△ 变单一型体育器械操作为多样化自制器械探索

发动家长利用废旧材料为幼儿制作了不同种类的体育器械。如：用塑料棍制作的高尔夫球杆、用废报纸团成的报纸球、易拉罐扎的梅花桩、布头缝制的沙包、纸板剪成的飞盘、毛线编织的彩绳等。这些活动器械安全有趣又实用，因为幼儿曾参与其中部分的制作过程，所以活动器械一推出就立刻受到了孩子们的欢迎和喜爱。

△ 变静态固定式玩法为动态生成性玩法

在平衡区的设置中让幼儿练习"走小桥过小河"。刚开始幼儿非常感兴趣，总是排着长长的队伍来"过河"。但在玩了一个星期之后幼儿已经熟练掌握了平衡的技能，游戏兴趣慢慢减退，玩的人也越来越少了。

于是，教师制定动态式目标，根据幼儿的发展水平，投放辅助材料，提出挑战任务，不断提高游戏的难度。将"徒手过河"改为"挑水过桥"，将竹竿的两端各绑上一个可乐瓶，在里面盛上水，让幼儿一边"挑水"一边走过各个障碍物。幼儿马上来了兴趣，队伍一下子又变长了。他们像模像样地挑着水，小心翼翼在桥上走。可过了几天，幼儿的兴趣再次减退，这时我就又将目标调整为"设置不同的障碍过河"，投放了许多空的旺仔牛奶罐，鼓励幼儿自己用罐子在地上摆出不同的障碍路线绕行，可以根据自己的水平来设定障碍物难度的高低。孩子们非常感兴趣，每天都能摆出不同的路线来走。一段时间之后，我又将"鱼贯式游戏"改成"分组竞赛式游戏"，幼儿互相比赛，看看谁先走到桥对面……孩子们非常喜欢这样不断调整的游戏，活动一直持续进行了很长时间。

通过案例，我们可以发现，生动、有趣、健康的晨间锻炼给幼儿带来的不仅是身体的发展，更重要的是健康向上的自我挑战。教师通过智慧引领才能带给儿童更充分、更积极、更具挑战性的体验。

2. 关注体育运动中的保育

体育运动是幼儿非常喜欢的活动，然而运动的过程中每个孩子的身体素质和动作发展水平是不一样的，教师既要注重体育活动的有效性，同时也不能忽略活动过程中存在的不安全因素，有时甚至会发生意外的伤害……基于这些状况，教师如何做好运动中的保育和安全防范工作以及调控运动量尤显重要。

△ 安全防范：教师事先要对活动的器械进行预操作，检查器械的安全性，了解器械操作的难点，以便于在指导幼儿运动时有的放矢地进行保护。在运动主项目进行前，教师要带领孩子做一些必要的热身和准备动作，与

运动项目相关的练习动作，既是后续运动的铺垫，也是身体、心理和相关运动经验的准备。

△ 运动保育：教师在兼顾全班的同时，要更多关注两头的幼儿，即运动能力特别弱和特别强的幼儿。要对运动能力弱的孩子多加保护和鼓励其参加力所能及的运动，对于运动能力强的孩子要多提醒，避免过分兴奋而产生不安全的举动。

△ 调控运动量：运动游戏的进展须遵守循序渐进原则，运动量和运动难度逐渐加大，让孩子逐渐适应器材和游戏规则，在心理能量到达足够程度的时候再进行高难度的挑战，避免因急于求成而导致孩子动作不规范而造成意外。在活动中遵循"高密度、低强度"的科学性原则，每次时间不宜过长、强度不宜过大，根据幼儿的个体差异来调节活动内容和活动时间。

3. 雨天室内体育的开展

阳光明媚的日子，户外体育锻炼能让孩子能量倍增，但是遇到阴雨连绵、风雪雾霾的日子，我们又该如何安排孩子开展体育锻炼活动呢？看着躁动不安的孩子们，如何利用狭小的空间让孩子们积聚的能量得以释放，如何因地制宜地开展室内体育活动锻炼孩子的体能？

△ 挖掘空间，确定锻炼内容

对幼儿园的公共室内空间如走廊、门厅、阳台、过道、楼梯等空间进行逐一查看，消除安全隐患，对每个空间能够容纳的人数进行统计，分成若干有待开发的运动场地。将每块场地独有的特点挖掘出来，有时候看似是场地的"缺陷"，但转换一下角度，反而能将缺陷变成场地特色。例如，门厅里有几根柱子，似乎对跑动活动有所阻碍，但是利用柱子开展"抢抱柱子"的活动就变得特别因地制宜和有趣。

室内不同于室外就在于多了一个顶面的空间，因此，积极利用顶面垂挂一些物品，可以帮助孩子进行纵跳触物、抛接投掷等活动，不同间隔不同高低的垂挂物也有助于形成不同的挑战度。利用地面，绘制各种符号线条图案，可以扩展幼儿的游戏情境，增加室内体育活动的兴趣。例如：跳房子、跳五线谱、走迷宫、走曲线、跳荷叶等。同时不要忽略边边角角：小小的台阶可以进行各种双脚的交替跳，增加灵活性、协调性，花坛边沿可以进行平衡训练，消防栓龙头可以作为障碍物进行绕桩或者跨越，就算一堵墙也能让幼儿在"挤油"的民间游戏中增强肢体力量。如果在楼梯上做一些小标记，就可以成为充满挑战感的运动器具。可以引导幼儿根据标记进行跨步、爬行等体能游戏，转换一下运动的方向和方式，又可以变幻出诸如倒走、倒爬等运动形式了。

越是狭小的空间，越是要考虑锻炼时的流程，明确锻炼的路线和方向可以使狭小的空间流动起来避免拥挤，消除安全隐患。例如：可以在走廊上玩跳房子的游戏，跳到终点后，从活动室门口进入，穿过盥洗室，从午睡室的门口出来继续排到队伍的末尾，便于人群的畅通流通。

△ 多元整合，设计锻炼方法

在室内开展运动，相比室外更要考虑到运动器械和材料的安全性，要多选择软性的材料，例如：海绵飞盘、布包、布条、纸球、气球等，用海绵飞盘来练习抛接，用小沙包来练习投掷，就算一张小小的餐巾纸也能让两个孩子在"吹力大比拼"中增加肺活量。在我国传统的民间游戏中有很多活动都适合在室内开展，例如：跳房子、挤油（大家靠着一堵墙，相互推挤，将其中一个同伴挤出队伍）。

室内游戏要因地制宜，充分利用室内现有的设施，如桌、椅、床等，并在活动中尽量少搬动，例如利用桌子可以进行钻爬、增加身体柔韧性的运动，利用椅子的多种间距变化组合可以开展增强平衡性和身体协调性的运动。因受场地、空间等限制，与户外游戏相比，室内运动应更加强调幼儿的规则意识，让幼儿在游戏中学会等待、谦让、分享，增强身体控制能力和对空间方面的感知，使幼儿学会在有限的空间里调控自己的活动幅度以及与同伴的距离。

小班幼儿主要以走、跳、爬为主；中班幼儿主要以滚、跑、全蹲走、钻为主；大班幼儿主要以身体柔韧性、侧面钻、匍匐爬为主，这样有层次的划分，可以让我们的室内体育游戏设计更加科学、有效。很多幼儿习惯使用右肢，出现左右肢发展不均衡的现象，针对这个问题，可以有意识地设计一些左肢运动游戏，用左腿跳、左脚支撑站立等游戏，发展幼儿左肢的协调性和灵活性，使幼儿身体素质得到均衡发展。

△ 适宜互动，促进体能发展

在狭小的空间里，教师需要事先预料到一些值得提醒和关注的安全隐患，然后交代规则，做好提示，例如明确起始点和终点可以避免幼儿相向碰撞。例如提前在转角处设立一个红灯标志，提醒幼儿到此区域慢行避让，或者当地面不平整有凸起物容易绊倒的地方时，教师可以干脆在上面放置一把椅子，当做一个障碍物供幼儿绕行，这样既可以避免安全事故的发生，又可以增加游戏情趣。

狭小的空间可以更多地增加人与人之间的身体接触，教师可以趁此机会和幼儿搂一搂、抱一抱，肢体缠绕一下，以增加教师和幼儿的亲密程度。狭小的空间容易产生噪音，但如果在活动组织中增加一些儿歌童谣，或者用音乐来调控运动，就会显得轻松有序。此外如果加入一些"木头人"，"别吵醒大黑熊"等情节，就可以让幼儿在游戏氛围中自然地压低音量开展运动。

第二节 为孩子营造爱与尊重的心理环境

《纲要》将健康教育拓展到包含心理健康的范畴，幼儿阶段是心理健康成长的关键期，儿童早期行为将对其一生发展产生影响，而现代家庭结构和教养方式的改变，也导致了幼儿心理发展过程中各种问题的产生，所以通过教育促进幼儿心理健康显得尤为重要。

一、客观积极地看待儿童的"问题行为"

1. 从急于了解"怎么办"到客观探寻"是什么"

对儿童行为的了解和观察要放到具体的情境中去，尽可能地还原情境和细节，对行为产生的各种条件、背景都做出具体化的描述。同时为了尽可能地客观，还需要了解所处关系中的自己，作为教育者当时的情绪体验和反应，检索自身情绪背后的想法和信念。

以往我们遇到问题，最直接的思维方式就是寻找对策"怎么办"，似乎认为作为一个专业的教师，头脑中就应该储备很多"怎么办"的具体策略。当我们面对年轻教师、家长的困扰或者求助的时候，也是力图能给出很多解决策略。但是，了解"是什么"才是解决问题的基础。我们对于如何去探寻"是什么"做得还远远不够，以至于我们得出的结论往往过于概念化不够具体，过于主观判断不够客观。

例如：一次教研活动中，年轻的李老师向大家求助，她这样表述孩子的行为："小薇是个内向胆小的孩子，从来没有在幼儿园做操，该怎么办呢？"但当我们进一步追问："为什么说小薇不在幼儿园做操？是能力的问题还是兴趣的问题？还是当天的特殊情况所致？从来不做操是什么概念，有做的时候吗？不做操的时候她是一种什么样的状态……"李老师这时才发现，她对小薇的观察太不具体，很多细节都太过模糊无从了解。这一连串的问号点醒了我们,当我们意图寻找"怎么办"的时候,还得先了解客观事实。

从案例中,我们意识到,不要急于给孩子下结论、贴标签,因为一旦你给孩子的行为贴上了一个概念性的标签,做出了预判的时候,观察的眼睛也就闭上了。因此,教师需要尝试改变过去的思维模式,摈弃主观判断,关注儿童行为发生的情境,尽可能还原真实、还原细节,了解自己的情绪信念,使得自己对儿童的观察、解读调整到更为客观的态度。

2. 从纠结于孩子有没有改变到我能为孩子改变什么

根据条件反射的原理,当孩子做出某一行为时,给予刺激,就形成了操作性条件反射。在条件反射中儿童的行为所获得的某种反应的效果如果是令人满足的,这种反应所关联的行动就得到了强化,这种反应就会得到保持。假如这种反应的效果是令人烦恼的,那么这种行为就会减少,甚至于被放弃。换句话说,"儿童身上出现并保持的某一个行为,一定是对儿童而言有某种好处的。撇开行为的好坏,在他(她)身上存在必定是具有合理性和功能性的。"因此,解读儿童行为需要教师去解析行为产生并被保持下来的原因。

以往我们总是希望改变孩子、纠正孩子,总把注意力集中在孩子有没有改变,有没有发生调整上。所以常常会听到老师们无奈地表述:"我说了很多遍,可是没用。这个孩子或者这个毛病改不了。"当我们总是发现儿童的问题行为的时候,我们有没有想过究竟是什么原因导致他产生这样的行为。因此,要从行为产生的原因出发,调整了孩子所处的环境,行为也许就能自然消退。有的时候是环境的问题,有的时候是教养方式的问题。

案例:《我说过对不起了》

大家正排队滑滑梯,突然天天把彤彤推开,自己插队先滑下去。"天天,你不排队。"小朋友还没说完,天天就跑到彤彤身边:"对不起。"第二轮排队,天天又插在亚亚前面,"天天,你又插队!"小朋友嚷嚷起来。"对不起啊。"天天顺口一句,边说边滑了下去。

老师:"天天,你为什么插队?玩滑梯要排队,你不守规则太自私了!""我已经说过对不起了。"天天回答。"光嘴上说不行,还要做得到才行,知道吗？"

"知道了。"……可是下次天天这样类似的"道歉行为"依旧在发生。

老师很困惑，和孩子讲道理，为什么孩子这样的行为总是得不到调整？

分析案例中天天一直存在的这种道歉行为会为他带来哪些好处？首先，道歉总能让同伴都原谅天天；再者，他在道歉的时候总是主动表达，主动向对方沟通，天天拥有主动权；最后，天天能得到自己想要的玩具或结果。造成天天这样的"道歉"行为的根本原因就在于，平日里礼貌教育的时候，教师往往就是将交往技巧认知化，而不是让孩子在实践中自己去发展出交往策略。所以，要想让天天的这种行为得到改变，还是得从调整教师的教育环境、教育策略出发。

3. 从诊断孩子个性到致力于具体问题的解决

教育其实也是一门科学，需要教师从复杂的情境中剥离出一个具体的问题，是一个提出问题、解决问题、假设验证、再调整的研究过程。我们不仅仅要关注儿童的问题行为，更要关注儿童行为的对立面，即：什么情况下发生（行为）？什么情况下不发生（行为）？从而发现孩子的行为究竟和什么条件绑定在一起，尝试改变某一种教育条件，做出一些调整，让变化慢慢发生。因为，我们知道没有哪一种策略是绝对正确还是有效，教师所做的并不是充当权威，而是尊重事实，在实践验证中，在调试中去判断所采取的教育行为对儿童是否真正有效。

例如：我们会焦虑于某个孩子胆子小，不会和人交往、就连和老师问早问好都不敢。教师往往会带有灾难性思维去担忧："这样的孩子将来怎么办？"但是我们可以进行情景剥离，究竟能改变的是什么？我们不能改变孩子的个性，但是帮助她尝试去和成人打招呼还是可以努力的。关注孩子什么时候是不愿意问好的，什么情况下是愿意和成人问好？是什么原因造成的，然后针对性地做一些引导。

又如，孩子午睡睡不着，这是生理的原因，不一定是教师可以改变的，但我们可以改变教师自身的内在的信念，我们需要正视孩子的个体差异，我们并不一定要纠结于孩子是否睡着，如何让睡不着的孩子午睡时不影响别人才是解决问题的关键。

从案例中，我们可以反思到，孩子的问题不是教师鞭长莫及地感叹，或者是自寻烦恼地试图去改变家庭就能改变的。教师更需要分清边界，处于教师的立场上，如何给予儿童关注、弥补和修复。

二、平等尊重地聆听儿童的"童真心灵"

《纲要》最核心的理念就在于"以儿童发展为本"，"让每一个孩子富有个性地发展"。这提醒着我们，不仅仅是抽象地了解儿童的年龄特征、学习特点、思维水平，还要试图去了解个体的行为表现、思维方式、情绪需要、学习风格等等。了解童年的独有价值才能更好地帮助儿童以这个年龄段独有的方式去获取关键经验、核心能力、情感体验。了解童年对儿童的成长意义，才能确保我们提供给儿童的童年体验，教养环境和方式能有利于儿童的长远发展、使其终身受益。

1. 尊重，体现在基于儿童立场的冷静审视中

那些约定俗成的作息流程、司空见惯的生活现象、习以为常的组织策略是否真正源自孩子的需要，服务于孩子的成长，需要教师基于儿童的立场去冷静审视其中的科学性、合理性、教育性。

例如：在幼儿园里常常可以看到孩子排成一列小火车，相互拉扯着前面的小朋友，蹒跚行进。这样的做法究竟会带给儿童怎样的心理体验和感受？教师在管理上似乎更为轻松，但孩子却在反复的要求下被强迫在队伍中保持步调一致。在孩子的行动上我们都无法放手给予儿童自主的权利，我们又该如何去呵护儿童的独立性？又如，每当教师组织孩子完成某一活动内容后，总有孩子来询问："老师，接下来我们可以做什么？"而教师也总是在等待全体幼儿完成统一的步骤后，才统一下指令进入下一环节，环节与环节之间的拖沓造成了孩子的消极等待，可想而知，在这样由教师高控而又僵化的活动组织下，儿童如何去形成独立、自主、积极、主动的健康心理？

事实上，没有什么做法是不可以被改变的，关键在于我们愿不愿意睁开眼睛，细致察觉儿童的需要，以儿童的立场来质疑并改善我们驾轻就熟的做法。

2. 尊重，渗透在对儿童行为的专业解读中

孩子的情绪反应，行为变化都折射着他们的内在需要，需要教师用敏感的心去观察发现，用温润的爱去体察感悟。理解孩子的行为表现、接纳孩子的情绪表达，探寻行为背后的缘由，这就是儿童研究者所应有的最朴实的研究态度。当我们真正理解"一日生活皆课程"这一理念时，我们的教育责任心才会表现为自觉地利用一切可能的因素，抓住幼儿在园的一切机会，有意识地施加影响。

一个有着课程意识和儿童发展意识的教师，会用专业的眼光和敏感性去解读儿童的行为，为专业的支持提供依据。例如：当我们发现儿童总喜欢流连于盥洗室时，我们是否能从他们放松自如的交流中感受到儿童对于自主交流的渴望？当我们在活动中，看到孩子们相互嬉笑着反复躺倒在地上模仿小动物睡觉时，我们是否能感受到儿童肢体表达情感的需要？当我们看到下雨天，孩子烦躁地出现各种嬉闹行为时，我们能否感受到儿童正在为体内无法释放的能量而焦灼？

因此，只有具有课程意识和幼儿发展意识的教师，才能基于对儿童行为的解读，在自我审视中探寻生活作息的科学性，在反复跟进中挖掘生活环节的教育性，在创新调适中凸显孩子生活管理的自主性。这一切，都需要基于对儿童的尊重。

3. 尊重，展现在与儿童心灵的智慧对话中

聆听童声，解读童心，捕捉孩子在寻常时刻中思维跳动、情感脉动，用孩子听得懂、看得见、理解得了的方式与之对话是教师必修的专业能力。教师需要在实践中去反思，我们所做的教育影响是否有助于塑造健康的人格，我们所采用的教育行为是否有利于儿童的心理健康，我们所带给儿童的心理体验是否是安全、自由和宽松的。在实践情境的研磨中，教师需要试着让自己的指令更为生动有趣，班级的规则更为灵活自主，材料的投放更为有序科学，通过师幼之间的智慧对话，教师与孩子将成就着彼此的成长！

例如：当孩子不愿意吃白木耳时，教师不是一味从营养均衡不挑食的角度，在奖赏刺激和看护下要求儿童艰难地喝完不爱喝的银耳羹，虽然教

师认为自己是成功地改变儿童挑食的习惯，但由于没有消除儿童对黏液的心理反感，以至于孩子将会在很长期的时间段里排斥这一类食物。那么，这样的教育行为就是以忽略儿童的心理体验为代价。

又如：当儿童出现打闹行为后，教师为了让儿童意识到自己的错误，而让孩子进入开着紫外线灯的教室"消消毒"，看似短时间内起到了震慑的效果，但是留给儿童的心理阴影却是难以磨灭的。

因此，真正地理解儿童、接纳儿童、尊重儿童，才是真正健康的教育。

第三节　心理健康教育的实例研讨

一、中班健康活动：我不害怕

💡 设计意图

　　本活动选自《幼儿园课程指导》第二版中班下册主题《我是勇敢小宝贝》。"害怕"，是一种心理情绪，不同年龄的每个人都有各自不同的害怕，每个成长过程中的孩子都对"害怕"有着直接而又深刻的情绪体验。因此，这个话题能引发孩子的共鸣，值得深入地展开探讨。然而研读教材中的原设计，仅仅"鼓励孩子大胆地说出心中的害怕"显然对当下的孩子来说意义不大，孩子缺乏的不是说出害怕的勇气，而是缺乏正视害怕，克服害怕情绪的自我调控方法。于是，通过"分享害怕"让孩子了解害怕是一种每人都有的自然情绪，通过"分析害怕"帮助孩子了解害怕产生的基本原因，通过典型案例的聚焦讨论来"克服害怕"帮助孩子获得调控自己害怕情绪的丰富的方法与策略。最后当所有的孩子对着"超人瓶"大声说出自己"直面害怕"的解决办法时，积极的心理暗示以及多种鲜活的调适情绪的策略都将伴随儿童的成长，促进孩子的心理健康成长。

📐 活动目标

　　1. 能与同伴及教师讨论分享自己的害怕体验，知道"害怕是每一个人都有的情绪"。

　　2. 乐于积极寻找调适自己害怕情绪的多种方法。

📦 活动准备

　　黑板、记号笔、纸、超人瓶、背景音乐

活动实录

一、导入话题——"害怕"。

1. 回忆前期阅读的相关绘本，说说那些主人公各自的"害怕"。

师：前不久，我们看了豆太的故事，还记得豆太最害怕什么呀？

幼：豆太最害怕黑夜，害怕一个人上厕所。

2. 与幼儿分享老师的"害怕"。

师：每个人都会有各种各样的情绪，也都会有害怕的时候。猜猜老师会不会害怕？

每次我一想起那个害怕的东西，我的心都会怦怦直跳了，想知道吗？那好，我们一起把害怕的东西画下来。当音乐结束的时候，咱们就一起来看看大家心里都害怕些什么？

二、讨论交流"我害怕的事"。

1. 绘画自己害怕的事情。

播放稍带神秘感的音乐，幼儿随音乐画出自己心中害怕的事物。

2. 分析"害怕"的原因，进行分类。

幼儿逐一介绍自己的"害怕"，教师询问原因。

幼：我害怕蛇……我害怕毛毛虫……师：你们都害怕各种各样的动物。

幼：我害怕小偷、坏蛋。

幼：我害怕妈妈出差。师：那是因为你太爱妈妈了，所以不舍得和她分开。

幼：我害怕地震。师：看来你很关心周围的新闻，一定是大家的议论让你有点担心吧！

幼：我害怕弹琴弹不好。师：担心自己做得不够好，我相信你一定会努力去练一练。

三、分享"害怕"的情绪感受。

1. 交流害怕时的情绪。

师：当你害怕的时候，你会怎么样？

幼儿回忆自己害怕时的表现，教师给予情感的认同与接纳。

师：原来每个人都会有自己害怕的事情，害怕的东西。一想到这些害怕的事情心就会怦怦跳，脸涨得红彤彤的，浑身发抖，躲起来，蒙住眼睛。

害怕的事情有些可能是我们生活中可能遇到的危险，也有的是我们脑子里想象出来的可怕事情。

2. 根据害怕的对象，进行分类。（生活情境中的危险事物、假象、幻想中的可怕事物。）

师：这些让我们害怕的东西的确可能在生活中遇到，比方说：蛇、狼狗、老鼠……那么哪些害怕的东西是不会在生活中真正出现的，是我们脑子里想出来的？

幼：鬼、怪兽、妖怪……

四、典型案例聚焦，解决"害怕"。

1. 调动生活经验，解决现实情境中的"害怕"。

教师选取某一实例（狗），幼儿自主讨论，教师提升解决策略。（远离危险、请求成人的帮助……）例如：老师最害怕大狗，怎么办？帮我想想办法。

幼：躲得远远的……请别人来帮助我……找到一些小窍门，知道怎么和狗狗打交道。

师：远离危险，请求成人的帮助，让自己懂得更多的知识，想出更多的好办法来保护自己。

2. 聚焦"怕黑事件"，解决幻想情境中的"害怕"。

师：这些想象中的怪物、怪兽的确令人害怕，所以每到晚上，有个小朋友就会特别的怕黑，不愿一个人睡觉，还不让妈妈关灯，我们有什么好办法来帮助他？

幼儿交流自己克服害怕的方法。教师将幼儿的想法用绘画符号记录，并与幼儿一起创编成儿歌。

师：是呀，每个孩子都会有害怕的时候，害怕自己脑子里幻想出来的稀奇古怪的可怕东西，你小时候会，我小时候也会。那么也许我们可以……

怕黑的时候，我会……（点一盏灯）让心里觉得不是那么害怕。当我醒来的时候，我能看到我身边的一切。

怕黑的时候，我会……（抱着玩具睡觉）有它陪着我，害怕的时候，我会拍拍它，告诉他，有我呢。

怕黑的时候，我会想……（爸爸妈妈）就在隔壁，他们随时都会来保护我。

怕黑的时候，我会……（小声地唱歌）啦啦啦啦啦啦，让自己忘掉害怕。

怕黑的时候，我会……（想那些快乐的事情）。我会告诉自己，没有怪兽没有怪兽。

五、收集"害怕"的超人瓶。

1. 出示"超人瓶"，教师榜样示范。

师：老师这里还有一样神奇的宝贝，这是一个有力量的"超人瓶"专门用来收集"害怕"的。只要你对着瓶口大声地喊出你的害怕，并能想到办法去克服它，你就会得到超人的勇气。

教师示范："我不怕大狼狗，我可以躲得远远的！"

2. 幼儿尝试表达自己的害怕及解决害怕的方法。

幼儿逐一尝试，对着超人瓶，说"我不害怕……，因为我可以……"。

六、延伸活动：收集大人们的"害怕"。

采访身边的大人，了解他们的"害怕"及克服"害怕"的策略。

指导文新学前教育集团须晶晶老师执教、该活动获杭州市一等奖

二、大班健康活动：第一次

设计意图

每个人的第一次都会有些不同寻常的感受，如何正确面对第一次，勇敢地去尝试第一次，对孩子发展来说具有里程碑意义。图画书《第一次》选取了孩子经历中的三件典型事件：第一次独自睡觉、第一次下水游泳、第一次上台表演，通过"第一次的事件名称——第一次的感受——他人的支持鼓励——自我的积极暗示——经历后的成功体验"这样的顺序娓娓道来，其中隐含了引导孩子正确面对第一次的意义。通过这次教学，我们期望让孩子意识到：面对第一次，有些害怕或紧张都是很正常的，只要勇敢地去尝试就有可能会成功，而这也是本次教学活动的重点。活动中通过谈话引发幼儿原有经验、阅读了解作品内容、讨论和实践深入理解图画书内涵等方法去落实目标。

活动目标

1. 理解只要勇敢尝试就有成功的可能，学习用"试一试"鼓励自己大胆尝试。

2. 喜欢阅读这本书，大胆讲述自己第一次的感受和想法。

活动准备

图画书《第一次》人手一本。

活动过程

一、阅读封面，引出话题。

1. 说说我们经历的第一次。

师：我们每个人都会经历第一次，比如：第一次离开爸爸妈妈上幼儿园、第一次自己穿衣服、第一次用筷子吃饭等等。你们经历过的那么多第一次，哪个第一次给你留下了深刻的印象？

小结：看来第一次的感受有很多，有快乐的、有开心的、有兴奋的、还会有紧张和害怕的。不管你有哪种感受，第一次对于我们来说都特别的有意义。

2. 看看书中的第一次。

师：今天老师带来了一本书，看看书里的小朋友经历了什么？你是怎么知道的？

书中会有哪些第一次？让我们一起看一看吧！

二、集体阅读，理解内容。

1. "第一次"时来自内心的感受。

第一次做这些事情的时候，心里会有什么感受？

教师朗诵书中表现孩子心理活动的句子，引导孩子关注表现心理感受的词语。

2. 幼儿集体阅读并尝试表达：第一次，独自睡觉，黑漆漆的房间让我的心呼呼直跳。第一次，下水游泳，蓝盈盈的水池让我两腿发软。第一次，上台表演，亮闪闪的舞台让我手心冒汗。

小结：心呼呼直跳、两腿发软、手心冒汗都表示了小朋友有一点点紧张，有一点点害怕。原来每个人在经历第一次的时候都会有这些感受。

3. "第一次"时来自旁人的鼓励。

——分段阅读第一次睡觉部分。

她成功了吗？是什么让她不再害怕黑漆漆的房间？

妈妈笑眯眯的眼睛想告诉她什么？妈妈会怎么说？

——分段阅读第一次下水游泳部分。

你下水游泳过吗？你第一次的时候有什么感受？

后来你怎么敢了呢？成功的感觉怎么样？

——分段阅读第一次上台表演部分。

谁鼓励了她？掌声代表什么？当她听到伙伴们的掌声心里会怎么想？

4. "第一次"时需要勇敢"试一试"。

书中的小朋友每一次碰到困难的时候，都会对自己说一句有"魔力"的话，可以让他变得勇敢，是哪一句呢？

为什么要对自己说"试一试"？如果不"试一试"会怎么样？

小结：碰到第一次需要去做的事情，要勇敢地去试一试，试了之后就有可能会成功。

三、尝试更多的"第一次"

1. 试一试第一次自己边阅读边说说书里的内容。

试着第一次自己看着图片来说一说这本书，愿意试一试吗？

老师的微笑、客人老师的掌声都在告诉你，请勇敢试一试。

2. 我还想"试一试"。

还有什么事情是需要做但你们还没有做过的？如果现在请你去试一试，你愿意吗？跟你旁边的小朋友说一说，你想试着做的事情。

❓ 活动建议

1. 活动结束后，可以让孩子将自己计划去试的事情记录下来，贴在"我愿意试一试"的主题墙上，激励孩子大胆去尝试。

2. 和家长取得联系，针对每个儿童不同的情况，尝试鼓励孩子去"试一试"第一次做自己需要做的事情。

指导枫华府第幼儿园陆姬文老师执教、该活动获杭州市三等奖

三、大班健康活动：高个子和矮个子

💡 设计意图

本教学内容出自《我真棒》主题中的"高个好还是矮个好"。原教材中让幼儿直接就"高个子好还是矮个子好"这一论题进行辩论，但是从幼儿的实际情况出发考虑，幼儿缺乏一定的语言表达情境和载体，并且在没有辩论基础的班级中开展有一定难度。因此增加文学素材和角色形象，便于幼儿产生角色的移情体验，进而表达自我的感受，从具体的事件中辩证地理解高与矮的好处。

此外，通过对儿童经验的剖析，我们认为对儿童成长的发展价值不仅仅是停留在辩证看待高矮差异上，还在于感受身体特征差异的同时，能尊重别人，悦纳自己。例如：如何用积极心态去看待问题，如何发挥自己的优势，如何尊重接纳团队中与众不同的"他"……因此，通过设身处地地为"高个子"、"矮个子"解决困惑，可以帮助孩子自主获得积极的成长经验以应对自身成长道路中正面临或者将要面临的困惑。

🚩 活动目标

1. 知道每个人都有独特的身体特征，能悦纳自己。

2. 能理解和体会故事中"高个子"和"矮个子"的心情，懂得尊重同伴，欣赏同伴。

3. 大胆表达自己的想法，尝试设身处地地为同伴提出建议。

📦 活动准备

幻灯，图卡，黑板、身高记录板，小圈

🎥 活动过程

一、观察身高差异，引发对"高"和"矮"的特征感知。

1. 出示文字图卡"高"和"矮"，高个子老师和矮个子小朋友进行情感交流。

大家好，我是个子高高的沈老师。大家可以和我打招呼，叫我高个子沈老师。（出示图卡"高"）我们来玩说相反的游戏吧，高的反义词是什么？你们是矮个子小朋友。

2. 根据身高记录板，找找班里的高个子和矮个子。

（出示身高图）前几天我们给自己测量了身高，让我们来看看某某小组的身高吧。他们比起来，谁是高个子？谁是矮个子呢？哦，虽然你和老师比起来是矮个子，但是你可是小朋友里面的高个子哦。

小结：有的人高，有的人矮。高矮是相对的，就看你和谁比。

二、提取原有经验，引入故事《高个子卡勒》。

1. 了解孩子对高矮的基本看法。

——你希望自己是高个子还是矮个子？为什么？

2. 了解高个子的烦恼，讲述故事"有只小兔子叫卡勒……躲在远远的角落里"。

——看封面图片，感受卡勒的特别。提问：谁是卡勒，他有什么特别？

在小兔子的幼儿园里，也有一只非常特别的小兔子。他的名字叫卡勒。

提问：你能看出来哪一个是卡勒吗？除了老师以外？为什么？他什么地方很特别？看到这样一张照片卡勒心里会怎么想？

是呀，真糟糕，个子太高了，耳朵都没拍进照片。看到这样的照片心里一定会很难受。

——讲述三张图片：衣服穿不下、同伴嘲笑、游戏不适合。提问：遇到了那么多不愉快的事情，现在卡勒的心情怎么样？他为什么不喜欢长高？

提问：卡勒遇到了哪些不愉快？注意观察图。

是呀，心爱的衣服穿不下了，真不开心。朋友说的话听上去真有点刺耳，我们下次可千万不要伤害朋友的心。没有朋友一起玩，多孤单多寂寞呀！

提问：卡勒觉得个子高好吗？他现在看起来心情怎么样？（伤心，难过，委屈，烦恼……）

三、移情体验，解决"高个子的困惑"。

1. 对应三个事件，寻找让卡勒快乐起来的办法。

——怎么帮助卡勒快乐起来？赶紧劝劝他。想想高个子有什么好处呢？

出示第一张图片，衣服穿不下。

师：换一种角度去想问题，遗憾的事情也会变成好事呢，能经常穿新衣服是多开心的事情啊！

出示第二张图片。朋友们老是取笑我，我心里真难受，如果你是我的朋友，你会怎样对待我呢？

师：是呀，朋友之间的玩笑也要注意，听起来刺耳的话也会不知不觉刺伤朋友的心，下次一定要注意呢。真正了解朋友，就知道哪些话朋友听了会伤心的，下次就会特别小心和注意的。

出示第三张图片。我老是玩不好跳房子的游戏，一不留神就出界了，我也很无奈。你们帮我想想办法吧。

师：我现在感觉好多了，谢谢你。朋友们不笑话我，我就不那么难过了。

2. 教师作为卡勒进行情感回应，并用简笔画的方式记录孩子的语言。

3. 矮个子阿德的好主意。

——阿德说了一些什么话？

——出示姚明照片。认识这个高个子吗？

有一只同样很特别的小兔子，什么地方特别？她也像你们一样非常善良，也来安慰卡勒了。猜猜矮个子阿德对卡勒说了什么？她说认识一位非常了不起的高个子呢。

小结：原来生活中也有很多特别的高个子，但是他们找到了自己的特点，也一样能成为很成功，受人尊敬的人。

4. 讲述故事后半段，为卡勒的成功庆贺。

四、情境讨论：矮个子阿德的烦恼。

1. 为阿德设计一种玩法。

——阿德从来没有得过冠军，用什么方法来玩圈，可以让阿德获胜？为什么？

2. 听听医生对阿德的长高建议。

3. 教师散文诗小结。

有的人高，有的人矮，

高个子投篮真厉害、矮个子钻圈多灵巧，

各有各的好处，各有各的本领。

有时候，长得太高或是太矮也会给我们带来小小麻烦。

但是——没关系，

做最适合自己的事，加上聪敏的头脑，

我们都会更加喜欢自己，

还有——别着急，

从矮个子小朋友一直长成高个子大朋友。

每一天，我们都要喜欢特别的自己。

《纲要》与幼儿语言教育

《纲要》在阐述幼儿园语言教育问题时，突出了对幼儿早期阅读问题的关注。可以说明确将早期阅读方面的要求纳入幼儿园语言教育目标体系。其核心理念有三点：激发幼儿早期阅读的兴趣，培养幼儿早期阅读的习惯，促进幼儿早期阅读能力的发展。

对于一直来习惯于"听讲故事、唱念儿歌、看图讲述"等语言教学内容和形式的幼儿园教师来说，早期阅读活动是一个以往了解甚少的教育内容，早期阅读的资源也颇为缺乏。寻找怎样的阅读材料用以来开展早期阅读教育？如何体现早期阅读对儿童的发展价值？……这些问题和困惑，使得早期阅读成为一线教师贯彻落实《纲要》语言领域教育目标的一大难点。

2005年以后，笔者感觉到，市场上出现了越来越多适合儿童阅读的图画书。当时笔者正担任幼儿园教研大组组长，我发现这些优秀的图画书资源可补充到幼儿园课程中来。"帮助孩子爱上阅读"——这一朴素的愿望，不经意间成为了我园贯彻《纲要》语言领域教育目标的突破口，同时也成了我们开展图画书阅读教学实践探索的出发点和归宿。从那以后，笔者泡书店、搜书市、参加"海峡两岸图画书研讨会"、拜访图画书阅读推广人、陆续收集了近千册图画书，并在幼儿园开辟了绘本馆，使北山幼儿园成为全省最早建设绘本馆的幼儿园之一……不仅如此，我还组织本园教师开展图画书阅读教学的实践探索，追求早期阅读教学的核心价值：帮助幼儿丰富口头语言，并促使其积累书面语言对应、转换的经验；引导幼儿对各种视觉符号产生敏感，并初步形成感知辨别能力；培养幼儿在阅读过程中产生"假设、推测、质疑、反思"的能力，进而形成自主阅读的能力。

经过几年的实践研究，对于如何挖掘图画书的教育价值，如何让图画书与幼儿产生互动，如何将早期阅读的目标渗透到主题活动中去等问题我们都积累了一些经验，在这里，我们不揣浅陋，整理出来与幼教同行们交流分享。

第二章　与孩子一同爱上阅读

第一节　幼儿园早期阅读教育的理念探讨

一、幼儿园图画书阅读教学的现状审视

图画书是一种独特的儿童文学类型。它以图画和文字共同叙述一个完整的故事，在图画与文字的相互映衬、相互补充下，带给读者一种独特的阅读体验。其风格鲜明的图画、生动简洁的文字和打动心灵的故事，能带给孩子阅读和思维的乐趣。在很多发达国家和地区，图画书都是母语教学的重要课程资源。近年来，随着图画书的推广，许多优秀的图画书逐渐进入了幼教工作者的视线，笔者欣喜地发现，正如许多阅读推广人所描述的一样，图画书是一粒幸福的种子，能陪伴孩子的童年，滋养着孩子开始幸福的人生！这一点也是很多接触过图画书的教育工作者的共识。

自 2005 年起，浙江省级机关北山幼儿园便开始陆续收集了近千册的图画书充实到儿童阅览室中，并不断鼓励教师开展图画书教学的实践探索。但在实践过程中，教师对图画书阅读教学产生了一系列的困惑：

仅仅将图画书完整地讲述、朗读一遍、草草走过场，缺乏必要的引领和指导。

将图画书当作诗歌、故事教学，一味地要求孩子记忆、复述一些表层信息，局限了文学作品本身的价值。

割裂地将图画书的文字、故事梗概抽出来呈现给孩子，干涩空洞，破坏了整体艺术性。

力图将图画书当作道德教育的途径，阅读教学随之变成了带有浓重说教色彩的思想品德教育……

面对这样的现状，我们意识到如何将优秀的图画书转化为课程资源，如何以图画书为素材展开阅读教学，已经成为教师们普遍困惑、亟待解决的实际问题。于是我们选取了部分图画书，以案例研究的方式，深入地挖掘、品读、传递到孩子面前……渐渐地，在反复咀嚼中，我们领略到图画书的魅力；在反复推敲中，我们感悟到图画书阅读教学的些许策略。如何真正地读懂图画书、并带领着孩子们体验图画书的魅力？这就是图画书阅读教学的核心问题。

二、图画书的挖掘——一枚值得反复咀嚼的橄榄

图画书就如同一枚橄榄，反复地咀嚼愈发显得回味无穷，而图画书的味道就在于去感受作品中温情的"意味"、奇妙的"趣味"和无穷的"风味"。

对图画书深入准确地挖掘是阅读教学的前提与保障，教师对图画书作品的理解和价值判断将直接体现在教育目标中，渗透到教育过程中。优秀的图画书往往蕴含丰富的信息，然而在阅读过程中，如果仅仅停留在对情节的大致了解，不做深层次的挖掘和准确的引导，那么这样的阅读带给孩子的发展也是有限的，甚至是有害的，孩子会满足于"浅尝即止"的快餐式阅读，而缺乏与文学作品深层的对话与思考。因此，在挖掘图画书的教育价值过程中，我们可以思考以下几个方面。

1. 挖掘情感内涵点——"意味"

图画书的故事往往都有种温情的"意味"，这种意味深远的东西能轻轻拨动我们的心弦。这种人文意味和哲学意味恰恰就是图画书的灵魂所在。因此，教师需要用心挖掘那触及故事灵魂的"情感内涵点"，然后通过这个"情感点"去寻找贯穿故事始终的"情感线"，最后通过搭建有效的载体"情感面"将故事的意蕴巧妙地呈现在孩子面前。

在这一过程中，如何运用"润物无声"的教育策略帮助孩子感受到其中"可以意会不能言传"的作品情感内涵是最难把握的。这需要情境创设、

教具运用、声像渲染、师幼互动等多种要素的支撑，也有赖于教师的教育智慧和内在的文学素养。

意味之深在于"润"

例如：在图画书《收集东、收集西》中，散文诗从孩子自身的收集、周围人群的收集爱好、自然界中的收集现象等展开，最后结尾呈现的画面则出现了孩子褓褓期的用品，配图的文字是："我问妈妈，你喜欢收集什么东西？妈妈说：我收集的都是'你'的东西呀！"这就是全文最具感染力的片段，生动地表达了温馨的母爱，拉近了图画书与幼儿生活体验之间的距离，帮助孩子进一步理解关于收集的特殊而珍贵的情感意义。于是在作品挖掘上，我们将"收集对于收集者特殊的情感意义"作为情感内涵点。通过引导孩子观察小女孩和奶奶快乐、满足的表情体态，去理解每个人都有各自不同的收集爱好，收集的东西都是自己最喜爱的宝贝；通过引导孩子想象大海收集石头的过程、去感受收集是一个聚少成多、精挑细选、呵护收藏的过程；通过讨论妈妈为什么要收集这些关于自己的东西，进一步体验自己成长过程中妈妈浓浓的关爱；这一条由"爱"串起来的情感主线在一层层地递进深入中逐渐清晰。最后当教师展示自己的"收集盒"，与幼儿分享其中珍藏着的美好回忆时，孩子对"收集"所蕴含的情感意义也有了更深层次的理解和表达，纷纷开始尝试有意义的收集计划。

2. 挖掘认知冲突点——"趣味"

在阅读过程中，作品中呈现出来的认知信息是最为明显的，孩子很容易从文本和画面中去了解一些新的经验和知识点。然而，真正让孩子乐在其中的"趣味"所在，是对文本信息的一种出其不意的发掘，当孩子发现原本平淡普通的文本背后藏着有待发掘的奥妙时，孩子的阅读热情也随之迸发。

因此，在挖掘这些认知信息的过程中，教师需要寻找到孩子新旧经验发生碰撞的"认知冲突点"。有意识地呈现冲突、凸显关系，帮助孩子去感知并理解作品所反映的人与人、人与物、物与物之间的关系。引导孩子在关系中建构新的经验，获得认知水平的提高。

趣味之奇在于"显"

例如：《收集东、收集西》中有两个页面，一幅是隔壁的圆圆收集了一大堆"蓝色的东西"，另一幅是乌鸦收集了一大堆"怪东西"。

从文本信息上看来，似乎没有什么难以理解的问题。然而，通过深入地挖掘发现，这两个页面传达了这样的信息——"收集的一类东西往往具有某一共同的特征"，能寻找并发现这一规律对孩子的认知是有挑战性的。于是在活动设计中，教师将画面的观察前置，引导孩子去发现并思考："圆圆喜欢收集怎样的东西？这一堆怪东西有什么特别之处？乌鸦为什么要收集它们？"从而帮助孩子了解收集物之间共同的特征，学会在观察中有效地整合信息，寻找事物之间的关系，概括提炼出共性的特点，在关系中建构新的经验，促进认知水平的提高和思维方式的转变。

3. 挖掘审美共鸣点——"风味"

图画书的阅读过程同时也应该是一种审美的过程。通过画面、语言的阅读，孩子能进入到充满幻想、诗意、神奇的世界，在图画书的情景中去体验感受别样的艺术"风味"。因此教师要基于审美对作品进行欣赏与挖掘。

教师需要尽力展现作品中能贴近孩子心灵的"审美共鸣点"，从画面（色彩、构图、细节）、语言（声韵、童趣）等元素中去寻找一种值得赞美的童真、纯真。

风味之美在于"真"

例如：图画书《想吃苹果的鼠小弟》中，画家对鼠小弟的刻画非常生动，仿佛就是一个憨态可掬、有着小小心思的小男孩。孩子们能从鼠小弟的表情神态中看到自己的影子，读懂鼠小弟的心思。于是面对这样的画面，教师就尽可能地引导孩子去观察，从鼠小弟的神态中去感受鼠小弟的心情

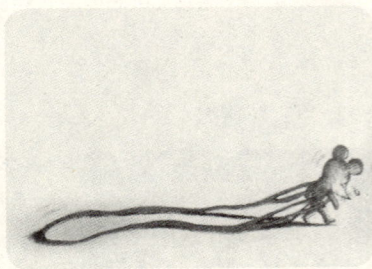

起伏：一开始想吃苹果时的渴望、眼看着朋友们一个个用自己的本领摘走苹果时的羡慕、焦虑、沮丧、懊恼，孩子们边看画面边猜测鼠小弟的心理活动，情不自禁地模仿鼠小弟的表情与肢体动作，这些对画面细节的欣赏能带给孩子极大的阅读乐趣。

又如《发明家奇奇兔》中，奇奇兔奇思妙想的发明图纸与孩子的思维方式非常地贴合。教师有意识地重点引导孩子对不同构思的三张设计图纸一一解读，使得孩子沉浸在奇奇兔的创意空间中，想象力得到极大的满足。这些愉悦的审美体验都有助于孩子真正地爱上阅读，学会阅读，从而为孩子终身的阅读习惯、阅读能力奠定基础。

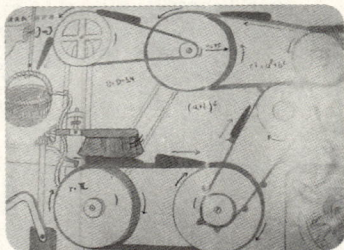

三、图画书的品读——一次充满期待的思维之旅

图画书的品读好比是一次旅行，一路上当风景富有节奏地呈现在你面前、冲击着你的思维时，应接不暇的欣喜也就随之而来。那必定是一次充满期待的思维之旅。

教师在开展阅读教学中，环节的呈现、问题的提出都需要精心设计，而设计的出发点应该围绕在如何发展幼儿的思维能力上。因为语言和思维有着密不可分的关系，语言是思维的工具、思维是语言的内容。我们需要关注的是，孩子通过阅读是否越来越智慧了，是否越来越敏锐了，是否越来越喜欢阅读了。因此，在引领着孩子进行阅读教学的过程中，能反复刺激、不断激发孩子积极思维、能发展孩子思维能力，优化思维品质的环节呈现、提问设计才是阅读教育的要素。我们可以从以下几方面做一尝试。

1. 预测与猜测

在优秀的图画书中，故事情节的发展往往带有重复的特点，这一特点与孩子的心理年龄特点是吻合的。因此、在呈现重复出现的情节时，我们可以有意识地引导孩子对即将发生的情节进行预测，以此培养孩子的推理能力，培养逻辑思维。

而同时，图画书的魅力又在于构思上的出其不意，所以当有些预想不到的情节出现之前，教师可以引导孩子进行大胆猜测，在天马行空的想象中表达自己思维的独创性和灵活性。

例如：《鼠小弟的小背心》中，教师有意识地在前半段的阅读中设计了预测性的提问，当小背心被小鸭子借走，继而被猩猩、海狮、狮子借走后，孩子感受到了小背心穿在越来越大的动物身上，被撑得越来越大的情形后，教师提出问题："猜猜狮子接下来会遇到谁？会遇到怎样的动物？"孩子们纷纷回答："狗熊、大象。"从孩子的回答中我们可以了解到孩子对动物越变越大的事实和情节的推进已经联系到了一起，这就是通过推理而得出的答案。而在教学的后半段，教师鼓励孩子进行猜测："如果你是鼠小弟，小背心变成这样了，你会用什么办法让自己开心起来？"通过这样开放性的提问，使得这一环节真正地激发了孩子的发散性思维，"把小背心变成风筝，放放风筝就开心了。""把小背心剪一剪，可以变成领带，也很好呀！"……孩子在这种发散性的讨论中也获得了多种角度看待问题，多种方法解决问题的思维方式的养成。

2. 模仿与补白

图画书中的语言往往非常简练明了，朗朗上口，富有节律，是幼儿学习书面语言非常好的素材。教师要善于引导孩子将自己想要表达的口头语言转化、提升为作品中的书面语言。让孩子在模仿中，学习一些固定的句式和结构，提高语言表达的准确性和思维的逻辑性。

此外，图画书中的画面往往传达了丰富的信息，但是文字没有详尽地表述出来，有的仅有图画没有文字，这一切恰恰都是作者有意的留白，给予读者想象和探寻的空间。面对这样的情况，教师可以引导孩子进行主动地补白，给予孩子一个充分表达，主动理解的机会。

例如：《想吃苹果的鼠小弟》中，孩子通过观察画面就能知道鼠小弟的心理活动，可是大多数孩子无法准确地表述出来。于是教师将"要是我也……"这样的句式提供给孩子，借助这样优秀的语言范例，孩子们轻松地将自己的口语"小老鼠看到小鸟飞、小鸟会飞、我也要飞、我也要摘苹果"之类的语言转化为"要是我也有翅膀，我就能像小鸟一样摘到苹果了。""要是我也有长脖子，我就能像长颈鹿一样摘到苹果了。"

而作品的最后几幅图画都没有文字，但是通过连贯地阅读就能理解事件发生的整个经过（海狮用头把鼠小弟顶到树上，鼠小弟摘了两个苹果，两位好朋友都吃到了苹果，很开心）。于是教师鼓励孩子都来说说："你看懂了吗？发生了什么事情？"提供了孩子"有事可说，有话想说"的语言学习机会，也培养了孩子对于时空关系、事件顺序的理解力。

3. 质疑与释疑

思维品质的提升还在于能抓住关键的问题进行大胆质疑，因为思维往往是从疑问开始的。因此，在图画书的阅读教学中，不能停留在让幼儿被动地接受信息的阶段，而是要尽可能地鼓励孩子提出质疑，让孩子从看似寻常的细节中发现问题，学会质疑。

同时，教师要鼓励幼儿调动已有经验进行释疑，从一系列相关的线索中找到合乎情理的解释，在释疑的过程中，幼儿的归纳、推理、判断的能力得到发展，分析问题、解决问题的能力也大大增强。

例如：《胆小的老鼠》中，教师鼓励幼儿对于作品中感到疑惑的地方进行发问。一幼儿提出："小老鼠吱吱身边蓝色的东西是什么？"于是教师抓住这一契机继续深化这一问题："对呀，这个蓝色的东西是什么？好像在前面几页也看到过？"孩子进一步发现，这蓝色的东西是一只玩具小老鼠，是吱吱的玩具。在故事的每一个页面上都有出现，而且总是出现在吱吱的周围。于是孩子又一次提出困惑："为什么画家老要画这只蓝色的玩具老鼠？为什么吱吱到哪里都要带着这个玩具？"带着困惑，孩子之间展开讨论、寻求解释："蓝色小老鼠是吱吱的宠物，是最心爱的东西。""我睡觉的时候喜欢抱一个毛绒玩具这样就不害怕了。""因为吱吱很胆小，有玩具陪在身边，它会感觉有安全感……"就这样，在质疑和释疑的过程中，孩子积极地迁移着经验、拓展着思维。对作品中角色的理解也更为深刻了。

四、图画书的阅读教学——一种琴瑟相和的幸福体验

图画书的阅读教学需要师幼双方的和谐共鸣，当孩子与教师真诚地去分享倾听，那将会是一种琴瑟相和的幸福体验。

在开展阅读教学的过程中，影响着阅读效果的重要因素就是师幼互动。面对同样的作品，当互动的空间环境、互动的心理氛围、互动双方的情绪状态发生改变时，孩子的阅读体验也会发生着改变，直接影响到孩子阅读的专注度与参与度。因此，教师需要策略化地展开互动，以体验为手段、以共享为姿态带领孩子去感受、感悟、感动。在实践中，我们发现以下几个因素非常重要。

1. 空间的奇妙之处在于距离

在实践中我们发现，阅读教学对空间环境的要求非常高，因为很多图画书阅读需要借助幻灯投影屏幕，于是教师往往会选择到大礼堂（空旷）或视听室（狭小）进行。然而，相同的教师、相同的内容、相同的教学流程在两个不同的场所进行，孩子的反应却大相径庭，剖析原因就在于——互动距离。阅读教学大多以教师讲述、幼儿阅读画面的形式为主，孩子需要与画面有近距离的接触，这样才能细致深入地观察到画面的细节。大礼堂的屏幕距离远、色彩灰，无法引起孩子的阅读兴趣，而视听室的电视机则像一本大书，能细致地呈现细节，带给孩子亲切的直观感受。

此外，阅读活动往往穿插、伴随着教师的提问、孩子的讨论等形式。这种以密集的谈话、讨论形式展开的阅读需要相对集中封闭的空间，孩子对作品细微的感受和反映，教师语气、声调、眼神等信息都能被互动双方敏感地接收到，这样能缩短教师与孩子的心理距离，使得互动频率大大增强。

2. 氛围的和谐之处在于理解

在阅读教学中，教师与孩子琴瑟相和的和谐氛围是教师们最为期待的。然而教师在抱怨孩子不配合，没有呼应、死气沉沉的同时却忽略了对自身互动行为的反思。其实阅读教学贵在教师与幼儿真诚地交流，教师需要俯下身来，从孩子的视角去聆听孩子的心声，真正地理解孩子的语言表达、

思维方式。具体体现在：

耐心地等待孩子的发现和补充。听完孩子的每一句话，不要随意的打断，也不要用教师的语言去替代。

真诚地倾听孩子的理解和观点。仔细捕捉孩子语言和神态中的信息，进行追问和对话，鼓励孩子将自己的观点清晰地表达。

由衷地流露出对分享过程的兴致和欣赏。不试图将孩子当作教师预设答案的"代言人"，对每个答案都给予尊重，关注幼儿思维背后的情感与态度。

3. 体态的魅力之处在于感染

在面对幼儿的时候，教师习惯于借助肢体动作帮助孩子感受理解。越是小年龄的孩子，由于语言发展的局限，越是喜欢借助身体的动作去完成表达与表现。然而在实际运用肢体展开教学的过程中，也有一些误区。教师往往会将问题的答案用肢体动作来点拨孩子，看似是没有用语言直接告诉答案，但实际对答案的限制却是更为具体。还有的教师为了互动气氛的活跃，指示孩子学一学、动一动，然而这样"猴子学样"式的模仿反而冲淡了对作品本身整体连贯的感知。

因此，我们认为在阅读教学中教师的体态应该是教师自身的一种自然的情感流露，是建立在对作品的理解感受基础上，而非刻意地设计。其目的也是感染幼儿，从情绪上带动幼儿一同进入情境去体验、感受、理解，而非为了形式上的活跃。

五、图画书阅读后的延展—— 一座架设于文本和生活间的桥梁

当我们心满意足地合上手中的图画书，那些故事、那些画面却已深深地留在我们心里，面对生活、我想我知道该怎么做了！

如同图画书的结尾，优秀的图画书结尾必定是能引发读者会心一笑，继而带来一些深刻的思考，那么我们的阅读教学如何在指导幼儿展开深度阅读后，架设起文本与幼儿生活之间的桥梁？如何通过延伸载体的创设进一步拓展孩子的经验，升华情感体验，将文本与生活相联系，真正做到回归生活、服务生活、指导生活？这也是一个非常难把握的问题。从实践中

我们依稀找到一些感觉。

1. 情到深处、自然流露

　　教师要寻找情感链接的载体，自然地流露抒发情感。例如，在《收集东、收集西》的最后环节，教师向孩子们展示了自己充满爱意的"宝贝收集盒"。孩子惊讶地发现，其中有第一次远足途中找回的石头，节日里孩子亲手制作送给老师的卡片，自己小班第一天上幼儿园哭鼻子的照片，以及运动会时全班自行设计制作的标志物等等。看到这些带有情感色彩的纪念物被老师如此用心的保存收集，孩子从心底里说出了："原来老师收集的都是我们的东西呀！""老师，你真好！谢谢！"又一次感受到了收集所蕴含的浓浓爱意。情到深处的自然流露才能真正触动心弦。

2. 移情体验、指导生活

　　教师要寻求故事情境与生活情景的转换方式、巧妙地检验孩子在文学作品中获得的感悟能否继续作用于生活，服务于生活。例如，在《鼠小弟的小背心》的最后环节，故事中鼠小弟的小背心没有了，教师提出用红纸折一顶帽子送给鼠小弟，让鼠小弟变开心。然而过程中教师巧妙地设置了很多问题情境："帽子太大了怎么办？""没关系、动动脑筋再折折小。""帽子变成小船，不小心船头撞破了，怎么办？""没关系，再想想办法！"最终教师手中的红纸从小帽子变成了小船，又从小船变成了可爱的小背心。孩子在游戏的情景中也再次地感受到要用乐观积极的心态看待问题，一切都会有转机，有惊喜。

　　在进行图画书阅读教学的探索过程中，我们越来越感受到图画书像是一座丰富的矿藏等待着我们去挖掘。如何利用图画书这一素材充分展开，生成系列化的主题活动？如何借助多种感官和媒介帮助孩子充分理解感受？如何鼓励和支持孩子用多元的方式表达表现？这些都是有待进一步去实践探索的问题。与此同时，教师自身文学素养的积淀、幼儿倾听能力的培养和思维品质的优化都能以图画书阅读教学为支点获得发展。

　　帮助孩子爱上阅读，教师和孩子都会收获更多！

第二节 图画书教学的主题化推进

一、理顺脉络、了解故事情节

图画书往往蕴含了丰富的教育资源，故事本身所蕴含的教育意义、可供拓展的认知信息、可供欣赏的图文艺术性都可以成为儿童与之互动的教育元素。因此，我们不再将图画书的教学局限于单个集体教学的时间单位里，而希望通过主题化的推进，通过一系列相关联的图画书教学活动，帮助儿童在与图画书的"互动"、"对话"中，从容地浸润其中，自主地吸纳各自所需的"养料"。

毋庸置疑，图画书最首要的功能是供儿童阅读，因此，关照儿童的阅读体验、呵护儿童的阅读兴趣是最首要的任务。如同观赏一部电视连续剧，观众最希望能一口气了解剧情的发展，了解故事的结局，解开一个又一个的悬念。而此时如果过多的广告插入一定会让观赏的流畅感、愉悦度大打折扣，甚至于使得观众干脆换台不看了。同样道理，如果儿童与图画书的初见，不断地伴随着老师生生植入的"教育企图"，也会使阅读的好奇心和流畅感大打折扣。因此，图画书教学的第一环，就是帮助儿童扫清阅读障碍，理顺作品脉络，了解故事情节内容，满足阅读的根本需要。以下结合一本中国原创的图画书《漏》来谈谈如何进行主题化推进。

第一次拿到这本图画书，就被这个名字所吸引。这个让人摸不着头脑的"漏"究竟是啥意思？一口气看完，不禁连声称快。在漆黑的夜晚，各怀心事的小偷和老虎都来王老汉家偷驴，可是，他们撞上了——"漏"！画家用童趣盎然的角色造型、细腻传神的笔触、动感十足的画面行进，为孩子们倾情献上了一出幽默十足的民间喜剧！这样原汁原味的中国图画书在众多舶来绘本中显得尤为珍贵。嗯，就是它了，好东西一定要大家齐分享，于是以人手一本的数量投放到了图书角里。期待就此能和孩子们展开一次中国民间故事的文化之旅。

漏？——啥意思？

不可否认，这是一本非常有意思的书，孩子们拿到书后都会边看边笑，但和孩子们一聊，却发现孩子对书的理解各不相同。毕竟这故事中暗藏玄机，这个热闹有趣的画面背后埋着作者煞费苦心的伏笔！于是，有必要带着孩子一同来理解故事，一同先来将这个故事嚼嚼透。最起码，应该将这个"漏"是什么先搞搞清楚。

在首次集体阅读中，教师带着孩子们一同进入了这洋溢着乡土气息的民间故事。"从前有座驴背山，山腰间住着个王老汉，王老汉家养了一头大胖驴……"这个开头怎么听怎么透着亲切，孩子们也迅速进入了情境。快看，那大胖驴胖得那么显眼，难怪小偷和老虎要打它的坏主意。再看那小偷和老虎的表情，那神情与动态透出了各自的心理活动。孩子们饶有兴致地揣摩着故事角色的心理，既紧张又兴奋地期待着一场好戏在这月黑风高的夜晚上演。

"……咦？什么声音？王老汉惊醒了。**管他贼哩虎哩，我什么都不怕，就怕漏！**"当教师用宋丹丹式的口吻讲完这一句的时候，故意来了个停顿，环视四周，孩子们笑得很茫然。

"听明白了吗？还想再听一遍吗？"教师此时故意卖了个关子，随即再用那老奶奶的口吻放慢语速讲了一遍，这一回孩子反应过来了，"哦，原来是漏雨的漏啊！""是呀，这半夜三更冷不丁地听到老奶奶的这句话，谁都

漏？我走南闯北这么多年，
还从没碰到过这漏，难道这东伙
比我还厉害？小偷想。

漏？我翻山越岭的这么多年，
还从没碰到过这漏，难道这东伙
比我还厉害？老虎想。

会反映不过来的。你看你们听了第二遍算是明白了，可小偷和老虎明白了吗？"再看那小偷和老虎抓耳挠腮，翻着白眼，估计是没听明白。"那么小偷和老虎心里想的'漏'到底是个什么家伙呢？"

经过这样一番换位思考，孩子们一下子理解了，正是老奶奶这句至关重要的话才引出了一场误会，而这小小的误会随后才会演变成后面一系列戏剧性的大动静。于是，了解了其中蹊跷的孩子们看着故事中傻里傻气的老虎和小偷越发地感到有趣，也越发能设身处地地理解小偷和老虎，因为他们已经真正理解"漏"在不同角色的心里，有着不同的含义，而这就是这个故事的情趣所在。

所以，第一次的集体阅读就应该先帮孩子理解故事。将力气花到点子上，把关键的包袱抖开，把故事推进的脉络理顺，那么孩子才能畅快无阻地享受阅读的快乐。

二、自主阅读、理解图文内涵

当孩子读完一本图画书，对故事内容和情节有了大致了解以后，如何再将孩子的阅读引向深入，是提升孩子阅读能力非常重要的环节，我们不能满足于孩子对故事内容情节浅尝即止的了解，而是要指引着孩子进一步去发掘、感悟、理解图画书的图文内涵。通过讨论帮助孩子回顾情节与脉络，引向情节发展的原因，以及对故事中角色人物的价值判断。讨论的结果是开放式的，并不需要结论，但它能引导孩子们去重新审视阅读文本，重新审视认知冲突以及价值观念，帮助孩子在"阅读——讨论——思考——再阅读——再讨论……"的状态中，成为一名有自主理解力的阅读者。例如图画书《漏》的主题化推进片段二：

一本好的绘本就是一座小型美术馆，而观看图画书《漏》则更像是看一出情节跌宕的喜剧。孩子的阅读乐趣就在于对画面细节出其不意的发现。当发现原本平淡普通的文本背后藏着有待发掘的奥妙时，孩子的阅读热情也随之迸发。第二次集体阅读的时候，教师让孩子自主阅读、交流分享各自对画面细节的阅读发现与理解，将自己在画面中发现的小秘密变成问题来考考大家。

漏！——有点意思

问："扉页上的碗是干什么用的？画家为什么要画一个大碗呢？"

答："看看封底不就知道了，用来接漏下的雨水呀！画家画在扉页一定有道理，说明这个碗迟早要派上用场。""看看这个碗，破了好几个缺口，但是还在派用场，说明老爷爷老奶奶生活可不富裕。"

孩子们早已经知道不放过图画书的每一个角落，扉页与封底上的大碗在形式结构上有着自问自答的相映成趣，还传递出丰富的生活气息和故事的背景信息。教师不得不佩服孩子的观察与推理。

问："这一张大大的跨页上为什么有三只老虎？"

答："怎么会是三只老虎呢？当然是一只，它是先这样……再这样……然后又这样！这样看起来就像是动画片一样！"解释的孩子手舞足蹈，已经将画面中所呈现的动态生动地再现。

看来，孩子们对画面中各种艺术表现形式也有了深刻的理解。那些静态的画面在他们的头脑中已经借助想象转变成动态的情景。伴随着想象与创造的阅读也随之变得充满趣味和挑战。

问："后来那头大胖驴到底有没有被偷走呀？"

答："故事里没说，但是我知道，因为你看最后天亮了的那一页，窗户里明明还露出半截驴耳朵，说明小偷和老虎都没成功！"

孩子的洞察力让成人叹服，图画书画面中往往传达了丰富的信息，虽然文字没有详尽地表述，但画面却已悄悄埋下了许多值得探寻和发现的伏笔，在质疑和释疑的问答过程中，孩子享受着自主阅读，主动发现的快乐。

三、朗读故事、品读作品风格

儿童的阅读相比成人阅读，有一个特点，或者说是学习方式是尤为值得彰显的，那就是朗读、演绎作品。在西方、为孩子大声朗读图画书是一种文化传统。为孩子朗读作品强调成人与孩子的交流，朗读的教师基于对素材的充分理解，投注情感地通过自己的声音将故事传递给孩子，用儿童能够理解、以儿童乐于接受的方式，并期待孩子即时的、积极的反应。其目的并不在于传递定量的、固有的信息给孩子，而在于引发孩子的学习热情，促使孩子成为独立的阅读探索者和表达者。在传统概念的阅读中，阅读常常被认为是读者和读物之间、读者和自己的互动过程。然而，对于没有文字认知基础的孩子来说，要帮助他们从阅读对象中"获得意义"就有赖于教师对作品的朗读和演绎，帮助孩子在图画中寻找意义，在朗读者的声音中获得意义，在自己的主动理解下建构意义。正如图画书之父松居直先生所言：儿童靠耳朵而喜欢上书。

继续回到图画书《漏》的主题化推进片段三：

这是一个地地道道的中国民间故事，无论从语言风格还是画面效果都透出一股子浓浓的中国气息。就像是一道民间的传统小吃，我们要和孩子品出其中的原汁原味。读这样的故事，当然就要用中国的方式来品。经过了前期的两次阅读，孩子们对这个熟悉的故事愈发喜爱，也产生了进一步讲述表演的愿望。于是教师将第三次的集体阅读定位在品味艺术风格，尝试生动演绎故事上。

读出中国味

故事中有一段精彩的情节：小偷从树下落下，砸在了老虎背上，受惊的老虎驮着小偷拔腿就跑，连贯的几幅画面充满了戏剧性的张力，而文字也简洁到了极致——小偷脚下一软，"妈呀！""妈呀！"老虎驮着小偷拔腿就跑，跑过了驴背山，拐过了驴背湾，跳过了驴背岗——扑通！一头撞在了大树上！

就是这么一小段文字和画面，却深深地抓住了孩子的心。如果这段情节搁在戏曲里，估计导演一定会配上锣鼓点、家伙什齐上阵，浓墨重彩地烘托气氛。于是，在讲述这一段的时候，教师和孩子们讨论"究竟用怎样的语速来表达情节"。

"慢一点，这样我们可以听得更清楚！"

这个要求有点出乎意料，但是却带来了一个不寻常的教育契机。教师应孩子们的要求，慢条斯理地讲解起来。"老虎驮着小偷——拔腿就跑！——跑过了——驴背山——"伴随着教师不紧不慢的念白，孩子们扑哧扑哧地捂着嘴笑了，他们感受到了情节的紧张与缓慢的语速之间产生了滑稽的不和谐感。终于有个男孩忍不住了："老师，你还是快快念吧！不然太不过瘾了！"

好，没问题！教师连忙运了口气："小偷脚下一软，妈呀！妈呀！老虎驮着小偷拔腿就跑，跑过了驴背山，拐过了驴背湾，跳过了驴背岗……"连珠炮式的语速将紧张的氛围推至高潮，也让孩子们的心情提到了嗓子眼。"……扑通！一头撞在了——大——树——上！"最后的结尾，教师铿锵有力一字一顿，如果加上一块惊堂木的话，颇有几分说书艺人的风采。孩子们情不自禁的鼓起掌来，纷纷模仿操练开了。

阅读阅读，阅在先，读在后。有魅力的画面，有魅力的文字，还需要有魅力的语言来演绎。教师对作品的准确演绎让孩子能深深地感受到，细腻地处理语音、语调、语速能传递出更为强烈的作品内涵。

四、演绎拓展、体验阅读快乐

阅读任何东西都会产生反应，我们期待孩子在阅读后能产生以下的两种反应表现，一是渴望重新体验一遍快乐，产生重新再读一遍，或者阅读同位作家、同类作品的愿望。二是儿童很欣赏这本书，忍不住想找人聊一聊，特别是和朋友一起来共享体验。英国作家钱伯斯的儿童阅读反应理论中提出，当儿童在谈论某本书的时候，这恰恰是阅读的一部分，"没聊过书，就好像没有读过那本书。"应当相信，儿童是具有文学评论的能力的。因此，为了帮助儿童成为有思想的阅读者，我们将尽可能创造宽松、平等、自由的氛围，为其创设演绎拓展的人际支持。

且看图画书《漏》的主题化推进片段四：

爱一本书，就要充满热忱地与人分享，这是爱书人应有的态度。于是，教师和孩子们决定将这本钟爱的图画书搬上舞台，将这个充满魅力的故事传递给更多的人。同时，演绎图画书的过程又将帮助孩子再一次品读书中的中国元素，再一次细细咀嚼、深深回味，与传统文化进行对话。

读出中国心

"什么是民间故事？就是很有名气的故事吗？"

—— 报幕的小女生提出自己的困惑

"民间故事就是从很早很早以前流传到现在的故事，这些故事有可能你们的爸爸妈妈小时候听你们的爷爷奶奶说过，你们的爷爷奶奶小时候也可能听他们的爷爷奶奶说过，……从很早很早以前一直流传下来。等你们长大后，也可以讲给你们的小宝宝听，然后你的小宝宝可以讲给他的小宝宝听，让这个故事一直一直流传下去，好吗？"多么奇妙的轮回，多么有意思的文化传承，孩子们对那些祖辈们小时候听过的故事充满了期待。随即开展的小调查《爷爷奶奶小时候听过的故事》再次拓展了孩子对中国传统民间故事的关注。

小偷："漏？我走南闯北这么多年，还从来没听说过漏！"

老虎："漏？我翻山越岭那么多年，还从来没听说过漏！"

——对语词敏感的孩子发现了其中的成语

排练对白了，剧中的老虎和小偷有着相同的对白，但是细节处又有变化。"翻山越岭"、"走南闯北"要想把它的意思解释出来可要费番口舌。"翻山越岭就是翻过了好多山，爬过了好多山岭。走南闯北就是到过南边，到过北边，到过很多地方。""是呀，咱们中国人很聪明，只用四个字就能把这个意思说明白了。这里的'翻山越岭'和'走南闯北'是我们中国的成语，以后我们上小学还会接触更多成语呢！"有了这样的渲染，孩子们对成语的学习兴趣也在悄悄萌发。

雨怎么跑到屋子里面了，可不就漏了吗？

——孩子们发现了中国汉字的精妙

绘制宣传海报了，孩子们建议参照封面的做法，用毛笔来书写剧名《漏》。摆上笔墨纸砚，孩子们看着教师一笔一画地书写汉字。"这个字是三点水的偏旁，说明这个字和水有关。旁边'尸'像一个屋顶，下面有个什么字？"孩子们突然发现："雨！雨怎么跑到屋子里面去了，这不是就漏了吗？"教师适时地赞叹："咱们中国的汉字真了不起，一个小小的字里面都有大大的学问。中国人发明的汉字真有意思。我们马上就要上小学了，可以学到更多的汉字哦。"就这样，一个形象、精妙的汉字被深深地印刻到了孩子的头脑中。带着这份对发明汉字的古人的崇敬之情，孩子会更加关注汉字，产生学习汉字的兴趣。

图画书如同一枚橄榄，反复地咀嚼愈发显得回味无穷。图画书的品读又如同一次旅行，每一次驻足远眺都会有新的欣喜。理解故事内涵、解读画面细节、诠释作品风格、赏析精妙语词，探寻文字奥秘……当我们心满意足地合上手中的图画书，那些故事、那些画面、那些语言都已深深地留在我们心里，而一些幸福的种子也在孩子的心中悄然发芽。如果我们爱一本书，那就一遍一遍地用心阅，一遍一遍地用情读吧！

第三节　图画书教学的实例研讨

一、小班图画书主题：喷嚏狗和唱歌猫

【作品】

　　爱打喷嚏的喷嚏狗和爱唱歌的唱歌猫，是一对好朋友。有一天，他们在一起玩捉迷藏的游戏。唱歌猫先躲起来，她躲在一棵小树的树杈上，绿叶子遮盖着她，喷嚏狗怎么也找不到她。后来，喷嚏狗想出个好办法，他躲在草丛里，大声地唱起一首唱歌猫最爱唱的歌。

　　我有一棵蒲公英

　　她有十五把小伞

　　七把小伞飞得高

　　八把小伞飞得低

　　十五把小伞真呀真有趣……

　　唱歌猫听了这歌，她忍不住也跟着轻轻地哼了起来。喷嚏狗竖起耳朵仔细听着，他一抬头，就把躲在树枝上的唱歌猫给逮住了。

　　"哼，喷嚏狗你没什么了不起，是我的歌声帮助了你！""不，是我用聪明的办法抓住你了！"

　　轮到喷嚏狗躲起来了。喷嚏狗躲进一个小树洞里，密密的狗尾巴草遮住了洞口，唱歌猫怎么也抓不到喷嚏狗。

　　后来，唱歌猫也想出个好办法，她唱起了歌。

　　啊呀，啊呀，

　　谁打翻了胡椒瓶，

　　辣辣的胡椒粉，

　　飞进了我——痒痒的，

　　痒痒的鼻子里！

阿嚏阿嚏……

听到这个，喷嚏狗的鼻子马上痒起来了，他再也忍不住，阿嚏、阿嚏……一连打了八个大喷嚏。唱歌猫拨开狗尾巴草，一把抓住了喷嚏狗。

"唱歌猫，你这算什么本领，是我的八个喷嚏帮助了你！"

"不，是我用智慧抓住了你！"

【欣赏与解读】

1. 教师的解读

喷嚏狗和唱歌猫，多么生动的名字呀！鲜明的特点就从这可爱的小昵称中凸现出来、跃然纸上，孩子们一定会立刻记住并猜出这两个小家伙的喜好与特点。熟悉的角色猫猫狗狗，玩的是最熟悉不过的游戏——躲躲藏藏，但是游戏中玩出了智慧、玩出了聪敏。歌声下引来了唱歌猫情不自禁的合唱，胡椒粉引出了喷嚏狗一连串的连环喷嚏，投其所好，因人而异，那一点小小策略中体现了对好朋友特点的了解，"是我用聪明的办法抓住了你！"——这就是孩子所应获得的成功体验与自信宣言。

为了体现作品的主题内涵，活动设计中注重引发孩子对角色特点的关注，并积极发现其中的聪明办法就在于——利用同伴的特点来让同伴自己"暴露目标"，同时通过新角色呼噜猪和跳舞兔的加入，帮助孩子进一步迁移经验、探求策略、提升智慧。此外，为了让孩子在游戏情境中获得直接的体验，通过手工制作、表演游戏等方法让孩子一次次乐此不疲地进入故事，在捉迷藏的过程中获得成功的体验。

2. 幼儿的解读

小米的话："小狗还是很聪明的，躲进狗尾巴草丛里，自己的尾巴就算露出来也不会被发现。"

妞妞的话："我喜欢小猫的颜色，很漂亮的蓝色，我一眼就看出它躲在这里了。"

迪迪的话："为什么没有闻到胡椒粉，喷嚏狗也想打喷嚏呢？"

主题活动一 喷嚏狗和唱歌猫

活动目标

1. 感受故事有趣的情节，了解喷嚏狗和唱歌猫的特征。
2. 知道玩游戏的时候要动脑筋。

活动准备

幼儿用书、小狗和小猫的玩具或手偶、大书。

活动过程

1. 引出故事主角

（出示小狗与小猫手偶），教师以小狗和小猫的口吻自我介绍。

狗：小朋友，大家好！啊——啊嚏！我是你们的新朋友，啊——啊嚏！我的名字叫喷嚏狗。

猫：（用歌唱的声调介绍）大家好，我是一只喜爱唱歌的猫，猜猜我的名字叫什么？

师：记住他们的名字了吗？为什么他们会有这么特别的名字呢？

2. 教师翻阅大书，边讲述边提问，帮助幼儿理解故事内容

△阅读第一页、第二页。

提问：看看谁先躲起来了？你能找到唱歌猫在哪里吗，用手指出来？

提问：可是喷嚏狗找不到唱歌猫，它在干什么？（唱歌）你从哪里看出来的？（引导幼儿观察音乐符号，以理解图意。）

△讲述故事开头至"五把小伞真呀真有趣。"

教师可以用《粉刷匠》的歌曲旋律填词演唱，增加生动性。

提问：呀，喷嚏狗唱的可是唱歌猫最喜欢的歌，猜猜唱歌猫听到歌声会怎样？引发幼儿的猜测。

猫：我太喜欢这首歌了，每次听到都忍不住要唱起来，我们一起来唱歌吧！

△师幼一同哼唱歌曲，体会一同歌唱的快乐。（教师不必要求孩子会唱，只要引发孩子自由跟唱的意愿即可。）

△ 教师接下来讲述故事至"不，我是用聪明的办法抓住了你！"

提问：唱歌猫是怎么被发现的呀？

小结：原来，动脑筋就能想出聪明的办法，喷嚏狗真棒！

△ 阅读第三页，引导孩子帮助唱歌猫想办法。

提问：喷嚏狗躲在哪里呀？这回轮到喷嚏狗躲起来了，快来帮唱歌猫想想办法找到喷嚏狗。

幼儿联想到的能引发喷嚏狗打喷嚏的方法都值得赞赏，鼓励。

△ 自由看图，对文字标注符号感兴趣。

提问：喷嚏狗被找到了吗？是怎么被找到？

打了几个喷嚏呀？教师和幼儿一起点数，并模仿打喷嚏。体验诙谐有趣的情节。

△ 教师讲述故事至结尾。

3. 幼儿完整欣赏故事

在唱歌猫唱歌和喷嚏狗打喷嚏处，引导幼儿自由参与讲述。

4. 幼儿边听故事录音边阅读幼儿用书

点一点、找一找书上的喷嚏狗和唱歌猫都躲在哪里？

主题活动二　呼噜猪和跳舞兔

活动目标

1. 进一步熟悉故事内容，能进行参与性故事表演。

2. 根据故事的逻辑，仿编寻找其他小动物的办法。

活动准备

呼噜猪、跳舞兔的图片、代表故事情境的绿色纱巾（或森林背景），小狗小猫手偶，四种小动物胸牌。

活动过程

1. 喷嚏狗的问候

教师以小狗手偶和幼儿交流，请幼儿用各种不同的喷嚏声和喷嚏狗问好。

师：亲爱的XXX，见到你呀真高兴！啊——啊嚏！教师先示范较为夸张的喷嚏声以启发幼儿。（响亮、小声、拖长声、短促……）幼儿以同样的句式和喷嚏狗问候，教师及时肯定孩子独特的创意喷嚏，激发幼儿的创造性。

2. 演唱《我有一棵蒲公英》

师：还记得唱歌猫最爱唱什么歌吗？让我们一起来唱一唱吧！

幼儿自由跟唱。教师运用手指游戏动作帮助幼儿记忆歌词。

3. 幼儿分组参与式表演

教师讲述故事，请女孩当唱歌猫，男孩当喷嚏狗，在教师故事讲述到唱歌猫演唱歌曲和喷嚏狗打喷嚏时，教师用动作暗示幼儿进行角色表演。（幼儿坐在座位上表演。）

情景表演，教师出示小椅子，盖上绿色的纱巾当树丛。幼儿在椅子后躲好。教师讲故事，在相应表演处请幼儿分角色参与表演。

4. 出示两个新角色——呼噜猪和跳舞兔

请孩子猜测，可以用什么办法让他们被发现。呼噜猪，唱催眠曲让他睡着打呼噜。跳舞兔，放音乐让跳舞兔忍不住跳舞。

教师将孩子设想的办法编进故事并讲述，幼儿在相应处表演打呼噜和跳舞。如：呼噜猪躲好了，跳舞兔想出了一个好办法，她轻轻地唱起摇篮曲。"睡吧睡吧，我亲爱的宝贝……"听了摇篮曲，呼噜猪眼皮都抬不起来了，不一会儿就睡着了，"呼噜呼噜"打起了呼噜。

轮到跳舞兔躲起来了，呼噜猪也想出了一个好办法，他搬来一个录音机，放起了很有动感的音乐，跳舞兔听了音乐，忍不住扭扭屁股跳起舞来。

5. 幼儿分四种角色进行表演

幼儿分四组佩戴四种小动物的胸牌，教师讲述故事，幼儿进行表演。

幼儿调换胸牌，角色互换，再次游戏2~3遍。

二、中班图画书主题：帽子

【作品】

帽 子

[美] 阿诺德·洛贝尔

癞蛤蟆生日那天，青蛙送给他一只帽子。癞蛤蟆很高兴。

青蛙说："祝贺你生日快乐，长命百岁！"

癞蛤蟆把帽子戴在头上。帽子大得罩住了眼睛。

青蛙说："癞蛤蟆，这只帽子你戴上太大，我很抱歉。我要替你想想办法。"

癞蛤蟆说："这只帽子是你送给我的礼物，我很喜欢，我就这样戴着好了。不要多麻烦了。"

青蛙和癞蛤蟆出去散步。癞蛤蟆被块石头绊倒，撞在一棵树上，跌进一个坑里。

癞蛤蟆说："青蛙，我看不见东西，我不能戴上你的美丽的礼物。这个生日，我真扫兴。"

青蛙和癞蛤蟆不高兴了一会儿。

青蛙说："癞蛤蟆，今天晚上，你上床以后，必须想想巨大的东西。想巨大的东西，会使你的头变得大些，到早晨，你戴这顶新帽子就合适了。"

癞蛤蟆说："真是好主意。"

这天晚上，癞蛤蟆上床以后，就尽力想着巨大的东西。他想到巨大的向日葵，想到大橡树，想到盖着白雪的大山。他就睡熟了。

青蛙来到癞蛤蟆的家门前，轻轻地走进去。找到了帽子，拿回家去。

青蛙在帽子上灌了些水，放在暖和的地方，使它快些干。帽子收缩了，渐渐地变小变小。

青蛙拿着帽子到癞蛤蟆的家里，癞蛤蟆还睡得很熟。

青蛙把帽子放回原来的铁钩上。

癞蛤蟆早晨醒来，把帽子戴在头上，不大不小正合适。

他跑到青蛙家里，高兴地大叫："青蛙，青蛙！我想了些巨大的东西，我的头就变大了。现在我可以戴你的礼物了！"青蛙和癞蛤蟆出去散步，癞蛤蟆没有被石头绊倒，没有撞在树上，没有跌进坑里。在他生日以后，过着很愉快的生活。

【欣赏与解读】

1. 教师的解读

　　青蛙和蛤蟆这对好朋友在一起总能发生那么多让人忍俊不禁的故事，这其中的友谊带着纯纯的温情，让人感动。憨憨的蛤蟆毫不犹豫地接受着青蛙的友情，即便是让自己跌一大跤的大帽子，也丝毫没有想过舍弃与抱怨，一心和自己的脑袋较着劲儿。而青蛙则用心地为朋友制造着一次次的惊喜，那份用心良苦令人动容。在作品欣赏中，如何体悟诙谐的情节背后那份真挚友情，需要教师用心引导，让孩子在移情体验中真正去理解朋友间的相处之道！

2. 幼儿的解读

　　卡卡的话："太好笑了，脑袋是不会变大的，再用力想那些大东西也没用的。不过，这个蛤蟆真的很听朋友的话哦。"

　　棒棒的话："青蛙忙了一个晚上，真是蛤蟆的好朋友。"

　　诺诺的话："好朋友送的东西，总是很喜欢的，所以帽子再大蛤蟆也会戴在头上舍不得拿下来的。"

主题活动一　帽子

活动目标

1. 理解故事内容，感受故事中青蛙与蛤蟆的友谊。
2. 知道帽子大小变合适的真正原因。

活动准备

幼儿用书、大书。

活动过程

1. 阅读大书第1页

△ 青蛙和癞蛤蟆是一对好朋友，看看今天青蛙为蛤蟆做了什么事？你从哪里看出来的？（引导幼儿观察画面，发现生日蛋糕等信息，了解故事发生的背景。）

△ 这顶帽子戴在蛤蟆头上大小合适吗？遮住了眼睛的大帽子会带来哪些不方便？（引发孩子的想象与猜测。）

2. 阅读大书第2页

△ 发生了什么事？（请幼儿用自己的语言描述图意。）

△ 讨论：蛤蟆会怎样处理这顶大帽子呢？为什么？（引导幼儿去体会礼物背后朋友的心意。例如：虽然帽子大小不合适，但是好朋友送的礼物总是舍不得丢掉。）

3. 阅读大书第3页和第7页

△ 教师讲述故事："青蛙说：'癞蛤蟆，今天晚上，你上床以后，必须想想巨大的东西。……他就睡熟了。"

△ 观察第三页，提问：蛤蟆梦里都想了哪些大东西？还可以想什么？

△ 跳跃阅读至第七页。提问：青蛙给蛤蟆出了一个什么主意？帽子真的变合适了，是蛤蟆的脑袋真的变大了吗？（引发孩子的思考与质疑，激发幼儿寻找帽子变合适的真正原因。）

4. 自主阅读幼儿用书

△ 提问：帽子为什么变合适了？究竟是怎么回事？（引导幼儿理解图意并能用自己的语言讲述画面第4、5、6页。）

△ 教师讲述故事。

5. 讨论活动

△ 你喜欢故事里的谁？为什么？

△ 你的好朋友是谁？你希望送给好朋友什么礼物？

主题活动二　变大缩小

活动目标

1. 能积极联想，用语言说出各种大大的事物，并能仔细倾听同伴的发言。

2. 能根据乐器的不同音色指令，用肢体表现变大与缩小的情境，体验想象与自由表达的乐趣。

活动准备

铃鼓、气球、打气筒。

活动过程

1. 想象游戏：神奇的小珠子

△ 教师用肢体动作伴随语言，带领孩子自然地进入想象的游戏情境。

教师：我有一颗神奇的小珠子，当我把它放在手心里，它突然动了一下，"扑"的一声变大了，……越变越大、越变越大……大得我都快抱不下了，我扑通一下摔倒了，还好，我的珠子没有摔碎，……它又开始越变越小……发出了好看的光……最后我把它小心地藏进口袋里。

△ 总结想象游戏的要求：投入——自己要信以为真；夸张——动作表情幅度大，让别人也信以为真。这样玩游戏才有趣。

2. 想象接龙：蛤蟆的大大梦

△ 教师引出表演情境，提问：蛤蟆为了让自己头变大，晚上做梦的时候，梦见了好多巨大的东西，猜猜它都梦到了什么？

△ 幼儿每说出一样大大的东西，老师就用脚踩打气筒为气球打气。（教师一次次为气球打气，渐渐变大的气球能更好地激发幼儿讲述愿望。注意提醒幼儿避免过于兴奋，要学会倾听同伴的发言，如果发言内容与同伴重复，气球则漏掉一点气以示惩罚。）

△ 教师讲述：事实上，梦见大大的东西并不能让脑袋变得更大，这不，蛤蟆梦醒了，它的脑袋还是恢复了原来的大小。

△ 老师慢慢放掉气球中的气，引导幼儿关注气球的变大与缩小。

3. 肢体表现: 大大与小小

△ 教师用铃鼓为指令进行表演的引导, 每敲击鼓面一次, 幼儿就用身体表现一点点变大。幼儿可用踮起脚尖、张开五指等动作表现身体的舒展。

△ 教师用铃鼓的摇奏发出散响的音色, 幼儿做缩小的动作, 声音停止, 幼儿尽力将自己的身体蜷缩至最小。

△ 请个别幼儿来当小指挥, 用铃鼓来引导其余孩子肢体表演。

活动三　好朋友帽

活动目标

1. 学习用报纸折帽子, 并尝试用自己的符号来装饰帽子。
2. 能大胆想象发挥创意, 构思并表达出各种帽子的特殊功能。

活动准备

报纸人手一张, 油画棒、水彩笔幼儿人手一份, 集体舞音乐。

活动过程

1. 回顾故事, 激发兴趣

△ 教师提问, 引导幼儿回忆故事情境: 青蛙送给了蛤蟆一顶漂亮的帽子, 蛤蟆可高兴了, 能收到好朋友的礼物真是一件快乐的事情。老师也收到了好朋友送来的一顶漂亮的帽子, 漂亮吗? (教师出示事先制作好的帽子范例)里面还有一张小纸条:"这顶帽子上开满了美丽的花朵, 它能让帽子的主人越来越美丽!"

△ 原来这顶帽子还带来了好朋友的祝福, 我们都来为自己的好朋友亲手制作一顶漂亮的帽子吧!

2. 教师边讲解边演示帽子的折叠方法

△ 幼儿跟随教师的讲解折叠, 教师巡回指导, 及时帮助有困难的孩子。

3. 教师示范装饰方法

△ 我要把这顶帽子送给我的好朋友, 他最喜欢玩小汽车, 大家帮我出出主意, 我该怎样装饰这顶帽子呢? (引导幼儿从好朋友的兴趣爱好上考

虑，教师根据幼儿的建议在帽子上装饰汽车图案，或者各种车标。）

△ 教师出示其他两顶事先画好的帽子，让幼儿猜，帽子是要送出怎样的祝福？

（画满音符的帽子，表示希望爱唱歌的朋友唱歌越来越棒。画满糖果的帽子，表示希望爱吃糖果的朋友永远甜蜜开心。）

4. 幼儿创意构思，装饰帽子

△ 请幼儿根据好朋友的喜好来构思，用自己的符号来装饰帽子，表达心意。

△ 教师与个别幼儿进行交流，了解幼儿的想法，给予技能上的必要支持。

5. 送帽子，送祝福

△ 请幼儿向好朋友送出自己的帽子与祝福。

△ 放音乐，请幼儿与好朋友在音乐声中表演邀请舞。（可表演各班前期已经学过的集体舞，旨在烘托友好热烈的气氛。）

主题活动四 再想想办法

活动目标

1. 能积极动脑进行创意添画，寻找物品多次利用的方法。
2. 懂得要珍惜朋友的心意。

活动准备

教师事先准备的各种形状、大小不一的帽子轮廓、水彩笔幼儿人手一份。

活动过程

1. 教师讲述故事情境，引发幼儿的思考

△ 教师讲述：一天，青蛙和蛤蟆出去玩，蛤蟆带上青蛙送的帽子，不大不小刚刚好。突然下起雨来，帽子淋湿了，等到太阳出来将帽子晒干，蛤蟆难过地发现帽子又缩小……

△ 提问：帽子小得没法戴了，如果你是蛤蟆，你会扔掉这顶旧帽子吗？为什么？

（引导幼儿珍惜好朋友的友谊，产生旧物改造的愿望。）

2. 再想想办法

△ 教师出示各种形状的缩小的帽子，引导幼儿想出再利用的办法。例如：当小篮子装东西，当花篮插鲜花，当台灯罩等。

△ 幼儿自主选择教师提供的小帽子卡片，说说自己的改造设想。

3. 幼儿添画

△ 幼儿将选择的小帽子卡片贴在作画纸上，并进行创意添画，使缩小的帽子变出另一种功能。

△ 对于有困难的孩子，教师可分层次引导：你觉得这个帽子像什么？可以用它来干什么？

4. 布置画展，将幼儿的创意作品进行陈列，鼓励每位幼儿的想象与创造性。

三、大班图画书主题

【作品】

想要恐龙的男孩

[日]Hiawyn Oram

本有一条狗。

艾丽丝有两只蜗牛。

亚历克斯想要一头恐龙。他躺在床上又哭又闹的，"我就是要一头恐龙嘛。"

"好吧，"爷爷放下萨克斯管，披上外套，戴上帽子，"一个男孩这么想要一头恐龙，一个男孩是该有头恐龙……"

他们去了露天恐龙商店。这里又大又亮，你想要找恐龙，就来对地方了。大大小小的恐龙玩着闹着，你都不知道自己到底要哪一头。

有一头恐龙盯着亚历克斯看，还在地上滚来滚去，眼珠子也滚来滚去，还舔了舔他的手。

"我要叫他弗雷德。"

"可她是个小姑娘恐龙呀，"外公读了读标签，"肉啊草啊什么都吃的小姑娘！"

"那就叫她'什么都吃的小家伙'，但弗雷德可以做小名。"

他们就订下了弗雷德和她要吃的东西，在她脖子上套了个项圈，就带回家去了。

在家里，弗雷德吃了冰箱里所有的牛奶、一面大鼓、三袋松针、一堆待洗的脏衣服……甚至咬了邻居家的小猫一口！

"它吃得也太多了！"妈妈说。

亚历克斯可听不进去，"对一头恐龙来说，这只不过是点心而已……"

亚历克斯冲下楼，在浴缸里放了些速溶泥沼粉，把弗雷德泡在里头。

"房间里弄一个沼泽地可不健康呢！"爷爷说。

亚历克斯可不高兴了，"对一头恐龙来说，这才是纯天然的呢……"

然后亚历克斯把弗雷德塞到卧室里，给她唱歌，直到自己睡着，却没注意到，弗雷德一直静不下心来，一直嚼着黑暗中所有她能找到的东西。

第二天一早，妈妈一进来，看到被嚼得稀巴烂的房间，就坐在破烂的床档上抱头痛哭，"太可怕了，简直是个妖怪！"

亚历克斯耐心地解释着，"对一头恐龙来说，这样才更像个家嘛……"

亚历克斯带着弗雷德去上学。路上，弗雷德揪住一辆拐弯的卡车，凶猛地拍打着它。

司机气坏了，"你给我小心点！这可是我朋友最好的卡车！"

亚历克斯也生气了，"对我的恐龙来说，没准这破卡车就是头坏恐龙！"

同学们看到弗雷德，都非常激动，可老师说，"在一个教室里，大家应该安安静静地坐着，不受干扰地上课。"

"对我的恐龙来说，这个教室只会让她生病。"亚历克斯说。

亚历克斯和爷爷带着弗雷德去看病。医生发现她有几块骨头断了，是跟卡车搏斗时弄伤的。

"不要紧，带它去乡下散个步就好。"医生说。

他们在田野、羊群和干草堆中穿行。弗雷德蹦蹦跳跳、摇摇晃晃地走着，突然停在一片密密的松林里。

原来那边的池塘里有另一头恐龙（没准那是只小男孩恐龙）！

"喂，弗雷德，这可走得太远了啊！"亚历克斯叫道。

"对一头恐龙来说，这可算不得太远。"爷爷笑着说。

亚历克斯醒来了。他躺在自己并没被嚼得稀巴烂的床上，穿着并没被嚼得稀巴烂的睡衣，想了一会儿刚才有关恐龙的梦。然后他叫来了爷爷，"我想我们应该要……"

"一只兔子？"爷爷问，他背在身后的手上拿着一只小箱子，里头露出两只白白的长耳朵。

"对了，"亚历克斯说，"这回我们可不能再叫她弗雷德了。"

【欣赏与解读】

1. 教师的解读

是不是每个人的童年都会有个强烈的愿望——拥有一个属于自己的宠物？起码，"养一只小狗"是我从小到大的梦想。但是和亚历克斯相比，养小狗简直太没创意啦！可不是嘛，男孩就该有男孩不一般的梦想，更酷、更伟大、更奇妙的梦想。和恐龙一起泡沼泽浴，带着恐龙去上学……这些情节一定能让孩子们羡慕不已，也带给孩子更广阔的想象空间。在作品欣赏中，教师需要做的就是——倾听与欣赏孩子的奇妙念头，就和孩子一同尽情驰骋在想象中、梦幻中，纵容着疯狂念头的延伸拓展吧！也许我们就此也打开了一扇洞察孩子内心渴望的窗户。所以，当我们读懂孩子了，我们就会明白：对孩子来说——想要一头恐龙，真的，真的算不了什么！

2. 幼儿的解读

琪琪的话："我就知道，这肯定是一个梦。否则养一头恐龙一定太有意思了。最好还是会飞的龙，我就可以骑着它到处飞来飞去。"

航航的话："故事里的妈妈和我妈妈一样，也很担心小动物会弄脏家里地板。不过如果我养恐龙，一定会保护好家具的，绝对不会——稀巴烂。"

小雨的话："我会教我的恐龙宝贝很多本领，还会给她穿漂亮的裙子。

这样她就不会那么没有礼貌了。她一定会成为最讨人喜欢的恐龙宝贝。"

主题活动一　想要恐龙的男孩（一）

活动目标

1. 自主阅读画面，猜测并理解故事情节与内容。
2. 注意观察人物表情，能用语言描述故事中人物的心理活动。

活动准备

故事大书、小朋友的书、爱心型的即时贴。

活动过程

1. 教师引导幼儿阅读故事大书第1、2、3页

△ 引导孩子观察画面细节，发现画中的人物与宠物之间的关系。

——我们一起来看一个有趣的故事《想要恐龙的男孩》。猜猜谁是那个"想要恐龙的男孩"？你是从哪里看出来的？

△ 观察画面，了解亚历克斯和爷爷一起去做了什么事？

——对了，这个穿着黄衣服的男孩就是亚历克斯。猜猜他心里在想什么？他和爷爷又一起去做了什么事？

△ 引导幼儿尝试用连贯语言讲述第1、2、3页的内容

——谁能用一段话来说说这三页讲的是什么事情？（前面的页面情节对孩子来说不难理解，着重引导幼儿用自己的语言进行连贯讲述。）

2. 幼儿自主阅读图画书

△ 教师提出阅读图书的要求。

——亚历克斯终于拥有了一头属于自己的恐龙，接下来会发生什么事情呢？请看看后面的故事吧。看的时候思考一个问题：他爱自己的小恐龙吗？你从那幅画面中能看出来，请将爱心即时贴贴在那一页上做记号，等会儿大家一起来分享。

△ 幼儿自主阅读图画书。在相应的页面贴上爱心即时贴。

3. 讨论与分享

△ 根据幼儿的问题和讲述，精读故事大书中相应的画面。

——亚历克斯爱他的恐龙宝贝吗？你从哪里找到了爱？（教师根据孩子的讲述，逐一翻看相应的故事大书页面。幼儿讲述自己对画面的理解，教师应接纳和鼓励，并不断寻求多样化的解读。不必追求与故事文字相符的答案，例如："亚历克斯给恐龙洗澡，恐龙身上好脏啊！浴缸里的水都变黑了。""亚历克斯把冰箱里的东西都搬出来了，可是恐龙都不爱吃，只吃草。原来她是一头食草恐龙。""妈妈发现恐龙不见了，坐在床上哭，后来亚历克斯从路边找到了它，差点被汽车撞到。"等）

△ 记录爱的甜甜话。

——亚历克斯会对恐龙说些什么爱的甜甜话呢？（教师引导幼儿根据故事情节，观察画面情景，推测角色的心里会怎么想？然后说了哪些表达爱的甜甜话。教师一边倾听一边将幼儿对恐龙说的话记在爱心即时贴上，然后贴到大图书相应的页面上。）

4. 引发争议，留下阅读悬念

△ 阅读故事大书第9页。

——为什么亚历克斯躺在床上，猜猜是什么意思？究竟是做梦还是生病，或是睡觉……请你们从书中去寻找答案。

△ 幼儿阅读图书，相互讨论，说说亚历克斯躺在床上是什么意思。

主题活动二　想要恐龙的男孩（二）

活动目标

1. 能够仔细倾听故事，观察画面细节，进一步理解图画书的情节内容。

2. 感受亚历克斯对恐龙的呵护与关爱。

活动准备

故事大书、小朋友的书。

活动过程

1. 幼儿听故事看图书

——今天我们一起再来看看这本图画书，一边听老师念文字一边想想故事里什么地方和你想的不一样。（教师和幼儿人手一本图画书，按照同样的速度翻看图画书。教师适时在原文和孩子解读有出入的地方放慢速度或停顿。）

2. 什么地方不一样

——说说故事里什么地方和你想的不一样？（幼儿找出故事原文与自己解读有出入的地方，例如：原来黑黑的洗澡水是亚历克斯故意为恐龙制造的沼泥浴。教师可及时回应：喜欢恐龙，就要尽量做让恐龙喜欢并感到舒服的事情。例如：原来小恐龙不是只爱吃草，她是什么都吃，而且胃口很大。教师可及时回应：喜欢自己的宠物，就会想着把最好的东西省给它吃等。）

3. 讨论：对一头恐龙来说

——再来听听故事，找一找亚历克斯经常说的是一句什么话？（对一头恐龙来说。）

——妈妈、爸爸和司机眼里的恐龙和亚历克斯眼里的恐龙一样吗？（不一样，因为亚历克斯总是很理解恐龙。）

4. 延伸讨论

△ 怎样对待新朋友。

——如果你是亚历克斯，你会怎么对待你的新朋友——兔子呢？

△ 移情练习：学说"对一只兔子来说……"

教师预设一些情境，引导幼儿用兔子的立场去宽容地理解。学说"对一只兔子来说……"

例如：如果小兔子把你种的花叶子全部吃掉了，怎么办？（对一只兔子来说，它可没办法分清花叶子还是菜叶子，所以我应该把花盆放到兔子吃不到的地方去。）例如：如果小兔子在地板上拉了很多便便，怎么办？对一只兔子来说，它可没有学过上厕所，所以我该赶紧帮它收拾干净。例如：如果小兔子总是躲在角落里，不出来和你玩，怎么办？（对一只兔子来说，它的胆子就应该那么小，所以我尽量不去吓着它等。）

5. 阅读故事大书封面

——再来看看这本书的封面吧，你觉得画面好像在说什么？对一头恐龙来说……（幼儿根据画面及对故事的理解，说出自己的感悟。例如：对一头恐龙来说，让他到大自然中去找朋友才是更好的等等。）

——小结：是呀，爱我们的朋友就要让朋友感到开心，觉得舒服，尊重朋友的感受。这真是一个温暖而又有趣的故事。

主题活动三　梦想领养站

活动目标

1. 能将随机抽取的信息串联，进行合理地想象，创编并讲述故事。
2. 乐意倾听并与同伴分享自己的想象，体验游戏的乐趣。

活动准备

红蓝两色的纸箱、两种颜色的小纸片、记号笔。

活动过程

1. 引出话题，激发表达愿望

——亚历克斯梦想着养一头恐龙，和恐龙在一起做了很多有意思的事情。你想不想也拥有一头属于自己的宠物，做一些平时意想不到的事情呢？

2. 拓展想象，说说我想养的宠物

△ 最想养的宠物。

——你最想养什么宠物呢？（教师不断提示以拓展孩子的想象：如：有没有更特别一点的宠物？有没有特别大的？特别小的？有没有脾气特别好的？或者特别厉害的？……教师根据幼儿的想法，用动物图片或简笔画的形式记录在红色小纸片上，装进红色纸箱中。）

△ 最想和宠物在一起做的事。

——你最想和你的宠物在一起做些什么事呢？（教师不断以情感回应，激发幼儿表达自己的渴望。如：有没有平时不敢做的事情？或者从来没有做过的事情？教师根据孩子的想法，将有趣的事情用简笔画记录在蓝色的小纸片上。装进蓝色的纸箱中。如：吃很多很多冰激凌，玩跷跷板等。）

△ 想带宠物去玩。

——你最想带宠物去哪里玩？猜猜会发生什么有趣的事情？（教师引导幼儿丰富对所选情境的描述。例如：游乐园里有哪些玩具项目？可以怎么玩等。）

3. 游戏《梦想领养》

△ 教师讲述游戏方法：

在红色的箱子中认领一个宠物，在蓝色的纸箱中选择一件有趣的事。最后扔骰子（可用六块泡沫地板拼成一个六面立方体的大骰子，上面预设一些特定的场景图片，如：游乐园、森林、海洋、幼儿园教室、商场、家庭）确定地点，然后说出根据"带着什么宠物，在什么地方，干什么事情"等作出连贯的表述和较细致的描述。

△ 请个别幼儿示范。

△ 小组活动。

教师提供每组一个小小骰子，每位幼儿上来抽取红色和蓝色小纸片各一张。投掷骰子并进行自由讲述，同伴相互倾听。

△ 请每组推选最有趣的故事在集体面前讲述。

《纲要》与幼儿社会教育

幼儿社会教育是指以"增进幼儿的社会认知、激发幼儿的社会情感，引导幼儿的社会行为"为主要内容、以"发展幼儿的社会性"为目标的教育。所谓社会性，是指一个处于特定的社会关系、社会群体、社会机构以及社会制度下的人，在社会生活中形成的比较稳定的对人、对己、对事物、对社会的认知、情感、态度、行为等方面的特征。而在幼儿阶段，其社会性和个性发展的核心就是自我意识的培养。发展心理学的研究表明，人的自我意识首先是对他人态度的反映，"别人怎样看待我们，或者我们认为别人怎样看待我们，将在很大程度上影响我们怎样看待自己"。因此，教师作为幼儿成长中的"重要他人"应当用积极的眼光、正面的姿态、接纳和宽容的心理去面对幼儿，给予幼儿一个良好的"社会界定"，一个积极的"他人眼中的自我"，从而促使幼儿用一种积极的态度去看待自己，进而通过长期、自主的行动中形成正确的、稳定的、一贯的自我意识。

以往幼儿园的社会教育，更多地会将"社会认知学习"等同于社会教育，因此习惯于用"说教"和"练习"的方式去"告知"、"要求"、"约束"幼儿，而忽视幼儿社会情感的激发和社会行为自我调控能力的培养。我们常常会用统一的标准去评判幼儿，却忽视了幼儿个性的培养。在贯彻《纲要》的过程中，我们将研究聚焦到"幼儿自我意识的培养"上。

2004 年，笔者开始尝试在自己的班级中将幼儿的社会性培养渗透于社会性主题活动中，将幼儿的社会认知、社会情感和行为习惯培养相结合，以有效促进幼儿社会性的发展。同时，正视并尊重不同幼儿的个性差异，开展个别化的活动，帮助幼儿用自己的方式去实现个体的自主建构和发展，体验自我实现的快乐。在研究与探索的过程中，我更关注幼儿的差异而不是差距，尊重并相信每个幼儿的自我发展潜能，支持幼儿以自己的成长速度来发展。强调良好师幼关系的建立和班级规则的建设，帮助幼儿感受到成人的接纳与尊重，从而在自我意识以及自信心方面获得良好发展。

第三章　每个你都很重要

第一节　捕捉心灵需要的社会性主题活动

　　幼儿的社会性发展是社会认知、社会情感和社会行为三者有机结合的统一体。社会认知是个体对自我与他人、社会环境、社会行为规范等的认识，这种认识必须建立在生活情境和幼儿的已有经验基础上。社会情感是个体在社会生活、社会交往中的情感体验，只有让幼儿在真实的社会生活和社会交往中体验、感受，才能进一步产生引发社会行为的动力。社会行为是个体在与人交往、参与社会活动时表现出的行为特征，是儿童在获得社会认知的前提基础上，在社会情感的推动下所表现出的个体化的行为方式。因此幼儿的社会性培养应该渗透在社会性主题活动中，把幼儿的社会认知发展、积极的社会情感养成和良好的行为习惯培养相结合，才能真正促进幼儿社会性的发展。

　　众多的研究已经表明，"需要"是幼儿学习与发展的重要支撑，而"心灵的需要"在某种程度上已经成为幼儿学习与发展的原动力。我们认识到，儿童在新旧经验发生认知冲突的时候，能焕发出巨大的好奇心和学习动机，通过体验获取的经验会更为深刻和作用持久，当孩子们与同伴进行情感的交流共享，在交往互动中自主建立起属于自己的"意义学习"时，儿童的学习与发展才能得以提升。

　　于是，我们努力捕捉儿童在社会性主题活动中的心灵需求，研读孩子的心灵，理解孩子，并试着以平等的身份、从呵护的角度走进他们的心灵，努力帮助孩子实现自我发展中的"心灵的构建"。

一、贴近生活，拓展社会认知

1. 儿童的社会性学习需要建立在已有经验基础上

认知学习理论家奥苏贝尔认为，任何新知识，如果与学习者原来的经验没关系，没有已有的经验为落脚点的话，新知识是不会引起兴趣而被接受的。意大利瑞吉欧的经验表明，教育活动以孩子日常生活经验为基础，能让孩子在熟悉的环境中熟练地利用他们已有的知识和经验，对原有的经验的价值和趣味获得更深刻的理解和重新建构，并在活动中表现出更大的自主性；而当活动的主题远离孩子的直接经验，孩子就会在大多数问题、思考、计划等方面依赖老师，因此，在拓展儿童的社会认知经验时，我们要寻找贴近生活，与幼儿的兴趣和已有经验相联系，能引发幼儿情感共鸣的活动内容和主题。

例如：在暑假开学后，由于园舍大环境和活动室的整体改造，以及插班的新同伴的到来，幼儿园处处呈现的变化吸引了孩子新奇的目光，孩子们急切地去发现各种变化，同时也产生了适应变化的需要。面对新的环境，如何去习得一些社会规则和礼仪知识；面对新的同伴，如何去积极地表示友好与关心；面对新的身份，作为中班的哥哥姐姐又该如何去发现自身的责任……教师意识到这变化中所蕴涵的教育价值，于是预设生成了主题《变样啦》。孩子与教师一同敏感地探索、发现各种变化，细致的观察引发了丰富的表现，同时面对新变化，孩子们积极地应对，自主地探讨与之相适应的新的规则。由于贴近幼儿的生活，把握了兴趣点，激发了情感共鸣，为主题的推进起到了事半功倍的效果。

2. 儿童的社会性学习需要在认知冲突中建构

儿童的社会性发展是在与周围的人、事、物的关系中，交往中不断建构起来，儿童需要在新旧经验的冲突下，主动去尝试，自主建构个体的经验，获取与环境互动、与人际沟通的种种实践性经验。因此，在幼儿已有的经验中，寻找到与新经验矛盾冲突的认知冲突点，能帮助儿童在使用经验、改造经验的过程中获得成功与再创造的喜悦。

　　例如：来自德国的兄妹二人来中班进行为期四个月的"插班借读"。不同的外貌特征，不同的文化背景，一下就成了孩子们的关注焦点，于是师生共同生成主题《外国朋友》，引发了孩子们对于多元文化的思考与探索实践。一开始，教师在没有认清儿童的真实需要的情况下，走进了脱离内在情感需要，一味追求认知目标的误区。一味地要求孩子表达友好，努力了解德国文化而忽视了孩子的真实需求，孩子迫切想要解决的正是如何与新来的德国孩子进行交往的实际问题。不同的语言成为交流的障碍，不同的文化背景导致误会的产生，此刻，交流与沟通才是孩子们最迫切的需要。教师在认识到孩子的真实需要后及时进行活动调整，将发生在幼儿生活周围的具体事例为问题情境，引发孩子对如何表达自己的友好，如何传达自己的意图，如何换位思考，理解和宽容德国孩子等当做探究和学习的内容。事实证明孩子的主动性和学习的潜能被充分调动出来，接下去的主题推进非常顺利。当孩子们在活动中解决了一个又一个的实际问题后，也由此焕发了更大的学习热情，德国孩子与中国孩子也真正在互动中建立了友谊。事实证明选取孩子周围发生的热点事件，能激发幼儿参与、探索的积极性，为学习提供强大的动力和丰富的资源。

二、注重体验，激发社会情感

1. 体验是儿童社会性学习的基本途径

　　新知识观认为知识并非是单一的以语言和抽象符号形态存在的陈述性知识，还包括一种过程性知识，即"做的"、"体验"、和"实践"的知识。它引导着我们如何看待孩子的学习以及追求怎样的学习结果，引导着我们在教育反思中如何进行价值判断，敏感地挖掘真正的教育价值，实现知识的自我建构。社会性学习也同样，传统教育中更习惯于用说教的方式灌输社会认知，而《纲要》理念下的社会性学习，更强调让儿童在体验中激发社会情感。

　　例如：中班开展的《和山里孩子做朋友》，家长联络了临安山区的幼儿园，希望通过亲子活动，让孩子们去了解同龄孩子的生活状态，进一步激发幼儿珍惜自己的生活学习环境，感受与同龄人分享、交往的快乐。因此，在主题中，教师更注重孩子在每一个环节中的感受与体验：给山区孩子写信，为山区小伙伴选择礼物，预设交流话题和互动游戏，精心设计和包装礼物……甚至亲子出游的车队标志都由孩子亲手来设计，真正让儿童在过程中不断融入自己的情感，体验关心他人和帮助他人的快乐。活动后还让孩子将活动中的照片制作成海报，进一步回温、对比，产生珍惜自己所处学习环境的情感。

2. 体验所获得的情境知识更有助于社会情感的激发

当孩子身处一个具体的生活情境中，自然就会面临很多挑战，只有当孩子试图通过自己的努力，用自己的方式去解决问题的时候，这种"做"的经验会直接带给儿童成功的自信，对将来应对更为复杂的社会情境充满信心。因此，给予儿童充分的信任和探索的空间，那些"主动、乐观、积极、坚持、乐于尝试"等社会性品质也能伴随着情境性知识得以激发。

例如：在主题活动《收藏春天》中，我们倾听、了解了孩子们各自不同的想法并尊重意愿进行了分组，给予了充分的选择权和自主权，并由孩子们自由选举产生各组的"组长"，采取"组长负责制"。于是在小组长的带领下，摄影组的孩子们带着明确的拍摄目标和爱护相机的郑重承诺，在幼儿园的每一个角落捕捉春的讯息。采集组则在组长的带领下四下寻找适合于艺术加工的树枝，在采集过程中没有一个孩子游离于团队之外，对组长的指令更是严格遵守。老师惊讶地发现，孩子们在面对困难、障碍和不安全因素之前所表现的应对策略令我们成人刮目相看。他们会迁移以往的经验，请花工和其他教师帮忙，会进行分工，找人帮助和回班取工具以节省时间，在去露台寻找树枝时还能委派代表避免拥挤以确保大家的安全……

三、鼓励交往，引导社会行为

1. 师生互动中感受爱与信任

儿童的学习是一种互动的、以某种相互关系为基础的社会建构过程。在此过程中不单是认知过程，也是师生情感交流的过程，我们认为要以"师生情为前提，倾听孩子、欣赏孩子"。建构过程不单是认知过程，也是在生生互动，互相学习、交流分享、合作互动的过程中帮助孩子进行社会性建构。教师要善于捕捉情感、创设条件、提供支持、激发自信，在关注幼儿内心需要的基础上，促进有效互动，提升发展。

例：在实际的活动过程中：

△ 我们努力做到使教师和儿童的内心在共同感兴趣的问题上汇合；

△ 我们鼓励孩子用自己的方式和各种语言自由充分地表达；

△ 在倾听的过程中，我们努力向孩子们传达这样的信息：我们非常享受和你共同探讨的过程，我对你的想法很感兴趣，我为你的表现感到骄傲……

△ 我们鼓励孩子同伴间相互倾听、启发、询问、质疑甚至讨论和激烈的争论；

△ 我们努力帮助幼儿体验实现自己想法的快乐，体验成功与自信。

这样的互动包含着智慧的激发与碰撞、经验的交流与分享、情感的共鸣和升华，每个人都能感受到来自教师或孩子、同伴的支持与信任。与此同时，体验到来自成人的信任和尊重、同伴的接纳和肯定的孩子们也焕发了更为强烈的自信心和主动性。

2. 同伴交往中习得技巧与策略

"意义学习"即让学习内容对儿童具有"个人意义"。只有当儿童觉察到学习内容与自己的目的有关时，才会全身心地投入，意义学习才会发生。这样的学习是孩子自我发起的，是将认知、情感融合在一起的学习。

所以我们在指导策略上力求给予孩子更为弹性自主的空间，结合前面所谈到的选取与儿童经验直接相关的学习内容，同时给予孩子对于学习时间、地点、学习伙伴、表现形式等的自主权和选择权。在活动中，孩子的行动是自由的，他们的思维是活跃的，他们对所探索问题的学习和研究犹如驾驶着思维之车行驶在心灵之旅的途中，其旅程的长短、速度和所要达成的目的都由幼儿自己控制。

例：在《种一盆花》活动中，教师是这样进行反思的：种一盆花对孩子来说，是一项任务、一个终极目标；然而在教师心中它却是一个建构知识、发展能力的载体。过程远比结果更有价值。孩子通过实践知道完成计划可以寻求专业人士（花工爷爷）的帮助，→如何清晰地表达自己的请求与愿望（运用图画写信），→在寻访花工爷爷的过程中，知道如何观察与判断、推理（从花房的门锁及爷爷的电动车判断爷爷暂时走开但没离开幼儿园）。→学习从关键人物处获得信息（向传达室阿姨询问）。→当教师故意设置问题情景，阿姨因为孩子的一拥而上拒绝提供帮助时，能调整行为（推选代表，民主表决）。……最终是否真的种好了这盆花并不重要了，因为孩子们在实践过程中的每一步都是非常有价值的经验获得，也是主动建构的过程。可见正是在对"新知识观"理解的基础上进行反思，才能把握价值，调整教育行为。

第二节 关注个性差异的个别化项目活动

新《纲要》指出在教育过程中应"尊重幼儿在发展水平、能力、经验、学习方式等方面的个体差异，因人施教，努力使每一个幼儿都能获得满足和成功。"儿童的社会性发展也有着个体的发展方式和速度，这就需要我们更为尊重每一个个体，尊重儿童的个体差异，努力实施个别化的教育，帮助儿童用自己的方式去实现个体的自主建构和发展，完成自我实现。

在开展社会性主题活动中，我们发现每个孩子在活动中表现出显著的差异，有的喜欢与人交流，善于表达自己的情绪情感，而有的则害怕关注，对大家热衷的事件毫不关心，有的偏爱团队合作的活动，在其中能发挥领导协调的作用，有的则宁可一个人独自探索钻研……这些差异让我们意识到，正视儿童的个体差异，并给予恰当的引导，可以帮助儿童感受到成人的接纳与尊重，在自我意识和自信心方面获得良好的发展。于是，笔者与北山幼儿园陈慧楠、蔡毓敏老师在所在的班级开展了"基于儿童认知风格"的个性化项目活动研究。

一、幼儿的个体差异类型

自古以来，人们便用"四分法"来思考人类的风格差异，最古老的说法认为人的身体内有四种体液，某种体液太多就形成四类不同的气质类型：抑郁质、胆汁质、粘液质、多血质。近代心理学家荣格提出人格类型说，认为我们可以通过具体的感官、抽象的直觉、逻辑思考或主观感受来感知和判断信息。之后，心理学家汉森提出人有四种学习风格模式，即感官思考、感官感受、知觉思考和知觉感受。心理学家认为四种人格维度每一种都对应一种明显的、有意识的经验获得方法，人的风格差异根植于两种基本的认知功能，即感知（如何获得信息）与判断（如何加工信息）。学习风格理论研究者认为，我们通常用两种方式获得对事物的感知：感官与直觉；又通过两种方式来作出判断：思考或感受。而人的风格差异就在于认知功能具有倾向性，如以感官占主导的人往往较现实，并看重结果；直觉型的人喜欢自由探讨；思考型的人喜欢受逻辑和组织的指导；而感受型的人是性情中人，喜欢交流思想。

借鉴席尔瓦和汉森依据荣格的心理类型说我们对不同个性类型的孩子进行了如下分类，分别为掌握型幼儿、理解型幼儿、自我表达型幼儿和人际型幼儿（见图3-2-1），研究幼儿在学习过程中经常采用的思维方式，对学习内容所采取的稳定的学习策略，对教学刺激的偏爱以及学习品质，如情感态度、情绪、坚持性，根据幼儿的个性差异总结出推动不同风格幼儿发

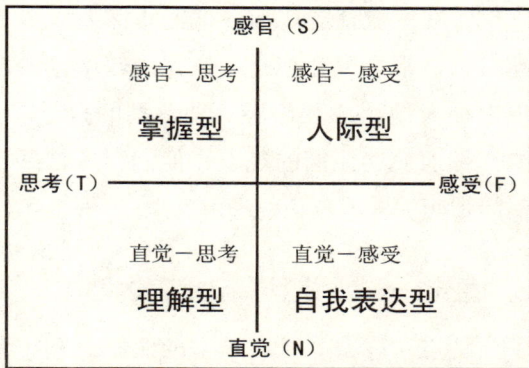

图 3-2-1　席尔瓦和汉森的风格模式

展的指导策略，并将这些策略渗透到每学期的主题活动的设计中，精心设计了多个主题课程，改变了以往"幼儿适应课程"的方式，试图让多样化的课程来适应和满足不同风格幼儿的发展需要。

1. 感官——思考型（掌握型）

特点：追求效益与结果，偏重行动。需要结果明确清晰、强调掌握实际技巧的环境及可以将所学运用到实际情景或表现其熟练技巧的机会。这类的孩子喜欢有组织、有效率地完成任务，有明确的是非观念，他们追求学习的结果，偏好动手操作的学习，更多关注事而不是人。当教师给他们一些任务时，他们喜欢循序渐进的指导，但如果指导过于繁琐，他们会失去耐心。他们需要维持活跃、有事可做的状态，需要看到努力后得到的成果，需要对工作拥有掌控权，同时，希望得到成人及时的反馈，当活动推进太慢，或看不到结果时，他们常常会失去兴趣。

2. 直觉——思考型（理解型）

特点：喜欢智力挑战、独立思考问题，关心长期效应。常采用逻辑的、有组织的、系统的方式进行学习，关心客观真理而不是事实。这样的孩子喜欢智力挑战，独立思考问题。他们对观念感到好奇，喜欢复杂的问题，往往采取逻辑、有组织、系统的方式进行学习。理解型的孩子更喜欢独立工作，在完成任务之前，他们不需要太多的反馈。当他们对所做的事感兴趣时，常常会废寝忘食。在完成较困难的事时，只要他们感兴趣，就会表现出极大的耐心和恒心。理解型的孩子非常喜欢阅读，常具有语言特长，能详细地表述他们的观点，他们喜欢推理，会经常问为什么，喜欢打破砂锅问到底，求得真正的理解。

3. 直觉——感受型（自我表达型）

特点：好奇、具有丰富的洞察力和想象力，兴趣是工作的动力。常常跟直觉走，思想行动灵活，独立不顺从。他们的兴趣经常变化、不可预测，但他们喜欢这样的活动：允许运用想象力，并采用与众不同的方法。常规的刻板的活动使他们厌烦，他们喜欢开放型问题。这类孩子的学习动力是他们自己的兴趣，对于感兴趣的事，会富有创意地好好完成；对于不喜欢的事，他们会应付了事或干脆不做。当他们埋头于感兴趣的事时，常常会忘记时间。他们是独立的、不顺从的。不喜欢亦步亦趋的程序，喜欢自己解决问题，而不喜欢别人告诉他做什么或怎么做。

4. 感官——感受型（人际型）

特点：偏重于学习那些能够直接影响人的生活的事物而不是与个人无关的事实或理论。喜欢他人的关注和与他人合作。这些孩子对人的感受，无论是自己的还是他人的感受，都很敏感，他们偏重于学习那些能直接影响人的生活的事物。当他们将情感投入到要求他们做的事情中去时，他们会做得很好。他们对人感兴趣，喜欢倾听和谈论人的感受，他们喜欢帮助别人，喜欢与同伴合作，分享他们的观点，并得到朋友的反馈。他们非常在乎别人的关注，可以为取悦他人而不是出于自己的兴趣去完成某件事。

二、与不同个性类型孩子的互动策略

当面对不同个性类型的孩子，如果教师用单一的策略去推动，用统一的要求去衡量，用唯一的标准去评价，那么对于孩子来说，也许是一种灾难。倘若教师对这些多样性、个性化的个体差异没有充分的尊重、理解和接纳，就无法实现对儿童的支持，而缺乏尊重和欣赏的环境将不利于儿童社会性的发展。因此，我们需要顺应儿童个性化的表现特点，理解接纳并给予适宜的支持。

1. 与掌握型风格的孩子互动

哲哲是掌握型风格特征比较明显的孩子。他喜欢规则明确的游戏，喜欢按照规则和要求来行事。不但自己非常在意规则，还对其他孩子是否遵守规则非常在意。一旦有别的小朋友违反游戏规则，他会气得跺脚、叉腰、鼻子吹气，宁可自己停下游戏来维持秩序。特别在乎事情的对与错，当别的孩子没有听从他时，他会大哭起来。凡是竞赛性、规则性的游戏，他都表现出极大的兴趣，非常在乎活动的结果。有一次，因为自己所在组在接力赛中弄错了规则而没能得到第一，他大发脾气大哭了一顿，整天都闷闷不乐。

互动策略：对这类孩子来说，有秩序的、稳定的环境是他们情绪愉悦的基本条件，要关注他们的学习进程，及时给予反馈和鼓励。例如，当孩子对操作步骤不甚了解感到焦虑时，我们应该引导"你可以这样做，1……2……3……"；当他久久没有获得成功焦灼不安时，我们可以说"别着急，我在一旁会帮助你。""坚持，你马上就要成功了。"当他失败的时候，更多地指向对其情感态度的赞赏。就这样，给予他们系统化、程序化地提示与循序渐进的指导，帮助他们获得熟练掌握某一事物的机会和技巧。

2. 与理解型风格的孩子互动

莹莹一开始我们都认为她是一个不爱说话的孩子，她总是喜欢一个人拼拼图，看看书，说话细声细气的，很少和别的孩子交流、合作。但是，一些契机让我们进一步地了解到她的学习特点：趣闻发布会上，莹莹完整地讲述了和妈妈爬宝石山的经历，细节也描述得既细致又符合逻辑；从那以后又发现她能通过自己的理解完整地讲述书本上看到的科学现象"水的循环"。的确，有一些孩子在群体中会显得默默无闻，甚至是灰色的，看上去没什么特点，但是他们也同样在以自己的学习方式进行认知，就像莹莹，她不表达不表现并不意味着她不思考，反而她是一个偏向于理解型的孩子，当教师了解她的学习风格后，就适当给她展现自我的机会，她也就变得越来越充满自信！

互动策略：允许这类孩子独立思考、独立操作，不强求他们在众人面前表现自我的活动；在环境中给他们提供丰富的阅读资料，鼓励他们以逻辑的、系统的方式进行学习。对于他们的提问，成人可以以客观地解释告知，或者提供书本，让他们以自己喜欢的方式获取完整的信息。例如"对于这个问题，相信你能从书上找到答案。""我不打扰你，如果需要帮忙告诉我。""你真是个有思想的孩子！"

3. 与自我表达型风格的孩子互动

扬扬属于典型的自我表达型学习者。他最感兴趣的就是汽车，能从多个角度画汽车的外形、内饰，甚至汽车底盘。但他对一些常规性的活动毫不热衷，经常游离在集体外，似乎世界上除了汽车，其他事情都与他无关。扬扬是个独立不顺从的孩子，当他有自己的想法时是绝对不轻易妥协的，很固执，玩游戏时他不在乎原先的规则，会发明属于自己的规则，常常自得其乐。当扬扬沉浸在自己喜欢的活动中时，如果有哪些小朋友去打扰他，他会生气地叫他们走开。对于扬扬，我们有时允许他按照自己的想法参与活动，对他富有创意的想法给予肯定，当他专注操作时，只需给他提供各种材料，尽量不干扰他的活动过程。

互动策略：常规的刻板的活动使他们厌烦，他们喜欢开放型问题。这类孩子的学习动力是他们自己的兴趣，虽然他们的活动有时会显得散乱，但他们常常在以独特、富有创意的方式表达自己，我们也应尊重他们这样的学习风格。我们发现对于这样的孩子，越少的指导，他们会觉得越舒适。因此，我们只需更多一些欣赏和等待，"尽情地想象吧，你总是那么富有创意！""大胆实践你的想法吧，我能为你做些什么吗？"

4. 与人际型风格的孩子互动

恬恬总是喜欢摇头晃脑地表达自己的观点，评论同伴的观点，她喜欢与人交往，能马上理解他人的意思，也是比较典型的人际型幼儿，我们给她提供了一次在众人面前表现的机会——担任"六一活动"的主持人，结果她出色地完成了任务，并被评为"最佳主持人"，从那以后她的自信心越来越强。兰兰也是偏向人际型的孩子，在课堂上她常常说话，在意与同伴的关系，如果自己的好朋友与别人玩一会，哪怕是一小会儿，她也表现出不舒服。她喜欢在大家面前表现自己，能获得大家的欣赏，她就心满意足了。这类孩子需要得到成人的关注和认可。

互动策略：他们喜欢的主题具有社会属性，包括人际合作、情感沟通等，需要较大的人际活动空间，以便于他们有地方谈话和小组讨论；对这些孩子还需提供他们在众人面前表现的机会，如主持、朗诵，往往在开放式的活动中能如鱼得水，尽情展露着自己的智能强项。因此对于她们，我们可以这样建议："你的好朋友真多，你能帮助他们，他们也能帮助你。""如果你喜欢，可以邀请朋友和你一起完成。""这个舞台属于你，尽情展现自己吧！"

三、为不同个性类型的幼儿设置"个人课程"

如果我们的教育能为每个孩子设置适合他们的"个人课程"，那将是教育的最理想状态。在教育实践中，为每个孩子开辟课程确实是件很难的事，我们的尝试是运用主题课程来让每个孩子都有发挥长处、展现优势的机会，从而尊重每个孩子的风格特点，让孩子为自己的特点而骄傲。如大班下学期我们进行了主题活动《我喜欢我自己》，通过一系列的活动强化孩子对自我的认识，认识自己的特点与优势。之后，我们和孩子们商量决定举行一次"我是主角我真棒"的展示会，用更形象具体的方式直观地表现对自我的认识。孩子们在自主筹备展示会的过程中，建构着自我的课程，呈现在教师眼前的是一个个生动鲜活而别具特色的学习过程。为了便于理解，以四位较为典型风格的幼儿为例来呈现教师为他们设计的个性化项目活动：

掌握型——哲哲：我是"超级赛车手"，我想表演拼装一个赛车。

掌握型幼儿偏好动手操作或技术性的学习，需要提供给他实践操作的环境和成人的关注。在过程中，教师协助哲哲逐步学习看拼装说明书，及时反馈他的进步，鼓励他耐心完成。

理解型——莹莹：我是"小科学家"，我想把书上看到的"水循环"的过程告诉大家。

理解型的孩子喜欢通过符号、文字和图解来收集资料，喜欢独立工作，有极大的耐心和毅力，但不喜欢成人给予太多反馈和压力。在过程中，教师启发她将阅读到的知识以自己理解的方式表现，如直观的画图。

人际型——恬恬：我是"北幼最佳主持人"，我想主持这场《展示会》。

人际型的孩子喜欢得到他人的关注与肯定，他们的学习追求感受和反馈，如果将自己的情感投入他们所做的事情，他们会非常积极。在过程中，教师安排一些孩子担当她的"参谋团"，倾听恬恬每一次排练，并给她建议。

自我表达型——扬扬：我要画一个像人那么大的奥特曼！

对于自我表达型的孩子来说，兴趣便是他们工作的原动力，他们喜欢自己提出方案，自己解决问题，总是以独特、富有创意的方式表达自己。在过程中，教师为他提供了丰富的可供选择的材料，鼓励他大胆地按照自己的想法实践。扬扬最终克服种种困难，真的按比例做出了人形的奥特曼。

如果把课程比作一座房子，那就应该成为幼儿喜欢居住的场所。每个孩子都有自己的接受信息和加工信息的方式，每个孩子的天赋不同，兴趣爱好各异，他们适宜的学习环境也有所差异。这些因素整合起来构成了一个人的个性风格，而每个孩子的个性风格可能都是与众不同的。我们认为幼儿园主题课程的设计应越来越多地呈现风格的多样化，教师在考虑课程设置时应更好地实现因材施教，满足不同幼儿的个性需要，使个别化教育落到实处。

第三节 社会性主题的案例研讨

一、大班社会性主题活动：我是主角我真棒

进入大班，孩子们的同伴关系变得越来越微妙，他们往往费尽心思取悦朋友，并会因融入不到某一小团体而沮丧，他们变得更喜欢表现自己，更在乎同伴的评价。因此，如何引导幼儿正确地认识自我、评价自我，便显得十分重要，这成了《不一样的我》主题活动的出发点。当我们试着从孩子的视角去感受他们的内心需要时，我们意识到他们需要被关注、肯定、接纳和欣赏。于是，我们试图为幼儿营造一个充满爱与互相欣赏的人际环境，使他们在积极的社会评价氛围中感受到每个人都是与众不同的主角，从而发展积极的自我意识。

我们不一样

主题活动从认识和比较自己与同伴的外部特征入手。"我们的样子不一样。""眼睛、鼻子、嘴巴都不一样。""手和脚也不一样。"……"大家还可以看得仔细些，发现更多的不一样。""老师，不如我们一起到镜子前去看看。""好。建议你们两人一组进行比较，然后把观察的结果记录下来。"于是，孩子们两两结伴仔细比较起来。"我们都是短头发，不过我的很硬，他的很软，而且有点卷。"细致深入的观察使孩子直观地感受到，即便是看似相同的事物也有着细微的不同，正是那么多的"不一样"组成了独一无二的个体。

"我们把自己特别的样子画下来，好吗？"这个建议马上得到了孩子们的积极响应，但孩子们发现画出来的自己不如观察到的特别。于是，我启发他们："老师脸上最有特点的就是爱笑的大嘴，看，我遇到开心事就会哈哈大笑。别人一看到我的样子就会记住我。"我边说边夸张地画出我的特

征。这种漫画式的表现方式引起了孩子们极大的兴趣，他们重新观察起自己的特点来。"我喜欢我的眼睫毛，它很长，就像扇子一样。""我喜欢我的鼻子，大大的，很神气。"……在此基础上，孩子们反复修改，最后每幅自画像都极富个性和童趣，每一位孩子都为自己的长相而骄傲，因为自己是个很特别的孩子。

"老师，我叫晨晨、他叫牛牛，我们名字不一样。"看来，不一样的名字也引起了孩子们的兴趣。"我们的名字有什么特别的地方呢？回家问问爸爸妈妈名字背后的故事吧？"我向孩子们提议道。第二天，孩子们带来了各自独特的答案。含清介绍说："古代有个叫陶渊明的诗人，他写了一首诗：'幽兰生前庭，含熏待清风。'意思是兰花生长在庭院里，满含着芳香，等待着清风，里面有一个'含'字和一个'清'字，合起来就是'含清'。妈妈希望我像兰花一样高贵、雅洁。""爸爸希望我长得像芙蓉花一样漂亮，像榕树那么高，所以我叫傅榕。""我的名字里有个'羽'字，妈妈想让我学习学习再学习。"

通过这个活动，孩子们知道了名字不仅是一个符号，更蕴涵了丰富的含义，饱含了成人的期望。如何进一步挖掘名字所蕴涵的教育价值呢？我向孩子们提出新的建议："你会取一个什么名字来表示对自己的要求和期望呢？"孩子们对突然拥有命名权感到无比兴奋。经过反复斟酌，一个个充满童趣的名字产生了，它们反映了孩子们对未来的追求以及渴望被欣赏、被接纳的需求。

赞美会

在主题活动中，我们每天都安排一定的时间开"赞美会"，目的在于让孩子们从不同角度发现同伴的闪光点，体验赞美与被赞美的快乐，学习由衷地欣赏和客观地评价同伴。孩子们每提及一个优点，我就及时将这句话写在即时贴上，并贴在孩子身上，最后汇总到"赞美会"主题墙。孩子们发现自己在同伴中有那么多优点时，抑制不住内心的快乐和满足，真正体验到——我，是多么了不起！

不料，有一天，当天天站到孩子们面前准备接受同伴的赞美时，孩子们露出了为难的神情："老师，天天没什么优点，他总是捣乱。""对，他总是在吃饭的时候引我们发笑。""是吗？那你们是不是不喜欢笑啊？""喜欢的。""大家都喜欢笑，而天天又能把大家逗笑，这算是天天的缺点还是优点？"一番引导后，我接着说："天天总能把大家逗笑，这可是一个很特别的优点。如果他能在合适的场合带给我们快乐，我们会更喜欢他，对吗？"说完，我请孩子们再仔细想想天天还有什么优点。这次孩子们有了完全不同的反应："天天很爱交朋友。""天天长得挺帅。""天天吃饭特别快。"……天天原本紧张的神情渐渐被快乐和满足所替代。同样的尴尬也曾发生在多多身上。当多多站到大家面前时，孩子们似乎都想不出他有什么优点，就提了"长得帅、吃饭快"之类的赞美词来敷衍。其实多多并非没有优点，他做事认真、细心、很负责任，而且经常做一些大家没有想到的事。但我不打算直接把多多的优点告诉孩子们，我想让他们自己去观察、去发现。于是，我说："每一个人都有优点、我相信多多也有。不信，接下来几天，我们都来仔细观察，看谁能先发现多多的优点。"果然两天后，有孩子跑来告诉我："吃好饭大家都去玩了，多多总是一个人把所有的小椅子放整齐。""衣柜里乱七八糟，多多在整理。"看来孩子们的眼睛还是雪亮的，多多成了他们心目中有责任心、爱做好事的榜样，同伴的赞美也随之而来。

对于同伴，孩子虽然有自己的评价标准，但不可避免地受到成人的影响。要使孩子形成多元价值的评价观念，客观公平地评价同伴，教师首先要用欣赏的眼光看待每个孩子，并在此基础上引导孩子用欣赏的眼光接纳同伴、评价同伴。

自我欣赏墙报

家长对孩子的评价直接影响孩子的自我认知和自我评价，影响孩子自我意识的发展。为此，我们提议家长和孩子共同制作"自我欣赏墙报"，促使家长更细心地了解自己的孩子，以欣赏的眼光看待孩子，从而激发孩子的自信心，使孩子自我肯定、自我欣赏。

我们在网上发了一封倡议书，希望家长用欣赏的口吻与孩子聊聊他（她）的优点或特点，并鼓励孩子用自己的方式制作一份"自我欣赏墙报"。倡议得到了家长的积极响应，当家长用欣赏的眼光去与孩子交流时，他们发现自己的孩子是那么可爱、独特、值得骄傲。而孩子也明显感觉到了来自家长的变化。有的家长说："平时工作忙，很少有机会和孩子面对面地交流，仔细想想，孩子好的地方还真不少！""和孩子一起设计制作墙报的时候，孩子很有耐心。""孩子很有上进心，我们在讨论优点时，他总是不停地问：妈妈你为什么觉得我好，我好在什么地方。我的鼓励越具体，他就越满足。"……在众多热情的家长中，多多妈妈是个例外。她不但迟迟没有和孩子共同完成任务，还在"班级论坛"上为难地说："我们多多什么才艺都没有，整天就傻乎乎地玩，我没觉得他有什么特别之处，和别的孩子相比真有点难为情。"看到这些话，我既感到吃惊也有些担忧。如果一个孩子连自己的妈妈都找不出他的优点，他怎么可能自我肯定、自我欣赏呢？必须转变多多妈妈的观念，于是我回帖："也许你对多多还缺乏了解，其实多多身上有很多可贵的品质，我建议你来班里看看孩子们对多多的评价。"多多妈妈如约来到班里，当她亲眼看到"赞美会"主题墙上孩子们对多多的赞美词时，眼泪一下子涌了出来，她自责地说："我对多多太不公平了，我总认为才艺好才是好，忽视了多多的其他品质，现在我明白了多多是一个了不起的孩子。"第二天，多多妈和多多共同制作了展示多多生活细节的"自我欣赏墙报"，如倒垃圾、礼貌地和爷爷打招呼等。而我则把墙上最醒目的位置留给了多多。"自我欣赏墙报"的价值不仅在于使孩子通过内省，进一步感受自己所具有的价值、能力和特点，更重要的是通过活动帮助家长转变观念，能用发展、欣赏的眼光评价孩子，并自觉地为孩子自我意识的发展提供有利的空间。

我是主角我真棒

在积累了来自同伴、教师和家长的评价信息后，孩子对自我有了更为全面的认识和理解，自信心也得到了激发。许多孩子迫切希望在众人面前展示自己最为突出的优点和特点。于是，"我是主角我真棒"展示会应运而生。

展示会之前，我们引导孩子根据自己最为突出的特点为自己命名，所产生的荣誉称号须经同伴认可。于是，每个孩子都有了一个响当当的称号，如"打虎跳大王"、"歌唱家小姐"、"游泳健将"、"不怕全托的高手"，等等。接着，孩子们用两周多时间来设计展示方案，收集展示材料，编排展示节目，制作展示道具和服装。每个孩子都非常努力，表现出极大的自主性。

在孩子们和家长们的共同期待中，"我是主角我真棒"展示会隆重召开了。

那天，我们先利用午睡时间举行了一个"家长分享会"，用幻灯片展示了每个孩子在这个主题活动中所付出的努力，家长们看了非常感动。下午、兴奋的孩子们一进场，就博得了家长们热情的掌声。孩子们在小主持人的安排下有条不紊地登台亮相："足球小子"晨晨表演了高超的"射门"动作，"小小科学家"莹莹向大家展示了自己画的"水的循环示意图"，"爱心小子"艾伦则表演如何安慰哭泣的小伙伴，"恐龙专家"轩轩把自己打扮成霸王龙……展示会将《不一样的我》主题活动推向高潮，以至于展示会结束后好长一段时间，家长们还在网上交流着各自的感受和孩子的变化，令人回味无穷。

成功的体验是孩子们发展自我意识的营养剂，它会使孩子真切地体会到自己的价值所在，真正从内心产生喜爱自己、欣赏自己的自豪感，有时甚至会成为改变自我价值定位的一个转折点，从而充满自信地面对未来生活。"我是主角我最棒"展示会带给孩子们的正是这种体验。

二、中班社会性主题：我们的外国朋友

多米尼克和玛丽索尔是一对来自德国的兄妹，中班的第一学期二人来我班进行为期四个月的"插班借读"。不同的外貌特征，不同的文化背景，不同的语言和行为习惯……使他们一下就成了孩子的关注焦点，于是师生共同生成主题《外国朋友》，意图引发孩子们对于多元文化的思考与探索实践。刚开始确立这一主题内容时，几位教师都非常兴奋，大家都意识到德国孩子的到来是一个很好的教育契机，可是活动该如何深入呢？我们通过了解孩子的想法，发现中国孩子普遍对他们与众不同的外貌特征、来自的国家——德国，非常感兴趣。于是我们决定根据孩子的需要进行分组研究。

"德国，有太多的风土人情了，可以让孩子了解德国的汽车、格林童话、甚至是啤酒……还有德国孩子玩什么，吃什么，做什么游戏，我想孩子一定会喜欢了解这一切的……"

"孩子们对他们的肤色和五官挺感兴趣，我们可以借此帮助幼儿了解各种人种，了解世界是由很多国家组成的……培养幼儿世界和平友好的

感情，……可以让孩子搜集自己想要了解的其他的国家的资料，丰富知识……"

"我们两个组分头进行研究，最后可以用一个分享展示会来展示大家的学习，名字就定为《德国孩子的一天》，《联合国派对》。到时，孩子们可以通过扮演角色将自己收集到的经验与大家分享……"

教师们的讨论在一种自我欣赏和满足的情绪中继续着。然而……

接下来的几天中，教师却发现原本设计好的主题脉络进行得非常艰难。教师请孩子回家搜集的有关德国和世界、人种的资料，只有部分孩子在家长的帮助下得到回应。由于缺乏感性经验，许多教育活动变成了教师一人唱独角戏，不断地向幼儿灌输着知识点……更令人担心的是，由于德国孩子与我们语言不通，所以时常游离在集体之外，而其余孩子不能理解老师对德国孩子的特别关照，因此常有冲突，德国孩子出现了爬树、爱怪叫等反常行为……为什么现实离我们的初衷越来越远，孩子们为什么没有在我们的愿望下彼此了解、增进友谊，而是越来越敌对和格格不入？

此时，再遵循着教师设计的主题脉络已没有意义，经过深刻的反思后，我们作出了这样的调整：从解决孩子身边发生的实际问题入手，满足中德幼儿彼此交流和交往的需要。

德国孩子喜欢玩电脑，教师在组织中国孩子集体活动时，常常允许德国孩子在电脑区玩电脑。中国孩子不服气——凭什么我们需要按照轮流表轮流玩，而他们却可以每天都有时间玩？这一摆在孩子心里的疙瘩通过讨论活动顺利地解开了。孩子们在教师的引导下学会了换位思考，尝试用宽容的心态去理解德国朋友。

"他们听不懂我们中国话，再好笑的故事他们也只能看着我们笑，他们是很无聊的。所以还是让他们去干他们喜欢做的事吧！"

"他们到我们班是客人，我们让他们多玩一点也没关系，因为他们以后回德国就玩不到我们的电脑了。而我们还是可以一直玩到大班的。"

"那些不需要讲话的游戏，我们就可以教他们一起玩，这样他们就不会无聊了。"

德国孩子喜欢爬到教室外的桂花树上，喜欢独自跑到草地上，每当他们作出一些中国孩子不能理解的举动，中国孩子都喜欢用"NO"来制止，面对中国孩子生硬的"NO"，德国孩子产生了抵触情绪，往往用怪叫来反抗和回应。于是教师选择了语言故事《大嗓门的恐龙》来引导幼儿感受交流方式的重要性，只有友善的沟通才能真正解决问题。可我们和德国孩子语言不通，如何不借助语言来表达情感呢？孩子纷纷提出了自己的想法：

"我们可以用很温柔的声音说话，这样即使他们听不懂也会知道我是很好心的。"

"如果他们再怪叫，我会食指轻轻放在嘴边，做嘘——的动作，他们就会改正的。"

"我下次不用手指点他们了，我会轻轻地拍拍多米尼克的肩膀，然后用大拇指表示我很喜欢他。"……

渐渐地，中国孩子和德国孩子的关系悄悄地改善了，随着德国孩子回国日期的临近，孩子们之间依依不舍的感情越来越浓，大家计划着要给多米尼克和玛丽索尔准备一份礼物——中国纪念。孩子们又忙碌开了……

中国纪念

再过两个星期多米尼克和玛丽索尔就要回国了，牛牛说："多米尼克已经是我的好朋友了！"平平说："他们走了，我们会想念玛丽索尔和多米尼克的。"澜澜说："我们准备一些自己做的礼物送给他们，让他们把礼物带回德国去！"是啊，他们已经和中国孩子成为朋友了，在一起玩电脑、早锻炼、游泳、玩娃娃家……有太多太多快乐的回忆。

于是，以"为外国朋友准备礼物"为驱动，活动《中国纪念》在孩子们激动的欢呼声中轰轰烈烈地开始了。

△ 了解孩子心中的"中国纪念"

怎样让德国小朋友记住在北幼生活的美好回忆，我们可以送些什么特别的礼物给他们当做"中国纪念"呢？教师和孩子讨论后，决定准备的礼物应具备以下条件：

礼物是德国买不到的，最好是自己动手做的；

容易保存，容易携带，要考虑到坐飞机携带是否方便；

要让外国朋友看到礼物就能想到中国杭州的美好回忆。

△ 孩子们开始计划自己的礼物

孩子们得知多米尼克和玛丽索尔坐飞机回德国他们的行李很多,如果送36件礼物,他们携带肯定不方便,怎么办呢? 孩子们商量了之后,提出还是合作准备几件礼物吧,于是大家提议了几个可操作的方案并进行了热烈的讨论,最终确定礼物:

礼物一:送上我们自己写的中国书法;

礼物二:表演德国的童话故事《白雪公主》;

礼物三:装订一本自己画的小书,里面画满多米尼克、玛丽索尔和我们的故事。

随后,每个孩子按照自己的意愿进行了选择。

书法组的礼物准备:

书法组的进展情况

孩子们正在反复练习,最后选择一张自己最满意的作品装裱。

远远:"他们和我们一起长大,所以我写个大字。"

莹莹:"我和你们一起爬过宝石山,希望你们能记住。"

其其:"中国这两个字里有一个中字,希望你们永远记住来中国的事情。"

幼儿园的小书组进展情况:

他们的家是不是离我们很远?我会很想他们的,以后我会坐船去看他们的!(表露想念之情)

"我要画我们一起去本田汽车公司,多米尼克和玛丽索尔在看汽车后备箱的样子。"

"多米尼克和我们一起玩滑板,他玩得可好了,很快,好像会飞一样。"

"多米尼克和玛丽索尔还和我们一起过新年了,这是我们带着新年帽在包饺子呢!我还记得多米尼克喜欢吃饺子。"

"我记得多米尼克游泳很厉害,他能一口气游到对面!我画的就是他游泳,我在旁边看。"

"我记得和玛丽索尔一起玩贴人的游戏,他们起先不会玩,我教她了,后来她跑得可快呢!"

多米尼克和玛丽索尔的欢送会

△ 回忆一起度过的日子

借助投影仪上醒目的日历设定情境：今天是个特别的日子。教师提问并通过展示照片，引导幼儿一同回忆与外国朋友度过的快乐瞬间。

"多米尼克来幼儿园的第一天，我在教他洗手。"

"看，我们一起游泳，多米尼克游得多快啊！"

"我们还去爬宝石山啦！"

"过新年，我们包饺子！"

……

孩子看到照片，兴奋地回忆着一同度过的快乐时光。

△ 互动游戏：默契大考验

以气氛活跃的问答式游戏考验中国孩子对外国孩子的爱好、生活习惯的关注。

师："你们知道多米尼克、玛丽索尔最喜欢什么吗？"

"多米尼克最喜欢爬树了！""玛丽索尔喜欢跳舞！"

师："你们知道玛丽索尔会哪句中国话吗？"

"她会说加油，还会说1、2、3！"

……

孩子争先恐后地回答问题。由多米尼克和玛丽索尔来参与评判回答是否正确，双方孩子进行了愉快的互动。

△ 赠送礼物

每组幼儿派代表赠送本组合作准备的礼物，由幼儿介绍礼物的含义。多米尼克家庭回赠礼物，表演他们准备的节目。教师赠送班级纪念册，引导幼儿感受友谊可以延续。

△ 我们的心愿跟随你

此时孩子们从各自的椅子后背拿出神秘口袋里事先准备好的寄托着

美好祝福的不干胶爱心,上前贴在外国朋友的身上。当时,多米尼克和玛丽索尔带着羞涩而兴奋的表情接受了大家的祝福。我想,这样经历可以让多米尼克和玛丽索尔一生都难以忘怀。

玛丽索尔身上贴满了爱心,直观而形象的红色爱心不仅寄托了我们的孩子对外国朋友的喜爱,同时也让外国朋友无声地感受到浓浓的友情,这样的场景让人感动。

《中国纪念》主题走到了尾声,欢送会围绕"情"字进行设计,尽可能将情感活动外显、具体化。为了减少语言交往的障碍,我们尽可能采用非语言形式来表达我们尊重朋友、珍惜友谊的心意,如先用直观的照片资料帮助孩子一起回忆度过的快乐时光;再用"默契大考验"的小游戏来体现对他们的爱好、生活习惯的关注,"赠送礼物"环节特别重视让孩子说明礼物的含义;互留通讯地址是为了延续友谊;赠送离园册是为了让他们感受集体的关爱,对曾经生活过的地方和一同玩耍的伙伴留下深刻的记忆;送自制爱心是为了表达自己的谢意和美好的祝福;最后一起跳快乐的圆圈舞则是将活动推向高潮。

在整个"中国纪念"活动中所有活动的策划,包括环境的布置、礼物的制作、邀请书的发送、欢迎方式的选择等都有孩子的积极参与,体现了幼儿是活动的主人,而教师的适时介入则体现了教师成为幼儿的支持者和合作者的理念。

《纲要》与幼儿科学教育

2007 年以来，我们一直致力于研究"师幼互动"的问题，随着《纲要》的颁布与实施，我们又将有关师幼互动的研究聚焦到"开放性主题活动"中来。我们将开放性主题活动分为"探究性主题活动"、"社会性主题活动"、"表现性主题活动"三类。在省级相关立项规划课题研究的推动下，时任幼儿园业务负责人的我，带领本园老师进入探究性主题活动的实践研究中。

根据《纲要》对科学领域教育目标的阐述，我们强烈地感受到，科学教育的价值取向已不再是注重静态知识的传递，而更注重幼儿的情感态度和问题解决能力、与人及自然的积极互动与和谐相处。幼儿园的科学教育需创设利于幼儿主动学习和自主探究的氛围，重在帮助幼儿亲历问题解决的过程，重在提供丰富的操作材料，从而真正让幼儿在做中玩，在做中学。

曾经，幼儿园的科学活动被称为"常识教育"，教师在"常识教育"中所要做的事就是让幼儿记住一个个知识点。《纲要》引领教师们回归科学教育的本质，幼儿的科学学习成了探究的过程。为此，如何借助具有驱动性的问题激发幼儿的好奇心，将幼儿引入到发现问题、解决问题的探究过程中来，成为了我们探究科学教育新问题的切入口。

曾经，幼儿园对幼儿科学学习的成效和评价在于看幼儿掌握了多少"知识点"，而在《纲要》崭新理念的引领下，我们更关注幼儿的高品质科学探究过程，运用表现性评价的方法关注幼儿在科学探究过程中的情感、态度、能力的获得。在与幼儿共同经历科学探究的过程中，幼儿像真正的科学家一般真实地展现了自己的天性和潜能，而我们也收获着对幼儿探究能力的发现和欣喜。

第四章　让孩子的探究有方向

第一节　科学探究活动中的驱动性问题

一、驱动性问题是幼儿科学探究的方向

科学探究的本质在于"提出问题、解决问题"。1938 年，爱因斯坦在《物理学的进化》中说："提出一个问题往往比解决一个问题更为重要。"在科学探究中，如何提出一个有价值的驱动性问题也尤为重要，它能带给孩子探究的动力和激情、能帮助孩子朝着一定的方向持续深入地探究。因此，一个有价值、可操作的"驱动性问题"将引领并推动着孩子探究的方向与深度。

北山幼儿园在开展探究性主题活动的过程中，教师越来越多地鼓励孩子主动提出问题，教师也更多地追随幼儿的兴趣需要生成问题。但事实上，教师对问题的把握存在很大的困惑。

困惑一：往往难以提出有价值的问题，或是盲目追随幼儿的探究兴趣，无法识别和判断问题的价值；

困惑二：面对有价值的探究命题无从下手，缺乏对问题的科学转化技巧，无法随问题延伸出具体可操作的探究活动；

困惑三：教师在驱动性问题的推进过程中缺乏有效的互动跟进技巧，科学探究的过程随之变得浮躁、浅白，流于形式、偏离核心价值。为此，我们发现研究"驱动性问题的提出、转化和跟进"在当前具有现实意义，能保障孩子的科学探究带着内驱动力朝着有价值的方向不断深入。

那么究竟怎样的问题才是驱动性问题？我们认为有价值的驱动性问题必须包含以下几个条件：

在真实的情境中：即待解决的问题必需源自幼儿周围生活中真实的、自然的问题情境。

隐含事物关系：即能引发幼儿的认知冲突，能调动幼儿的已有经验去自我解释，形成观念，并包含了幼儿年龄阶段所需获得的科学概念。

伴随操作体验：即能通过具体的观察、操作、调查、实验等直接的活动进行体验式探究。

引发持续探究：即能引起幼儿对探究的持续热情，有趣味、有挑战、能体验成功与满足。

带着以上几点认识，我们对探究性主题中的驱动性问题展开研究，力图让驱动性问题的提出更有价值、有意义，并通过驱动性问题的转化和教师行为跟进的适宜性思考，使探究更具操作性和实践推动性。

二、驱动性问题的提出——有价值

驱动性问题的来源无外乎教师与幼儿两方面，问题由谁提出并不是重点，关键在于此驱动性问题是否具有价值。因此，驱动性问题的提出是否基于教师前期充分的预先实践和预计经验；是否基于教师对孩子原始问题的冷静分析和理性取舍，都将决定了驱动性问题的价值。只有当驱动性问题作用于当时的情境，对于孩子当下的经验、当前的兴趣需要具有发展的意义时，驱动性问题的价值才能更好地体现。

1. 教师提出问题前的预先准备

△ 对探究内容充分预先实践

在预先的观察中，教师可以从孩子的视角出发对要探究的动植物进行观察，了解观察重点以及孩子最易发现和容易忽略的信息。

例如，教师前期先观察兔子，发现兔子的不同毛色容易观察和感知，但是眼睛的不同颜色容易被忽略，但这恰恰可以修正我们头脑中"兔子红眼睛"的思维定势。同时发现要提供宽阔的场地和安静的观察氛围才能观察到兔子行动的特点。

在预先的操作中，教师可以从孩子的角度对要操作的实验进行操作，了解操作流程以及可能出现的现象和遇到的困难。排除一些不必要的干扰，帮助孩子聚焦材料之间的特性与关系。

例如，在比较浮力大小的探究活动开展前，教师要先期操作不同大小的 KT 板，才能发现提供何种大小的 KT 板，才会不足以托住石头浮出水面，从而引发孩子去尝试各种不同的增加浮力的办法。

在预先的体验中，教师还可以从孩子的心态出发，了解伴随着探究过程可能产生的欣喜、激动、茫然与挫败等一系列情感体验。

例如，树朋友活动开展前，教师预先持续观察了玉兰树的开花结果，才发现过程中要保持持续的观察热情并非易事，因此设计了更多的激励策略。

△ 对已有经验充分预先剖析

在日常的非正式的谈话中，教师可以通过语言的解读，了解孩子头脑中已有的"天真理论"，了解孩子的已有经验。

例如，当孩子面对只有花没有叶的樱桃树时，孩子们在自由议论："肯定是不文明的人摘走了叶子"、"风太大了，把叶子都吹光了"。从这些议论中可以了解到孩子的经验中已经有"先长叶子后开花"的思维定势，樱桃树有别于其他植物的生长规律能引发孩子的认知冲突。

在散步、区角游戏等自由发现活动中，教师可以通过对孩子行为的观察，了解孩子行为背后的"潜台词"，了解孩子困惑、感兴趣的问题。

例如，当孩子反复地在镜子面前来回移动的时候，其行为所传达的信息就是，孩子对镜子的反射现象感兴趣。当一个孩子反复调整斜坡的角度时，他也许就在思考坡度与小球滚下的速度之间的关系。这些来自孩子的信息都为教师提供了提出问题的原始素材。

2. 幼儿提出问题后的精心取舍

△ 对兴趣经验冷静分析

当孩子面对一个未知事物或现象时，头脑中所迸发出的问题层出不穷。任何问题的提出都值得鼓励和肯定，但不是所有的问题都值得去一一展开探究。教师要对孩子提出的原始问题进行冷静的分析处理和删减舍弃，经过分析，有效地区分孩子的兴趣与兴奋，经过删减真正留下具有内在驱动力的"驱动性问题"。

例如：思考一下这是大多数孩子的问题吗？是持久而内在的探究兴趣还是转瞬即逝的奇特念头？是这个年龄段的孩子所需要了解，并能够理解的吗？是当前的时间、空间、材料等条件所允许的吗？

△ 对发展价值理性判断

当面对众多的探究命题，教师要善于从中挑选最为重要的核心问题。将孩子的问题与课程的发展目标进行有效地链接。理性地判断其中所蕴含的核心价值，以及该年龄段可发展的情感、能力目标。只有当教师对这些探究命题进行了一一地梳理，才能理直气壮地做出价值判断，让所选择的问题成为最为重要和关键的"驱动性问题"。

例如：进一步思考这个问题涉及哪些科学核心概念？能使孩子获得哪些有益的认知经验？能发展孩子哪些关键的探究能力？是否有利于情感态度的获得？

三、驱动性问题的转化——可操作

当一个驱动性问题提出后，只是为探究指明了方向，但是面对目的地，通过什么路径前往，用什么方式前进，还是一个需要进一步明确的问题。此时，就需要对所提出的驱动性问题进行进一步的转化。将其转化成一个既包含了探究目的、方法、过程，又富有情趣的操作性任务。转化的策略具体有以下三方面：

1. 深入一点——描述性问题转化为关联性问题

在探究中，孩子和教师往往最容易提出的是描述性的问题，诸如"小鸡喜欢吃什么？""影子是什么样的？""樱桃树什么时候开花？"这类问题往往通过观察或询问成人就很容易得到答案，一旦得到答案，探究就此结束。孩子所获得的仅是一些关于事物现象表层的认知信息。因此，教师要善于将问题转化为更深层次的关联性问题。帮助孩子着眼于探究事物之间的关系，发现现象产生的原因、规律等更深层的信息。从而进一步运用比较、实验、归纳的探究方法得出结论。

转化实例：

描述性问题	关联性问题
小兔子的眼睛是什么颜色？（红色或黑色）	不同毛色的小兔子，眼睛的颜色一样吗？（毛色与眼睛颜色的关系）
猜猜尖尖头朝下种的大蒜宝宝能发芽吗？（能或不能）	这些大蒜宝宝（尖头朝下、尖头朝上），谁的叶子会最先长出来？（种植方式与生长的关系）
你在哪里发现了蚯蚓？（小农场）	在什么地方更容易找到蚯蚓？（不同生存环境的对比）
你从两面镜子里看到了几个自己？（6个、7个）	怎样能变出更多的自己？你是怎么做到的？（镜子夹角与成像数量的关系）

从上述转化的例子中可以看出，描述性问题往往聚焦单一现象，解决了"是什么？怎么样？"的简单问题，而关联性问题则引发孩子更广泛地观察、比较。将某种现象或某类事物进行归纳性地比较，更容易得到"当……的情况下，就会……"，"如果……就会……"之类蕴含事物关系的复杂答案，有助于幼儿科学思维的发展。

2. 有趣一点——操作性任务转化为游戏性任务

游戏是孩子的天性，以游戏的方式开展探究，可以帮助幼儿更有兴趣、更主动积极地投入到探究情境中去，也是幼儿园科学教育区别于其他科学教育的重要特点。因此，教师要善于设计富有童趣的情境，趣味性地呈现科学现象、巧妙地整合科学经验，自然地激发幼儿迁移运用经验。

转化实例：

操作性任务	游戏性任务
怎样让积木的影子投到不同的阴影里？	你能让小熊的影子住到不同颜色的房间里吗？（在小熊背后放置一块多种色彩的背景板，幼儿移动手电筒，让小熊影子依次住到各种颜色的房间内。进一步探索光源与成像的关系。）

操作性任务	游戏性任务
找找什么样的镜子能让你变胖变瘦？	小兔子用什么样的镜子可以吓跑大灰狼？ （为小兔子设计一面镜子，让照出来的小兔令大灰狼害怕。进一步了解孩子对凹、凸面镜成像特点的认知与运用。）
你能说出石头是怎么样的？	你能给石头宝宝起个名字吗？比如：我叫它冰冰，因为它摸上去冰冰凉凉的。 （用亲和、拟人的口吻为石头宝宝取名字，使得石头的不同特点变得更加鲜活。进一步梳理和概括石头的特点。）

对比上述例子中的两种做法，同样的目的，前者更像是教师为考查孩子的获得所设置的试题，而一旦转化为后者，当操作任务变得更具童趣、更富游戏性时，孩子内在的探究热情就会大大地焕发出来。孩子会乐此不疲地主动探索、反复操作，与操作材料互动对话、与同伴教师分享交流，更重要的是孩子从中能体会到成功与满足，从而激发对科学探究的热情。

3. 动态一点——结果性指向转化为过程性指向

幼儿科学教育的核心在于科学方法、探究能力、情感态度、思维方式的获得。如果仅仅指向静态的认知结果而忽略了动态过程中的方法运用、经验迁移、能力提升，忽略孩子在寻求答案过程中所付出的情感态度，那么这样的科学教育价值取向是有失偏颇的。因此我们要关注孩子面对困惑，是否能调动自身的已有经验去积极地猜测、质疑、解释；是否能有目的地、持续地展开观察与探究；是否能在尊重生物生命的基础上进行观察、探究；是否能借助观察、操作所得出的数据信息进行分析思考；是否乐于和同伴交流分享，并不断修正自己的观念。

转化实例：

内容结果指向	方法过程指向
小乌龟喜欢吃什么？	我们用什么办法知道小乌龟最喜欢吃什么？ （试一试才知道的科学态度以及比较实验）

内容结果指向	方法过程指向
樱桃树的叶子哪去了？	我们怎样证明樱桃树没叶子是因为还没长出来？（尊重事实依据的严谨态度以及持续的观察方法）
你能做一套音乐水杯吗？	你怎样让同样的杯子敲起来发出不同的声音？（过程中不同经验的迁移运用）
不同部位的鱼鳍有什么作用？	怎样既不伤害小鱼又能知道不同鱼鳍的作用？（尊重生命的科学情感，科学的实验方法）

实例中可以看出，方法过程指向的驱动性问题能够帮助孩子在了解"是什么？为什么？"的同时去思考"怎样做？为什么要这样做？"更多地反思自己的思维过程和行为方式，进一步去明确自己的探究行为与探究目的之间的关系，让探究目的更加明确、探究过程更加清晰具体。这样的驱动型问题能够使孩子变得越来越善于思考、善于学习。

四、驱动性问题的跟进——善追问

当驱动性问题经过有效的转化并提出后，教师还需要通过进一步地追问来有效跟进、支持与推动孩子的探究，通过追问进一步补充、调整驱动性问题，从而保障驱动性问题的有效落实。追问的类型有以下四种：

1. 当孩子开始自由探究时——让孩子充分自主发现

追问类型：验证式追问

当驱动性问题提出后，教师所做的就是提供充分的材料、信息、空间和宽松的学习探索时间，创设一种有益于探究的氛围，鼓励幼儿独立的操作与探究。在等待中，让孩子以自己的进度和速度来进行充分地自主观察和探究。在安全、舒适、没有压力的环境中，满足其寻求答案的天性渴望。当孩子有所发现时，教师不必急着引导孩子得出结论，而是可以运用验证式的追问，激发孩子反复操作与求证，进一步发现探究环境中丰富的信息、细节与规律。

例如：驱动性问题——你在镜子迷宫里有什么有意思的发现？

进入镜子迷宫后，孩子兴奋地将自己的发现告诉老师："我往后走往后走，走到这里（镜子里的）脑袋就看不见了。""老师，站在这里，能看到很多我在排队！"教师："哦，真有趣！"在肯定孩子的发现时提出验证式追问——"**每次都会出现这个情况吗？你的朋友有没有同样的发现？**"于是孩子又回到镜子面前，再次观察和尝试，还拉来朋友一起在镜子前反复地前进、退后观察现象。

2. 当孩子探究出现偏差时——让孩子经历试误过程

追问类型：启发式追问

当孩子的探究出现偏差时，认可孩子的已有经验、认可孩子的思维水平才能正确看待孩子的出错。成功与否并不是探究的结果和目的，放手让孩子不断地试误才能真正自主地进行意义建构和概念建构。孩子有出错的权利，错误的出现反映了孩子的认知冲突，也恰恰是教师推动幼儿认知水平发展的教育契机。此时，教师要善于运用启发式追问，为孩子搭建一个支架，推动孩子去反思失败的原因，在反复试误反复调整的过程中逐渐接近科学概念的核心。

例如：驱动性问题——怎样让小兔子的影子出现两个亮亮的眼睛？

孩子们开始尝试各种方法，在小兔子形状的卡片上画上眼睛，贴上眼睛。但是影子依旧一团黑，没有出现亮眼睛，此时，孩子的探究陷入了困顿。于是教师提出启发式追问——"**我的拳头变变变，为什么我拳头的影子变出了一个洞？**"孩子们立即发现，当拳头有一个洞的时候，光能从洞中透过去。受到启发后的孩子们，纷纷迁移经验，开始尝试在自己的小兔子卡片上挖洞了。

3. 当孩子的答案出现错误时——关注情感态度的自然渗透

追问类型：补充式追问

当孩子出现与科学答案相违背的错误时，面对错误答案，教师不能简单地否定孩子，也不要轻易断定孩子是在科学认知上存在错误，而是要试着进行补充式追问，进一步了解造成错误答案的根源所在。是孩子的观察体验不充分？还是答案背后的情感与态度有误区？补充式的追问可以帮助教师更关注孩子探究过程中的情感态度，培养孩子尊重事实，严谨的科学态度。

例如：驱动性问题——你的影子是什么样的？把它画下来。

幼儿把自己的影子画成了彩色，有眼睛有鼻子还添上了蝴蝶结等细节。

教师并没有简单地认为孩子对影子的特点不了解或观察不仔细。于是进行补充式追问——"这和你看到的自己的影子一样吗？"幼儿："我的影子是黑的，但是我觉得画成黑的太难看了，我喜欢漂亮的影子。"随即，教师组织讨论："科学家与画家的'画画'有何不同？"。从讨论中孩子明确了画家的画画是一种艺术表现，而科学家在探究中的"画画"是一种记录，记录要尊重事实，于是孩子修正了自己的记录。

4. 当孩子的答案看似正确时——关注核心概念的自主建构

追问类型：质疑式追问

当孩子寻找到了问题的答案，自主建构科学概念的时候，面对看似正确的科学答案，教师还需要进一步地倾听孩子的解释、说明与运用，了解孩子自主建构的科学概念是否准确、全面。此时，教师可通过质疑式的追问，引发孩子对核心概念的进一步解释与修正。

例如：驱动性问题——鱼是怎么样在水里呼吸的？

幼儿：鱼都是用鳃呼吸的。小鱼嘴巴一张一合，用鳃呼吸水里的氧气。大鱼是用头顶上的鳃喷出水，然后呼吸空气的。

此时的孩子虽然知道"鱼是用鳃呼吸的"这一答案，但是从孩子的语言中可以发现，孩子对于什么是鱼？鲸鱼是不是鱼？等科学概念并不明确、清晰。于是教师进行质疑式追问——"你所说的大鱼是指鲸鱼吗？""鲸鱼是不是鱼呢？"在质疑中，孩子调动前期经验进行解释归纳，资料查找，最后明确了鲸是哺乳动物用肺呼吸，同时进一步梳理了鱼类的主要特点。

从一个驱动性问题出发，开始一段探究的历程。人类就在这样一个提出问题、寻求答案的历程中进入细胞内部、海底深处、火山岩洞、乃至月球之上。同样，为孩子提出一个有价值的驱动性问题，将孩子带到更深、更高、更广、更复杂的探究领域，我们期待着孩子们能变得越来越喜欢提出问题，越来越热心于观察周围的世界，越来越乐于通过自己的猜测验证去解决问题，越来越带给世界不断的发现，不断的欣喜！

第二节　科学探究活动中的反思与评价

为了更深入地开展探究性主题活动，我们倡导各年龄段的老师根据儿童的兴趣需要，有目的地开展了六个不同的探究主题，分别是：小班《我的兔子朋友》《有趣的泡泡》，中班《樱桃树的秘密》《风来啦》，大班《掉牙了》《影子的故事》，这六个主题分别涉及了两个科学领域的探究，即生命科学和物质科学。同时，在原有的研究结构上我们增加了主题合作组的形式，开展同一主题的两个班级结为主题合作组，可以共同商讨主题的推进，同一个年龄段的四个班作为年级组，可以进一步了解该年龄儿童在探究兴趣和能力上的共性特点。同一种研究类别大中小六个班可以组成"生命科学组"和"物质科学组"，以便于在研究中找到适合此类探究的组织策略与方法。经过一段时间的尝试，我们对共同的研究历程和收获进行了以下反思。

一、高品质探究活动的基本特征

一个好的科学探究活动的形成需要精心设计的环境、明确的目标以及幼儿的兴趣、驱动性问题和游戏情境。在和孩子共同历经科学探究的过程中，我们的老师能直接地感受到儿童的学习状态和探究热情，但有时也会产生"孩子似乎对这些现象或这类探究活动不感兴趣？为什么都是教师在牵引，而不是孩子主动探索？孩子这样操作摆弄了那么久，他们脑袋里真的在自主建构科学概念吗？"等一系列的困扰。为此，经过讨论与梳理，我们提炼出高品质探究活动所应具有的基本特征。

1. 建立在已有经验、知识背景基础上

所有的儿童都是带着已经建构起来的关于周围事物的经验、观点和理

论来到幼儿园的，他们也是运用这些已有经验和知识背景来形成属于自己的科学解释的。教师之所以选择某些主题进行探究，正是因为这些内容都密切地来源于幼儿的周围生活，孩子能够直接地观察、操作、体验，可以积累起丰富的经验。

但有时，原有的经验也会阻碍儿童的探究。比如，教师和孩子们共同探索小兔子爱吃什么的时候，无论教师如何鼓励孩子试一试，孩子都固执地认为，小兔子爱吃萝卜和青菜，因为这是孩子从已有的儿歌、童谣中获取的认知经验。当孩子偶然中发现小兔子居然也吃玉米和苏打饼干时，新旧经验碰撞的认知冲突才使得儿童真正的探究兴趣得以激发。

2. 能吸引孩子的好奇心、能引发孩子探索自己的问题

好奇心是孩子开启探究的驱动力，所有的孩子都需要大量的机会发展其好奇心，在好奇心的驱使下感知周围世界，建立理解基本科学概念的基础。因此，教师要善于激发儿童的好奇心。"让孩子去观察一棵樱桃树的生长周期"，这个任务如果缺乏好奇心的支撑，大多数孩子都难以坚持，但是当教师引导孩子比较樱桃树和其他树的差异时，引发孩子产生好奇心——"为啥樱桃树只有花没有叶子？叶子到哪里去了？"探究这个"为什么？"就变成了孩子欲罢不能的主动行为。

3. 在精心准备的环境中，能产生深入持久的探究

高品质的探究是建立在充分的探索机会和充足探索时间量的积累基础上的，只有当孩子对某些现象、某些材料反复观察、操作、比较时，孩子才能真正有目的地进行思考、分析和反思。因此，教师不应当仅仅将孩子的探索放在集体教学有限的某个探索环节中，几分钟的探索根本不足以使孩子深入探究本质，教师更需要注重在主题中利用多个连续性、长线、弹性的探索时间，以确保探究的深入和持久。

4. 鼓励孩子反思、描述、记录经历并鼓励孩子与人分享、讨论观点

在科学探索中，孩子需要借助多种方式，将他历经的科学历程、发现的科学现象以及自己总结出来的科学经验进行记录和描述，这有助于孩子

更好地反思学习过程。同时，科学的意义在于与他人共享经验、交流碰撞，所以，帮助孩子清晰准确地表达自己的观点，显得尤其重要。

二、生命科学类探究活动的实践反思

我们在小中大班各选择了《兔子》、《樱桃树》、《我的牙齿》三个探究内容，同时结合各年龄段的发展特点，分别指向探究能力培养的三个点：《我们的兔子朋友》——指向培养儿童观察的意识。《樱桃树的秘密》——指向培养儿童尊重事实、积极验证的科学态度。《掉牙了》——指向帮助儿童获得比较、实验、记录等一系列的科学研究方法。

三个关于生命科学的主题探究内容，都致力于帮助儿童获得：

1. 核心概念

对生物基本特征的了解；能关注生物的基本需求；了解生物简单的行为；对生命的周期有大致的认识（比如当兔子发生意外死亡的时候，孩子即对死亡有了直接的感受和理解。当随着长线观察中一直追踪樱桃树的开花结果过程，孩子就会对植物的生长周期有清晰的感知。又如孩子可以从自己和同伴的牙齿变化中，发现牙齿生长的基本规律）；生物变化和多样性（例如孩子通过观察发现并非所有的兔子都是红眼睛，通过猜测兔子的眼睛的不同颜色，从而发现生物的多样性）；生物与环境的相互关系。

2. 探究技能

对周围事物提出疑问；运用多种感官进行仔细观察、持续观察；运用简单的观察、测量工具；根据观察进行描述、分类、比较；进行简单的调查，如预测、收集解释数据、发现简单规律、得出结论；通过多种方式记录观察和要点；分享、讨论、倾听、理解各自的观点。在这一类探究中，运用最多的策略就是"观察"和"记录"。我们要培养孩子拥有一颗善于发现的心，去敏锐地发现周遭世界的丰富与精彩，尽可能调动多种感官去"看、听、摸、闻、尝……"，去利用放大镜、测量工具、记录本进行有目的地观察和记录。

3. 探究态度

永远对周围世界抱有好奇心，为了寻求真理而坚持不懈；以及对生命的高度尊重。在开展生命科学的探究活动中，幼儿对其周围生物的探究与生物学家的研究相似，他们需要观察和记录不同生物的生存方式、生物之间以及生物和周围环境之间的相互关系，尊重每一个被研究的生命。

4. 组织策略与体会

△ 观察性绘画是记录的方式，而不是美术活动。在观察记录中，教师要善于引导儿童明白把看到的东西"画下来"并非是艺术家画画一样，而应该是科学家的一种记录方式。因此，教师需要将注意力放在：如何帮助儿童借助记录回顾自己的探究发现，而非关注儿童的记录看上去是否画面丰富、色彩鲜艳等。

△ 尽可能记住每个孩子提出的问题，并与之互动。在生命科学的探究中，教师往往会给予儿童自由探索观察的机会，在观察中，孩子会产生各种各样的问题，属于他个人的最感兴趣的问题。虽然在后续的探究进程中，教师会选择其中1、2个具有探究价值的问题进行推动，但教师同时应该尽可能记住每个孩子提出的问题，鼓励孩子用多种方式来寻求答案，因为，孩子的每一个问题都应当被重视和关注。

△ 让孩子形成提供细节，运用词汇和肢体表达表现的习惯。在生命科学的探究中，对于生物的状态、习性、特征，我们需要孩子进行描述，但是我们不能仅仅局限在让儿童语言描述的单一方式上，对于这个年龄段的孩子来说，鼓励孩子说得再具体一点，或者用动作做出来，可以促进儿童更细致地观察与发现。

三、物质科学类探究活动的实践反思

物质科学活动是对物体及材料以及日常生活、周围环境中非生命物质等的直接探究。我们在小中大班各选择了《泡泡》、《风》、《影子》三个探究内容，同时结合各年龄段的发展特点，分别指向探究能力培养的三个点：《好玩的泡泡》——指向培养儿童操作的兴趣。《风来了》——指向培养儿童将已有经验的实际运用。《光与影》——指向培养儿童在关系中思考的逻辑思维能力。

三个关于物质科学的主题探究内容，都致力于帮助儿童获得：

1. 核心概念

对物质与材料特性的了解。（例如感知液体能流动、影子是黑乎乎没有细节的等现象方面的经验，了解胶水、双面胶是可以用来粘贴的材料方面的经验。）

还需要帮助儿童了解物体之间的关系。引导儿童在关系中思考、学习、探究。（例如孩子能发现光源方向与影子形成的角度之间的关系，发现越是黏稠的液体流动得越慢等等。）

2. 探究技能

能对现象提出疑问，孩子能提出引发他产生好奇和认知冲突的问题"为什么会是这样"。运用多种感官进行细致观察；对所观察到的特征进行描述；进行简单的实验，如预测、验证。

在这一类探究中，最直接的技能就是：操作和探究。但这两个能力在程度上存在差别，操作强调的是摆弄，也可能是无意识地摆弄，而探究则需要带着明确的思考，在比较、验证的过程中清晰地了解影响科学现象的原因和规律。

3. 探究态度

好奇心；乐于尝试、坚持不懈、尊重证据、勇于质疑。对周围的事物和现象充满好奇心，能对自己存在疑惑的问题或现象进行反复地操作与探究，乐于尝试、坚持不懈，勇于质疑，最值得鼓励的是，要有尊重事实依据的态度。

4. 组织策略与体会

△ 孩子往往不用语言，但用行动来提出问题。我们在观察孩子与材料的互动时，不要停留在语言的询问："你发现了什么？你在干什么？"而是

需要从儿童的行为来观察解读。如果孩子反复地观察，就说明观察对象中一定有他感兴趣的现象。孩子反复拿起同样的材料在不同的材质上操作，说明孩子正在比较发现两种环境下的变化和差异，此时就应该用不断的肯定和鼓励来支持孩子的探究，必要时提供材料和工具，帮助儿童将探究引向深入。

△ 仅仅让孩子很忙碌地操作是不够的，还是要关注孩子是如何思考的，如何解释现象。因此，教师需要预先操作孩子需要操作的材料，不断精心考虑提供的材料和环境，教和练习一些工具使用方法，将关注引向探究本身，多多追问，让孩子用证据来证明自己的观点，因为教师的任务并非权威地给出正确答案，而是从问题引发新的探究出发点。

△ 从操作变为探索，需要孩子能有意识地了解到材料之间的关系，因此教师材料的提供要有指向性，并且需要运用一定的表述方式帮助儿童将事物之间的关系表述出来，例如，孩子能发现两面镜子夹角角度小，成像的数量多。但这样的表述仍停留在现象层面，教师如果引导：能不能用"越来越……"来说说你看到的现象。孩子就能意识到两者之间的关联，并清晰表述：镜子夹角越来越小，里面照出来的小动物就越来越多，夹角越来越大，照出来的小动物数量就越来越少。

四、科学探究活动的表现性评价

表现性评价（performance assessment）是在 20 世纪 90 年代，美国兴起的一种评价方式。它是在儿童学习完一定的知识后，通过让儿童完成某一实际任务来评价学生的学习状况，包括表现性任务和对表现的评价。它的评价方式有别于传统的纸笔测验评价，是对儿童能力行为进行直接的评价。

表现性评价强调评价要伴随在儿童生活和学习的情境里，通过对儿童完成实际作业表现的观察，依靠教师的专业判断，对儿童学业成就进行整体判断的教学评价方式。它可以系统地衡量一个学习者使用以前所掌握的知识去解决问题或完成一项任务的能力。

随着探究性主题活动的深入，我们意识到运用传统的测评只能了解儿童对某些知识点和认知信息的掌握与记忆程度，无法真正了解儿童的探究能力，以及探究过程中情感、态度的获得，因此，我们有必要将"表现性评价"引入到探究活动的课程评价中，其目的并不是评价儿童的能力高低，而是通过评价帮助教师更了解儿童的探究能力的实际情况，为我们的课程调整提供依据。

以下为六个探究性主题相对应的表现性评价方案：

浙江省级机关北山幼儿园幼儿表现性评价方案

背景：

近年来，我园一直致力于开放性主题活动的实践，鼓励教师更关注孩子的学习，能根据孩子的兴趣需要和发展需要灵活生成适合孩子的主题并不断调整和推进。本学期，通过调查征集，将研讨的主题类型聚焦到"探索性"为主要特征的开放性活动中，各年龄段预设了"我们的兔子朋友"、"樱桃树的秘密"等六个主题。并成立了六个主题合作组，开展了较为系统和细致的开放性主题实践，为园本化的课程积累提供了鲜活的课程素材。

经过一学期的实践研究，现将对孩子的发展状况进行表现性评价、期望针对六个主题中最为核心的教育目标，通过自然常态的情境性任务来了解孩子的具体表现行为和发展状态，帮助教师能更为全面和深入地思考主题价值与发展方向，从而使主题的推进相对更有价值，更加体现开放性的特征。

目标：

1. 检验我园探究性主题活动的实施成效，为课程的调整提供依据。

2. 了解孩子在主题活动中的发展状态。

3. 为教师进一步调整和完善自己的课程实施能力、师幼互动水平提供依据。

时间：6月19日——6月27日

对象：各班随机抽取 7~10 名幼儿

评价人员：主题合作组四位老师及教研管理人员

评价工具：表格

地点：自定

小班《我们的兔子朋友》

班 级		姓 名		评价教师	
主题核心目标	1. 获得了关于兔子的食性、外形、饲养方法等知识经验。 2. 激发了幼儿关爱小动物的情感。 3. 初步形成了"试一试才知道"的科学态度。				
表现性任务	去农场看望新朋友"仓鼠"			指向目标	科学的态度
情境性准备	仓鼠一笼				
指导语	——小农场来了一个新朋友——"小仓鼠",我们给它带什么吃的东西去呢? ——小仓鼠爱吃这个东西吗?				

观察要点:

1. 孩子是否能以"试一试才知道"的态度去考虑仓鼠的食物(面对教师的质疑)?
- 孩子设想仓鼠的食物有:＿＿＿＿＿＿＿＿＿＿
- 有验证自己想法的意识( )附和别人的说法( )

2. 孩子在观察仓鼠的时候是否感兴趣,能发现仓鼠的基本特征?能否持续观察?
- 兴趣浓厚( )一般( )不感兴趣( )
- 孩子观察的时间大约有( )分钟
- 孩子发现了仓鼠的哪些特征?＿＿＿＿＿＿＿＿＿

3. 在经过小农场的时候,对兔子朋友有没有亲切地互动?
- 打招呼( )过去看( )不感兴趣( )
- 其他表现＿＿＿＿＿＿＿＿＿＿

小班《泡泡》

班 级		姓 名		评价教师	
主题核心目标	1. 能发现泡泡的主要特点,会用工具吹泡泡。 2. 愿意动手尝试,有一定的操作实践能力。				
表现性任务	自制工具吹泡泡			指向目标	操作的兴趣
情境性准备	泡泡水、树叶、硬包扎带				

指导语	——你能用这2样东西吹出泡泡吗? ——你的泡泡是什么样的?

观察要点:

1. 孩子对吹泡泡感兴趣吗? 是否愿意尝试?
- 感兴趣 (　　) 一般 (　　)
- 主动尝试 (　　) 被动 (　　)

2. 孩子是否能想到用卷、挖洞等方法去制作工具?
- 能 (　　) 不能 (　　)
- 孩子尝试了 (　　) 分钟?

3. 孩子成功了吗? 做了什么样的努力?
- 成功 (　　) 放弃 (　　) 无目的摆弄 (　　)
- 求助老师 (　　) 模仿同伴 (　　) 自主探索 (　　)
- 其他表现: _____

中班《风》

班　级		姓　名		评价教师	
主题核 心目标	1. 了解有关风大小、风向、种类等特点。 2. 能运用对风的相关经验来解释现象。				
表现性 任务	智游两则			指向目标	经验的 运用
情境性 准备	图片2幅 图片1:各种风吹动物体的情境,让幼儿用箭头表示风吹来的方向。 图片2:两幅画面中风的方向相反,小帆船比赛。				
指导语	——仔细看看风从哪儿来? 画出风的方向箭头吧。 ——两次比赛为什么结果不一样?				

观察要点:

1. 孩子是否能准确标注风的方向?
- 清楚标注 (　　) 较为模糊 (　　) 不理解 (　　)

2. 孩子在观察两幅画面时,是否能联系风的因素?
- 知道是风在作怪 (　　) 不清楚 (　　)

3. 孩子能表述顺风逆风与小动物奔跑速度的关系。
- 能对应关系清楚表述 (　　) 说不清楚 (　　)
- 孩子的解释: _____

中班《樱桃树的秘密》

班 级		姓 名		评价教师	
主题核心目标	1. 樱桃树的生长过程及先开花后长叶的特点。 2. 能有目的、持续、细致地进行观察，善于发现变化。				
表现性任务	观察茉莉花			指向目标	观察的意识
情境性准备	两盆含苞欲放的茉莉花				
指导语	——你发现了什么秘密，可以用自己的办法记下来。 ——看看你的观察，说说你发现了什么新变化？				

观察要点：

1. 孩子对茉莉花是否有观察兴趣？观察频率？
- 兴趣浓（　　）一般（　　）不感兴趣（　　）
- 一次（　　）每天都观察（　　）偶尔（　　）

2. 孩子在观察过程中，有否有意识地记录？
- 有记录（　　）无记录（　　）
- 孩子记录时用了哪些方法与符号？

3. 孩子有何新发现？
- 边观察边说（　　）凭印象（　　）说不清（　　）
- 孩子的具体表述_____

大班《我掉牙了》

班 级		姓 名		评价教师	
主题核心目标	1. 知道牙齿外形、类型、名称、数量、排列规律和功能。 2. 懂得保护牙齿的方法，能爱护牙齿，形成良好爱牙习惯。 3. 能用各种方法大胆验证自己的猜想。				
表现性任务	漱口情况测查、粘合试验			指向目标	实验的方法
情境性准备	盒子、双面胶、橡皮泥				
指导语	——这两种粘法，哪种更牢固？ ——你是怎么知道的？用什么方法比较出来？				

观察要点：

1. 孩子是否有目的地进行猜想和验证？
- 能，有明确目的（　　）无目的摆弄（　　）
- 孩子操作了大约（　　）分钟？

2. 孩子能否在同等条件下进行比较？
- 能（　　）不能（　　）
- 孩子用什么方法进行比较？＿＿＿＿＿＿＿＿＿＿＿＿＿

3. 孩子能否主动漱口？
- 能（　　）需提醒（　　）不愿意、逃避（　　）

大班《影子的故事》

班　级		姓　名		评价教师	
主题核心目标	1. 了解影子的主要特征 2. 发现影子与光源之间的关系				
表现性任务	玩镜子			指向目标	思维的逻辑
情境性准备	两面夹角镜子，一段油画棒				
指导语	——用两面镜子来照油画棒，说说你的发现？				

观察要点：

1. 孩子是否有目的地操作？
- 有目的（　　）无目的摆弄（　　）受干扰观察别的事物（　　）
- 孩子操作了大约（　　）分钟？

2. 孩子发现了什么？

3. 孩子是否能找到夹角大小与成像数量之间的关系？
- 能（　　）不能（　　）

4. 能否用清晰的语言来表述自己的发现？
- 能用对应关系来表述（　　）描述现象（　　）说不清楚（　　）

第三节 科学探究活动的实例研讨

一、大班科学活动：让小石头浮起来

活动目标

1. 积极探究，尝试运用多种材料和方法，使沉在水里的物体浮起来。

2. 能用大胆清楚的语言表达自己的实验操作和发现。

3. 能将了解的沉浮知识加以运用，并尝试解释日常生活中的相关现象。

活动准备

石头、水槽、瓶子、大小泡绵纸、小 KT 板、锡纸等，记录表、笔、视频图像，抹布。

活动过程

一、感知材料，预想推测

1. 感知材料

今天，我带来了一些材料和你们一起做实验。这些材料你们都认识吗？有不认识的吗？

2. 预想推测：

这些材料放在水里会怎样？（教师记录幼儿猜想。）

3. 集体实验：记录并比较实验结果。

结果怎么样？和自己的猜想一致吗？

二、提出挑战，积极尝试

1. 提出任务：

能不能利用别的材料帮助小石头浮上来。

2. 幼儿进行尝试，教师鼓励幼儿使用不同的材料，尝试不同的方法。

三、分享交流，总结经验

1. 你让玻璃石浮起来了吗？你是怎么样让它浮起来的？

2. 这些材料都能帮助玻璃石浮起来吗？为什么？有什么小窍门吗？

3. 针对有争议的方法进行集体实验。

四、生活中的沉浮小秘密

1. 说一说：今天我们很动脑筋，想办法让玻璃石浮起来了。那么，如果我们不会游泳，可以怎样让自己浮起来？

2. 看一看：你们说了很多不错的方法，让我们来看看生活中的人们还用了什么办法？

执教者：省级机关北山幼儿园　陈　玲

【活动点评】

探究物体在水里的浮沉现象，是深受孩子欢迎的科学探究内容。在各个年龄段，以及活动区角、嬉水活动中都有所涉及，但是如何发挥集体探究活动所应有的价值。在上述活动设计和实施中有几个亮点值得反思与提炼。

1. 以驱动性任务引发探究行为的深入

作为一个大班年龄段的探究活动，其目的就在于不只是让儿童感知简单的沉浮现象了。如何让活动不仅仅是观察现象，而是具有探究性，于是教师在儿童充分了解各种材料沉浮现象的基础上，抛出了一个能引发探究的驱动性任务——"借助各种材料让原本会沉到水里的小玻璃石头浮起来"。这个探究任务的提出，对儿童原有的认知经验是极大的挑战，也可以将儿童的探究从简单的操作摆弄引入到有目的地探究上。可以发现第一环节，孩子的操作仍停留在一种本能的摆弄、感知、戏耍上，而第二环节驱动性任务的提出，孩子的思维路径被进一步聚焦，儿童选择材料、比较性的实验观察、反复尝试调整的探究性行为大大地增多了。这就是对大班儿童探究能力的激发。

2. 以目的性材料投放引发实验性探究的出现

在以往的浮沉游戏中，教师往往会认为开放的材料可以提供儿童更为开放的探究，可实际上，过于纷杂的材料无益于儿童的比较观察和实验性操作行为的出现。为此，在这一活动中，教师从一开始投放的十余种材料，通过教师的预操作，不断地整合、减少，最后留下了四种：大小不同的泡棉纸、长条的小 KT 板、橡皮泥罐的盖子、锡纸。而且这四种材料，教师都通过预先的操作，使得每种材料都需要一定的"窍门"才能实现帮小石头浮在水面的要求。例如：

大小不同的泡棉纸可以帮助儿童感知，纸张大小不同产生的浮力大小也不同，而同样是一张稍大的泡棉纸，如果小玻璃石放置的位置靠近中心则容易浮，远离中心则容易沉。

长条的小 KT 板，单条 KT 板无法承重，但是当数条 KT 板合并或者交叉时，浮力便增大。

橡皮泥的盖子，当凹面向上的时候，正好可以承载一颗小玻璃石的重量，而当凹面向下的时候，却无法帮助小石头浮在水面，这就能引发儿童对比性的反复验证和思考。

锡纸，是一种容易随意造型的材料。孩子在探究中发现当锡纸完全平面展开于水面时，浮力仍不能承载小玻璃石，孩子又会尝试将锡纸包裹石头，结果直接沉入水底。只有当锡纸被捏成类似碗状的造型，才可以承托小石头。

可见，经过教师预操作的材料才能真正引发儿童的认知冲突，让儿童主动寻找其中的"窍门"，乐此不疲地反复验证操作。

3. 以生活中的图片来链接科学经验

科学探究中的感性经验，最终还是需要服务于生活，作用于生活的。因此，当儿童在自己的实验操作中积累了大量的感性经验后，教师又巧妙地提供了很多生活中的图像资料。例如，游泳池里不会游泳的人，套上救生圈帮助自己浮在水面，借助小浮板浮在水面。渔民将木头捆绑在一起，做成木筏。还有菱农划着大的脚盆浮在水面上采摘菱角……这一系列生活中的现象，可以进一步帮助儿童将实验操作中的现象和生活相链接，让儿童意识到生活中处处有科学，科学也可以时时处处地服务于生活。

二、大班科学活动：双面胶的粘合实验

活动目标

1. 通过探索和使用双面胶感知双面胶的牢固性和粘合部位之间的关系。

2. 尝试在问题情境中表述自己的想法，提高观察、分析、解决问题的能力。

3. 知道合理使用双面胶，建立初步的节约意识。

活动准备

KT 板、空的纸巾盒、杂志 30 本、双面胶

活动过程

一、提出制作任务，粘贴图书分类标记

1. 教师提出要利用废弃的餐巾纸盒粘贴在 KT 板上制作小书架。

2. 请幼儿尝试将各种图书标记卡粘贴在 KT 板上。

3. 观察各组孩子使用双面胶的数量，对比讨论。

4. 小结：做同样的一件事，花的代价越少越好。渗透节约意识的培养。

二、怎么粘才牢固

1. 教师提供每一组 15 厘米左右的双面胶，请孩子将空纸巾盒粘贴在 KT 板上。

2. 操作前教师和孩子一同讨论，该如何粘贴才最牢固？教师分别根据孩子的设想，在黑板上进行记录（一段双面胶、分成两段双面胶、分成四段双面胶）。

3. 每一组猜测哪一种方法最牢固，并进行尝试。

三、比比怎样粘最牢固

1. 教师根据各组用不同粘法制作的小书架，开始进行比较性验证，一次在盒子里面装上同一品质的幼儿杂志，其余孩子一起计数，进行统计。

2. 讨论实验结果，比较不同粘法的牢度差异。

3. 小结：做同一件事可以有不同的做法，而不同的做法会产生不同的结果。

四、集中对比两种粘法，梳理经验

1. 教师选择，同样是分成四段粘贴，但是一种是黏在中心，一种是黏在四周，再次验证哪一种方法更牢固。

2. 得出粘在周围比粘在中心牢固的经验，发现很多事物有一定的规律，生活中要善于寻找窍门。

执教者：省级机关北山幼儿园　陶海燕

【活动点评】

培养儿童发现问题、解决问题的能力是科学教育的核心目标，尤其在《纲要》理念的引领下，科学教育的价值并不再是帮助儿童获取了哪些科学知识，而是在科学探究过程中学会多元整合的获取"做"的经验。在这个活动中，教师着力培养儿童科学的思维方式以及非常重要的三个处事态度。

1. 做同一件事情、花的代价越少越好

这一代的孩子，没有生活在物质匮乏的年代，因此也没有机会去感受节俭的意义。平日里，餐巾纸一抽就是好几张，白纸画上几笔就扔掉。使用双面胶更是毫不"吝啬"，因此，当老师请孩子将一张标签纸贴在 KT 板上的时候，很多孩子密密麻麻在标签纸背面贴满了双面胶。可是当老师将孩子们使用的双面胶纸条（白色部分）收集起来，接成白色线段时，孩子们很快被这平日里忽视的现象所震撼了。如何更合理更节省地使用材料，成为了孩子们主动思考的一个问题。

2. 做同一件事情有不同做法，不同做法会导致结果不同

同样是将废旧餐巾纸盒粘贴到 KT 板上，同样是 15 厘米长的双面胶，经过同伴的集体交流，孩子们会发现原来可以有不同的方法，双面胶可以整条粘贴也可以分段粘贴，粘贴的部位也可以有不同的选择。而且，最终的比较结果显示出，不同的粘贴方法还会呈现不一样的粘贴效果。这样的直观体验能够引发儿童的思考，即遇到问题时尽可能寻找多种解答的方式。

3. 很多事物都会有一定的规律，生活中要善于总结规律寻找窍门

在教学活动中，教师有意识地利用板书的空间位置，让儿童观察到，相同段数的双面胶粘贴在不同部位所带来的牢固程度是不同的，孩子有了一些模糊零散的经验，发现贴在四周的方法比贴在中心，牢固程度更大。

为此，教师特意进行了验证性的实验。通过统计书架上能承载的杂志数量，来获得牢固度的感性经验。这样的体验更大程度地让孩子意识到，要善于发现生活中的规律，寻找窍门。

以上的这三点收获，并非科学知识，但是它将带给儿童一种科学的思维和处事的态度，有助于儿童在探究中更为全面地解决问题，寻找最优化的解决途径。

三、大班科学活动：关于纸巾的比较实验

活动目标

1. 尝试用对比实验观察比较纸巾的不同性能，初步感知物体性能与用途之间的关系。

2. 了解科学的比较实验的特点，（在相同条件下比较）形成初步的严谨的科学态度。

3. 积极、主动地参与探索活动，能有目的地运用比较的方法。

活动准备

关于纸巾的调查报告一份，不同品牌的纸巾两种（分别标上1号和2号），脸盆、喷壶、文件夹、小磁铁、字条、黑板

活动过程

一、经验回顾、明确任务

1. 回顾原有经验，分享纸巾的调查报告（孩子们介绍自己关于各种纸巾的调查发现，如纸张的张数、主要成分、环保标志等）。

2. 设置问题情景：完成帮妈妈选择纸巾的任务，妈妈需要的是不太容易破的纸巾。

二、了解经验、收集方法

1. 鼓励幼儿用各自的方法进行比较、探究。

（孩子用揉搓、卷、绕、拉扯的方法进行比较。）

2. 分享交流、得出结论，梳理幼儿关于"比较"的已有经验。

（孩子大多数是用一种非常感性的经验进行模糊的比较，还有的孩子比较后忘记了哪一种纸巾对应了哪一种实验结果。）

三、实验介绍、操作验证

1. 提出验证的任务，到底哪一种纸巾更不容易破？它们之间又有多大差别呢？

2. 教师介绍一种科学的比较实验：比较纸的耐拉性。教师在纸的一角夹上铁夹子，然后在铁夹子上增加磁铁块，直至纸张经受不了重力被扯破。

3. 幼儿观察并感知实验的细节。

4. 分享交流、梳理科学的比较方法：在同样的条件下比一比。

幼儿共同回顾刚才教师的实验，梳理实验的一些必要的方法，例如：要先对实验的两种纸巾做好标记，然后要在同样的方法和条件下来进行比较，这样比较才公平。

四、方法运用、实践探索

1. 提出进一步验证的任务，为妈妈挑选一种遇到水也不容易破的纸巾。了解孩子的实验想法，提醒要注意运用比较方法，在同等条件下比较。

2. 尝试自主探索，运用"比较"的方法

（孩子自主尝试，比较纸巾的特性。观察孩子在操作中是否用同样的条件来进行比较。）

3. 分享交流、进一步提升关于"比较"的方法。

五、延伸拓展、揭示奥秘

1. 吸水性强弱并不是好坏之分，在于各自的用处和设计原理。教师分别从两盒看似包装一样的纸巾盒上找到说明文字，帮助儿童了解：面巾纸遇水不易分解，卫生纸遇水易分解。

2. 我们根据不同的用处和要求来购买不同的纸巾。小小纸巾也有很大的学问。

执教者：省级机关北山幼儿园　胡晨波

【活动点评】

这一个探索活动是围绕着儿童的某一种探究技能的培养而设计的，探究的载体并不是重点，重点在于帮助儿童了解到"比较"的方法，即要在同等条件下才能进行比较。因此教师在活动设计中，围绕着孩子的探究能力"比较"设计了以下环节：

1. 让孩子呈现经验、暴露问题

教师设计的第一次实验"让孩子比较哪一种纸巾不容易破"。孩子得到这样的任务，往往急于尝试，迫不及待地开始揉搓、拉扯，盲目地得出结论，这张纸容易破，那张纸容易破。呈现的是一种没有建立在"比较"基础上的探索。于是当教师组织孩子讨论的时候，教师便及时呈现孩子出现的问题，例如，一张纸是撕碎的，一张纸是揉碎的，很难比较出到底哪张纸更易碎，又如，没有目的性的观察，实验结果无法比较。通过让孩子尝试，教师将孩子已有的认知经验和探索的原始状态呈现出来，并带领儿童思考怎样的"比较"才更公平。

2. 让孩子观察思考、借鉴经验

根据孩子表现出来的原有经验，教师所做的应该是适时的提升。为此教师在第二环节演示了一个"比较纸巾耐拉扯程度"的实验。这一实验的演示并非是为了让孩子去照搬实验的步骤和依样画葫芦地学习实验步骤，而是通过观看老师像"科学家"一样的实验，来发现"比较"的基本方法。而这种经验是可以在任何其他需要运用到"比较"的探究活动中可以间接推演的。

3. 让孩子自主探索、运用经验

当孩子有了"比较"的意识，教师又让孩子自主地去进行比较，"哪一种纸巾遇到水不容易破。"相比第一次的操作，这一次的孩子明显有了"比较的意识"，孩子会念着："预备齐"同时将两张纸巾同时放入水盆中，也会在搅拌的时候进行计数，都搅拌5下，看看哪张纸巾更容易破。还有的孩子会用滴管在纸巾上方滴，观察滴了多少滴水，纸巾才会破……通过以上这些操作过程可以看出，孩子们已经能较为科学地运用"比较"来发现两个事物之间的差异了。这就是孩子所需要的一种探究能力。

《纲要》与幼儿艺术教育

《纲要》颁布后，广大幼教工作者都试图以《纲要》的理念来指导自己的教育教学实践。在这个过程中，我们首先切入的研究领域就是幼儿的艺术教育领域。记得 2002 年和 2005 年每两年举行一次的浙江省幼儿园教育教学评比活动，聚焦的也都是幼儿的艺术教育问题。正是在这个大背景下，笔者作为幼儿园一线教师，并延续着一直以来对幼儿艺术教育的热爱和研究兴趣，开展了对《纲要》艺术领域内容的实践性解读。

《纲要》有关艺术领域的基本精神与传统的幼儿艺术教育价值追求大相径庭。传统的幼儿艺术教育以幼儿的学习结果为价值追求目标，注重艺术技能训练，强调幼儿的模仿、练习，追求艺术表现形式。而《纲要》对幼儿的艺术教育提出了以下三个方面全新的价值取向：

1. 从关注结果转变为关注过程，让艺术活动唤起幼儿审美感动与情感共鸣。

2. 从关注作品转变为关注自我的感受和体验，让艺术成为幼儿自我表达的方式。

3. 从强调通过模仿掌握技巧转变为强调自由创造，让艺术活动支持幼儿的自我超越和创造力发展。

这些艺术教育的新理念冲击着一线教师的教育实践，颠覆着传统的、约定俗成的教育策略与做法。

在深入学习《纲要》时，发现专家的解读更多的是以美术教育为例的，例如，批评传统儿童画的写实教育，指出这种教育扭曲了儿童画的本质特性和教育功能，进而主张从"模仿画"走向"自主性绘画"。但对于如何在音乐教育中进行改革与拓展的问题鲜有讨论，这使得幼儿园的音乐教学改革产生了较多的困惑。当初就是出于这种现实情况，笔者才以音乐教学为切入点开展艺术教育的改革实践，我们的探索路径是，力图让传统的音乐教育从重幼儿的"掌握音乐作品"走向新的在《纲要》指导下的让幼儿充分"感受作品、表达自我"的创新性音乐教育。这里呈现的就是笔者在这些年里有关幼儿音乐教育实践改革中产生的种种感悟与思考。

第五章　与孩子欢唱共舞

第一节　幼儿园音乐教育的理念探讨

一、幼儿园音乐教育现状审视

音乐教育从本质上来说是一种审美的教育，只有当音乐教育真正遵循音乐艺术和艺术教育自身的规律来实施时，音乐教育才能成为促进幼儿审美的教育。因此它需要强调的是其音乐的、艺术的、审美的特点。审视目前幼儿园的音乐教学现状，我们可以发现以下这些现象：

1. 教学目标的偏离——重认知信息获取，轻音乐元素感知

教师教唱歌曲《拉钩钩》、《国旗国旗红红的哩》，引导孩子去感知歌曲，当孩子得出"同伴之间要相互谦让、互相帮助"的道理，知道"国旗是红红的，五颗星星是黄黄的"的知识之后，教师心目中的预设目标就达成了，而对于歌曲中每句旋律末尾"高高的哩，红红的哩，黄黄的哩，甜甜的哩"中蕴藏的力度变化、节奏特点等音乐元素却鲜有引导，对音乐元素所传递出的鲜明情感特征视而不见……

在当前，以主题为特征展开的教学活动中，音乐活动常常沦为主题内容服务的陪衬地位。教师选择音乐活动的出发点仅仅是因为歌词内容、或乐曲标题与主题内容相吻合，而不去考虑音乐素材其自身的音乐教育价值。于是，在实际的教学中，我们往往会不自觉地将音乐沦为说教、认知的工具，而忽略了对音乐元素的感知、理解与表现。这样的本末倒置，使得音

乐教学音乐性缺失，其独特性不复存在。音乐活动不姓"音"的担忧日益加重。

2. 教学策略的失恰——重非音乐技能练习，轻音乐经验建构

　　教师教唱歌曲《十二生肖》，复杂的歌词带给孩子记忆的困难，为了让孩子快速地掌握歌词，教师用各种动物卡片反复演示，帮助孩子记忆动物出现的顺序，最终孩子将歌词内容准确无误地唱出，教师满意地笑了，对于歌声，教师只是一味强调："唱得响一点……"

　　为达成一定的教学目标，教师往往会运用一定的教育策略来突破学习的重点难点。然而在上述案例中，教师精心预设的教学策略指向的却是儿童对于歌词的记忆，至于如何艺术性地表现歌曲，教师的教育策略显得苍白无力。这样的现象在歌唱教学中尤为明显。其实，冷静追问我们不难发现，孩子记忆歌词的能力只是一种在音乐活动中相关的技能，而非音乐技能（音乐经验）本身，这样的技能在其他学科活动中同样可以习得。当教师将歌词的熟练掌握当做歌曲教学的核心目标甚至是最终目标时，孩子就会止步于音乐经验的探求中，无法获得关于歌曲本身旋律、节奏、情绪、风格等音乐元素的感知。这种教学策略的失恰，使得教师的教学重心偏离艺术内核，儿童学习的心理能量作用于非音乐的、非艺术性的学习中，无法获得音乐经验的建构、艺术素养的提升。

3. 教学过程的压缩——重表演成果展示，轻元素理解表达

　　打击乐活动中，教师向幼儿示范铃鼓的演奏方法与拿放的姿势、手型，幼儿跟随教师指挥，用整齐划一的手型，音色悦耳地演奏着铃鼓。又如音乐欣赏中，教师将预定的故事情节和动作逐一演示，听了几遍音乐后，孩子被要求分角色表现动作，孩子在教师的带动下，简单重复预设后的情节和相应的动作，一个类似成品舞蹈的表演被速成出来。

　　当教师仅满足于幼儿正确演奏发出悦耳音色为打击乐教学的终极目标时，则忽略了打击乐器最根本的价值，它本应成为孩子探索音色，表达内心感受、音乐情感的工具。教师没有因势利导地引导孩子去探索、比较，感受不同击打方式所产生的不同音色，而简单直接地将击打方法教授给孩

子，舍本逐末的做法剥夺了孩子审美体验，更无益于孩子音乐经验的生长。当教师始终惦记着最终呈现的预设好的表演形式时，就会在过程中忽略孩子对音乐元素的个性化诠释和理解表达。教师如果仅仅告诉孩子该做什么？而不与孩子去分享"为什么要这样去表达"时，孩子对于音乐元素的"感知——体验——理解——表达——创造性表现"的审美学习过程就被简单压缩。

二、幼儿园音乐教育的理想诉求

1. 彰显音乐元素，让幼儿学会感知、发现音乐

我们期望有一种音乐教学手段，能从抽象的音乐素材中抽提出音乐元素，与幼儿具象的现实生活相连接，通过源于生活又高于生活的意象化符号，帮助幼儿获得对抽象音乐的敏锐感知，这是幼儿对音乐的发现过程。伴随着感知的深入，必能真正将幼儿带入富有审美情趣与亲近感的音乐意境中，去感悟音乐元素所凸显的音乐特征，发现音乐的美好，继而去理解和表达音乐内在的特性。

2. 丰富音乐经验，让幼儿学会思维、体验成长

我们期望有一种音乐教学手段，能关照到幼儿艺术思维的培养，在带给幼儿审美体验的过程中，注重孩子的想象力、创造力、思维的类比、联想与迁移，帮助幼儿获得音乐经验的真实生长，这是幼儿对自我成长的体悟过程。伴随着艺术思维的培养，幼儿能在适宜的认知挑战中观察、模仿、创造、探究；能在流畅的"操作"音乐的过程中获得审美感动；能在人际支持中体验归属；在自我调控中感受到自由与超越……这一切就是音乐教学所能带给孩子的最好的成长体验。

3. 支持音乐表达，让幼儿学会悦纳、累加自信

我们期望有一种音乐教学手段，不以娴熟的技巧、完美的演唱、演奏为目的，而是借助巧妙的载体帮助幼儿将自己对音乐的理解感受自然流露、流畅表达。为了避免孩子空洞茫然的创造，教师需要巧妙地为孩子架

设模仿与学习的支架，鼓励幼儿在模仿的基础上引申和扩展，这是幼儿不断累加音乐自信心的过程。在支持幼儿的音乐表达中，鼓励孩子的自我悦纳、同伴之间的相互接纳，师幼之间的积极吸纳，让每个孩子都能借由音乐来娱人娱己、体悟生活、在思考和表达中感受自身音乐能力的不断生长，音乐自信的不断累加，让音乐成为生活的必需，与音乐为伴，成为与自我、社会、自然和谐共融的人。

三、音乐教育中的师幼关系隐喻

新型的师幼关系在教育改革的转型中逐渐显现，教师对自己的角色定位以及师幼关系都有了新的认识和理解。但在实践中往往由于观念与操作的偏差大致产生这样三种形态，这里以三个隐喻进行诠释：

"乐队演出中的指挥与演奏者"：教师充当着"指挥"的角色，遥控着孩子们按照固定的曲目用规定的演奏方法朝着统一的方向行进。追求整齐划一的技术性练习和训练，只关注表演的最终结果是否完整统一。

"草坪嬉戏时的看客与游人"：教师充当"看客"的角色，以一种欣赏、闲散的心态关注着游人漫无目的的嬉戏。追求沿途风景的过程往往有着迷失方向的困惑。

"主题舞会上的和谐拍档"：教师以舞伴的身份，伴随着一定的旋律与幼儿翩翩起舞，其间通过合作与默契的交流，与幼儿舞伴和谐共鸣，不断产生更富激情的舞步，从中体验共同成长的快乐。

不难看出，前两种状态代表着传统的师幼关系和改革发展中的两种误区：强调教师的"教"；为了张扬孩子的个性，教师"不敢教"。而真正理想状态的师幼关系应该是师幼和谐共鸣，在合作的建构中共同成长的过程。苏霍姆林斯基曾经说过："对于学生来讲，最好的教师是在教学活动中忘记自己是教师而把自己的学生视为志同道合的朋友的那种教师"。在音乐学习中，"主题舞会上的和谐拍档"就是一种理想教学状态的诠释。幼儿的知识、经验、能力、情感通过教师的引导和提升日益精细化、丰富化、多维化，教师则通过对幼儿反馈的敏锐觉察达到对幼儿的理解和尊重，使师幼双方都能达到质的成长、飞跃。

四、音乐教育的学习方式探寻

音乐教育其核心价值就是发展幼儿的审美能力，提高音乐的感受力。以美国的贝内特·雷默为代表的"审美音乐教育哲学范式"为音乐教育提供了审美取向的价值观基础。他认为音乐的价值在于其审美性，即对人性感觉的表现性，所以审美取向的音乐课程总目标是"培养每一个儿童体验和创造音响的内在表现性的能力"，即音乐的感受力。

对于传统的接受性学习，音乐感受力的培养更适宜于感受性学习。著名科学家、哲学家波兰尼提出：如果将知识比作一座冰山，显性知识只是冰山露出水面的一角，而缄默知识则是隐藏在水面下的冰山大部分。音乐感受力更接近一种缄默知识，只可意会不能言传，这更有赖于幼儿借助直观体验的感受性学习进行主动地建构。

相对于其他学科的感受性学习，音乐活动中的感受性学习更注重师幼间的互动，即不仅仅依靠孩子个体的探究、操作，而需要通过与教师（更有能力者）的互动，在潜移默化的模仿、习得、浸润型的吸纳中提升音乐感受力。因此我们认为，在基于审美的音乐教育中，"互动感受性学习"能使音乐教学活动更为有效，实现更为优质的教育目标，是促进幼儿音乐感受力发展的重要学习途径。

所谓的音乐"互动感受性学习"：即区别于其他学科的感受性学习，强调在音乐活动中，通过与教师（更有能力者）的直接互动，来促进幼儿音乐感受力的发展。如同"主题舞会上的和谐拍档"：教师以舞伴的身份，伴随着一定的旋律与幼儿翩翩起舞，其间通过合作与默契的交流，与幼儿舞伴和谐共鸣，不断产生更富激情的舞步，从中体验共同成长的快乐。这就需要教师能将自身的音乐素养准确而又精妙地展现出来，帮助幼儿清晰地感知体验，在合作解决问题的过程中促进幼儿主动地吸纳、内化，从而获得真正自主的发展。

第二节 基于审美的音乐活动实施策略

一、幼儿园音乐活动的教学准备

在音乐活动中，教师作为一位"资深的舞者"，有必要在邀请"舞伴（幼儿）""共舞"之前，做好相应的互动准备。因此，教师基于某一音乐素材进行课程开发和设计时，自身的理解和解析、精心的准备和研磨非常关键。

1. 选择适合的"舞曲"——对音乐素材专业的甄别取舍

从纷繁的音乐海洋中汲取素材，需要教师借助专业的眼光去甄别、取舍音乐素材的审美价值。音乐没有高低之分，你给孩子接触怎样的音乐，带来怎样的音乐体验，决定了孩子将来的音乐起点。面对一些古典音乐、经典音乐，教师不必担心曲高和寡，幼儿难以接受。不要当孩子唱起流行组合 S.H.E 的"波斯猫瞪着它的双眼、波斯猫踮着它的脚尖……"，电影《河东狮吼》中的插曲"来来，我是一棵菠菜，菜菜……"我们才猛然发现这些流行元素居然都出自经典音乐，（《波斯猫》的主旋律取自坎特贝尔的《波斯市场》,《菠菜歌》的主旋律取自法国巴赫的《地狱与天堂》）。因此，给孩子提供怎样的音乐并没有固定的类别，关键在于教师如何帮助儿童去感受并喜欢上不同门类的音乐。教师选择性地帮助幼儿获得一些有益的音乐早期经验将影响孩子后续的音乐理解力和审美兴趣，对终身的音乐素养有很大的帮助。

2. 选择恰当的"舞步"——对教学素材深刻的分析挖掘

将音乐素材转化为教学素材，教师需要借助专业的视角去分析、挖掘其中的音乐元素。音乐活动作为有目的、有计划开展的高结构活动，必定要通过教学帮助儿童获得某一音乐经验的提升和发展。而如果我们仅仅将教学活动的目标拘泥于学会一首歌曲，那么跟着教师学唱和跟着录音机学唱又有何区别？教师的作用何在？举例说明，流传于街头巷尾的《吉祥三宝》，孩子反复聆听下，自然就能自如跟唱，而专门的音乐教学活动则需体现对音乐审美的专业引领。如果教师能带领儿童感受其中所蕴涵的民族曲风，发现歌曲独有的问答式句式结构，赏析男、女、童声的优美和声，以及领悟歌曲中浓浓的亲情，那么音乐活动的价值才得以彰显，而这一切都离不开教师对音乐素材的充分把握、挖掘，从而凸显音乐素材的审美价值，为音乐互动感受性学习打下基础。

3. 遵循"审美、互动、感受"原则

审美性原则：音乐教育从本质上来讲就是音乐审美教育，要保持音乐审美教育的本质特征，就必须处理好音乐感受力培养和音乐知识、技能学习之间的关系。音乐互动感受性学习要把握好儿童的审美特点，以审美感知的培养、审美情感的激发为出发点，将审美贯穿于感受、欣赏、表现和创造等活动形式之中。

互动性原则：音乐教育需要一定的集体氛围，教育过程中的师幼互动都是促进个体获得审美体验的重要源泉。因此在音乐活动中要注重与幼儿的情感共鸣、肢体交流、协作表现，使幼儿的音乐感受力通过与具有音乐素养的教师在一起行动、解决问题和相互感染中得以发展。音乐活动要营造一个较为宽松的、和谐的、动态的、充满了美感与浓厚人情味的音乐互动学习空间，力图体现及时的回应、适度的亲和力、感性的诉求、平等地悦纳等一系列互动要素。

感受性原则：音乐教育强调心灵的感受与体验，每个人的体验都是直觉的、丰富而又精微的。当孩子从吃苹果的过程中获取关于苹果的感性经验，远比孩子获取"什么是苹果"这一概念性的信息来得更深刻。学习心理学表明：个体对认识对象的体验越细致、越丰富，理解也就越全面、越深刻。因此，基于审美的音乐活动中教师要善于调动幼儿的多种感官，让幼儿与音乐对话，主动地感知、体验音乐的魅力。

二、幼儿园音乐活动的流程设置

在音乐教学中，对于活动环节的预设，直接影响着教师与幼儿的互动质量，决定着音乐活动的有效性。如何传达教师对音乐的理解和感受？如何帮助孩子在与教师的互动中层层推进地获得直观感受和审美体验？这就需要教师在充分了解孩子已有审美经验的基础上，调动多种感官，预设体验性学习环节，以情动人、以情感人、以情育人。

1. 作品的呈现与示范——入情

基于审美的音乐活动强调幼儿在与具有专业素养的音乐教师的一起行动中获得发展，所以教师必须具备表达和示范音乐感受的能力。我们强调在作品的呈现阶段，教师要通过亲身的演绎来展现教师对作品的理解，将孩子带入到充满感染力的音乐氛围中。教师是否饶有兴趣地倾听、清晰准确地演唱、生动形象地表现、情绪饱满地感召都会影响幼儿对作品的接受程度。

例如：让孩子第一次接触音乐作品《哈巴涅拉》时，教师全神贯注地倾听，并伴随着音乐的节奏轻微地点头，当乐曲中出现突如其来的强音时，教师睁大双眼、绷紧身体……这些细微的表情和肢体反应都传达出教师对于音乐的感受，帮助幼儿有意识地注意音乐中的关键信息。又如：范唱《山谷回音》时，教师略微夸张地处理歌曲中原音和回音部分的强弱对比表现，用肢体舒展、仰起下巴和收缩肢体、微微低头等肢体反应伴随演唱，帮助孩子去体会其中的强弱处理，将孩子带入到充满感染力的艺术情境中。再如呈现直观的图谱，同样的延长音的处理，图谱1"带有4个起伏的波浪线"由于准确地呈现音乐本身的特点，所引发的幼儿表现就是连贯富有美感的延长音。而图谱2"表示4拍的4个黑黑的圆点"就会因为不恰当地呈现、导致幼儿表现为四个顿音，破坏了作品本身的意境。

2. 元素的理解与诠释——动情

音乐元素是基于审美的音乐教育观的核心内容，音乐的审美感受力是需要通过对音乐元素的感知、理解来获得的。所以在音乐活动中，音乐元素的感知绝不是冷冰冰的临床诊断式分析，而是注重情趣的个体化感受体验。我们强调教师要注重与幼儿分享交流各自对音乐元素的理解，教师在倾听幼儿的感受、观察幼儿的表现时，要善于用欣赏、接纳的态度不断鼓励孩子积极主动地诠释自己的体验，并用关键提问帮助幼儿把握音乐元素，推动审美感知更为精细、准确，审美表达更为丰富、多维。

例如：在音乐《游乐园》中，相同的旋律采用不同的演奏形式（圆滑奏和断奏）而产生了不同的音乐形象。教师鼓励孩子用游乐园的游戏体验来表达自己对圆滑奏和断奏的感受和理解。

幼："前面的音乐（圆滑奏）好像是在坐跷跷板、荡秋千……后面的音乐（断奏）好像是在玩蹦蹦床、碰碰车……""我想到了游乐园的棉花糖，前面好像是在做棉花糖，转一转、拉出来，后面就开始喷、喷、喷的一下一下地吃棉花糖了。"

师："哎，真的能感觉到啊！……咱们想到一块儿去了……太棒了，你的想法很特别，和音乐的感觉真像……"，"荡秋千是什么感觉？你能告诉我们玩蹦蹦床的感觉是怎么样的吗？"（暗示幼儿用手指表现）

3. 情境的创设与对话——激情

音乐的审美体验是与生活经验紧密相连的，需要在一定的情境氛围中去联想、迁移。因此在音乐互动中，教师要善于创设生活情境，让儿童从艺术中感受生活，从生活中提炼艺术。

例如：在肢体活动《面条舞》中，教师通过视频再现煮面条的情景，帮助幼儿去感受发现生活中寻常事物变化的美；通过情境游戏"煮面条"，帮助幼儿借助想象进入情境；加入音乐（李斯特《匈牙利舞曲》）进行表现，"关火、升温"与音乐中的"突然休止"、"渐强加速"有着感受上的共通，能让孩子寻找两者之间节奏变化、情绪上的契合，有助于孩子再现生活经验，提升艺术表现。又如音乐活动《咿呀咿呀呦》借助一块小小的纱巾，充当"锯子"、"手帕"、"沐浴球"将孩子带入到不断变化的游戏情境——"锯木头、擦汗、洗澡"中去，使得小班年龄段的幼儿饶有兴致地反复感受、体验、表现其中的音乐元素（反复出现的句式"咿呀咿呀呦"），从而获得音乐感受力的发展。

4．载体的搭建与延展——达情

音乐感受力的获得相对于音乐技能、音乐知识的获得并不是直观的观察、考核所能评价的。音乐元素的感知存在于幼儿头脑之中，教师似乎无从判断幼儿的感受力获得与否，也很难评定一个基于审美的音乐活动的价值高下。因此在音乐活动中，教师要善于帮助幼儿寻找一些显性的体验载体、体验途径，使得孩子对音乐的感受力能通过对音乐元素的直观感应显现出来。

例如：在音乐欣赏《幽默曲》活动中，教师用视觉符号对曲式的结构以及每一个乐句的旋律特征（A段活泼上扬、B段温柔流动、C段有力推进）随乐进行记录，将流动的听觉感受用静态的视觉符号来呈现。当孩子对三段音乐的特点充分感知后，引导幼儿将音乐与原有经验中的手指游戏"蚊子叮"、"摸箩麦"、"掰手腕"相对应。将已有游戏体验与音乐各段落的情绪体验进行迁移匹配，能直观地反映出幼儿对音乐的感受性理解。又如，歌曲《萤火虫》，通过一个小小的手电筒，让孩子根据乐句的长短开关手电筒，每一个乐句后的停顿、呼吸通过手电筒光的关闭变得直观显性。再如欣赏《加速度舞曲》中，让孩子跟随音乐挥舞飘带，体验音乐速度的渐快，通过手中随音乐舞动的飘带，孩子能直观感受到轨迹变化 ，使得音乐旋律、速度的变化生动可见。

三、幼儿园音乐活动的教育策略

1．教学的流程松一点，放慢脚步，从容体验

孩子音乐经验的生长不同于成人，需要在反复体验、感知中逐渐累积，也可以说是在"操作"音乐的过程中慢慢积蓄的。它需要充足的时间量来保障，因此，反复倾听、反复地伴随肌肉动作感知，反复地表达尤为重要。在教学流程中我们可以尝试：

△ 同一个音乐素材多个时间量的操作

不要指望在单个教学活动中，孩子就能对某一音乐素材完全理解并充分表达，有经验的教师都会发现，新教歌曲的第一课时孩子永远难以开口，

但是几天后歌声就会自然从孩子口中流淌而出。所以，每次活动都适当地留给孩子消化的机会，让孩子留有心理能量去感受、欣赏音乐，在时机成熟的时刻，孩子自然能"有感而发"来自然流露自己的表达与创造。基于"感受、欣赏"才能"表达、创造"这就是儿童学习音乐的必然规律。

△ 同一个音乐素材用不同操作方式反复感知

音乐经验的获得不在乎掌握多少数量的音乐作品，而在于能否用适当的方式来诠释对音乐元素的理解。匆匆忙忙、囫囵吞枣般地吞下一个又一个的音乐作品，还不如让孩子在教师的支持下细细地品味、咀嚼一个作品，让音乐真正地沁入心脾、进入身体。因此，当孩子能用肢体的肌肉动作来感知音乐元素后，可以试着让孩子从身体动作转为器乐演奏或是嗓音演唱的方式进一步感知表现音乐，使其对音乐的理解趋向精细、丰富和多元。

△ 同一种操作方式在不同作品中迁移尝试

当孩子学会用一种操作方法来表现某一音乐元素时，我们可以尝试寻找具有同样元素特征的作品给予孩子反复验证的机会。例如，借助"传递物品"这一操作方式让儿童感受"稳定的节拍感"，教师可以在具有稳定节拍感的儿歌童谣、进行曲、电子舞曲中让孩子反复尝试"传递物品"。这样孩子就会从相似的操作方法、相似的素材中抽提出相同的音乐元素，增强音乐感受的敏感度和理解力。

2. 体验的载体巧一点，链接经验、巧妙转化

孩子对学习情境的依赖在音乐活动中显得尤为重要，抽象的音乐与孩子有着距离与隔膜，这就需要教师去研读孩子的音乐审美趣味，根据孩子的年龄特点来巧妙设计学习情境，链接孩子的已有经验，转化为孩子能理解的呈现方式，使得孩子对音乐素材产生亲近感、熟悉感，由此激发幼儿进一步反复体验、积极探究、主动理解。

△ 与生活情境相链接

艺术源于生活而高于生活，将生活中习以为常的情境与音乐素材相链接，会使生活中平凡的瞬间焕发出值得赞叹的美，激发起孩子对生活的喜爱以及对艺术表现形式的极大兴趣。例如：李斯特的《匈牙利舞曲》其旋律线非常流畅婉转，在音量和速度的反复递进中，呈现出一浪高过一浪的

波浪似的紧凑感，渐强渐快的推进中还伴随着几次戛然而至的休止，接着就是归于平静后又一次暗潮涌动、推向高潮。这样宏大的作品呈现在孩子面前，是带有距离感无法接受的。于是教师将生活中煮面条的场景与音乐表达的情绪变化进行链接。（音乐渐强渐快）水开了，沉入锅底的面条开始柔软、微微颤动、随着升温逐渐剧烈地抖动、翻滚。（休止）关火时，面条沉入锅底，瞬间静止。（再次反复渐强）面条又开始翻滚，最后形成一道弯曲缠绕、姿态优美的拌面。生活经验的迁移，加入合理的想象，使得孩子对音乐的理解变得有依有据，生动鲜活。

　　△ 与故事情节相链接

孩子的音乐审美情趣告诉我们，带有故事性、情节性的内容总是更易受到孩子的青睐。故事情节的加入便于幼儿直观地产生音乐联想。例如：坎特贝尔的《波斯市场》描写了古代波斯国集市上热闹的场景，灵巧的杂技艺人、妖娆的舞蛇人，还有气宇轩昂的王宫贵族……这些场景与孩子的经验背景相距甚远。于是，教师将孩子熟知的成语故事《狐假虎威》与之相链接，灵巧活泼的音乐带出了森林中的众多小动物，妖娆的音乐则代表着狐狸的角色，庄严的主旋律则象征着重要人物老虎的威严。这样的巧妙链接使得孩子一下子就对抽象的音乐形象有了直观的辨识，故事角色链接下的音乐形象栩栩如生，更为饱满。

　　△ 与游戏体验相链接

音乐的感受需要通过意象思维和联想展开，孩子在游戏中获得的情绪体验能帮助产生通感，加深理解。例如：德沃夏克的《幽默曲》A段活泼跳跃向上，B段温柔甜美，C段刚劲有力，于是教师通过三种孩子熟悉的民间手指游戏（蚊子叮、摸箩麦、掰手腕），帮助孩子建立通感，在匹配对应的过程中理解音乐情绪。

3. 学习的方法便捷一点，凸显元素，便于感知

　　△ 用肌肉动作感知音乐元素

运用肌肉运动来感受音乐元素是学龄前儿童的特别方式，教师提供给幼儿的动作其目的在于帮助幼儿理解感受音乐，动作成为链接作品与幼儿经验之间的桥梁。因此、教师需要将动作尽可能地抽提简化，使这种链接

变得更为贴切、贴近，更吻合音乐形象，更贴近幼儿的能力水平。

△ 用静态符号呈现音乐结构

对音乐结构的感知有助于孩子对音乐有整体的把握。为了帮助儿童多通道地感知音乐，需要教师将自己对音乐理性的分析用最感性的线条符号静态地呈现。这些可视的符号留下了转瞬即逝的流动音乐中最为核心的结构，便于孩子从容地感知结构、辨识段落和乐句，发现其中的重复与变化，还可以以此聚焦来讨论解读作品中的细节。

△ 用体态表情传递音乐情绪

幼儿的音乐审美能力是与具有音乐素养的教师在一起体验音乐的过程中发展起来的，因此教师必须具备表达和示范音乐感受力的能力。在呈现作品的过程中，教师要力图通过自身准确的演绎来展现自己对作品的理解，将孩子带入到充满感染力的音乐氛围中。无论是动作表现、图谱记录、语言提示还是情绪体态都应注意音乐细节的处理，尽可能表现出旋律、速度、力度、节奏、节拍等音乐元素，与幼儿在情感的互动中共享音乐的快乐。

4. 表达的形式简易一点，体验成功，累加自信

△ 让音乐与动作丝丝入扣

孩子在表现音乐的时候，我们不追求动作的美观繁复而要追求动作与音乐的匹配贴合，便于表现，这样才能使幼儿留有较多的心理能量来关注音乐本身。例如，在斯特劳斯《加速度圆舞曲》中，教师设计了一个类似搅拌、手指绕圈的动作来帮助孩子感知速度的渐快。用加调料的动作来表现重音，用摇动来表现轻快的装饰音。当孩子通过自身的操作体验，从这些与音乐丝丝入扣的动作中感悟音乐时，孩子就能感受到自己是具有能力具有表现力的音乐表现者，从而收获自信与满足。

△ 让音乐与游戏相映成趣

对音乐的感受是否精准，能否随乐游戏也是检验的标准，例如：比才的《哈巴涅拉》中，孩子可以将乐曲中突如其来的强音联想成猫捉老鼠的游戏，通过对重音的辨识来判断什么时候猫醒来，老鼠躲避。在这样的游戏中，孩子会主动地辨识重音，积极地作出应变反应，在游戏中不断熟悉音乐，将音乐感知推向精准。

△ 让音乐与道具妙趣横生

为了让音乐看得见、摸得着，面对学龄前的儿童，巧妙的道具投放也能大大激发孩子的表达欲望，例如：在欣赏古筝曲《渔舟唱晚》中，为了帮助幼儿表现其中长短不同的琶音，教师投放了一块大绿布充当荷叶，在荷叶中投放几个白色的气球当珍珠。孩子围成圈抓住荷叶边缘随乐抖动，用抖动的频率来呼应琶音的长短停顿，直观的道具既营造意境又激发幼儿的表现欲望。

四、幼儿园音乐活动的反思评价

对学前儿童而言，音乐活动的"高质"就体现在教师能否在音乐的教学艺术中处理以下这些问题，即孩子是否始终保持着高昂的兴趣；是否乐意不断挑战自我，超越自我；是否清晰地了解自己的学习过程；是否在长远的将来始终保留着音乐自信，以音乐能力为支撑，持续地像艺术家一样发表自己的音乐理解。

1."高质"体现在高"兴"——高昂的兴趣而非高度的兴奋

教师要避免落入形式化的误区，为了追求形式的热闹、兴奋，调动各种多媒体、采用表演性、娱乐性的形式，无谓地煽动孩子的兴奋度，以至于真正需要凸现的音乐元素缺失了，真正需要幼儿沉醉感悟的音乐境界破坏了。因此，教师应排除无谓的兴奋干扰，寻找儿童真正的兴趣点、情感共鸣点，进行适度的情绪调控。

2."高质"体现在高"超"——悦纳自我更要超越自我

在音乐的表达中，各种个性化的表现和表达都值得欣赏与尊重，鼓励孩子的自我悦纳、同伴之间的相互接纳，师幼之间的积极吸纳非常重要。但同时不能仅仅停留在个体已有的经验水平上，要鼓励幼儿进一步超越自我，挑战自我。教师要避免孩子空洞地创造，要给予孩子模仿的学习支架，因为任何创造都是建立在模仿的基础上，是对模仿的引申和扩展。

3. "高质"体现在高"明"——明确的学习意图以及明晰的学习路径

音乐的学习需要孩子付诸意志努力，需要孩子反复聆听，细致观察，积极联想，主动理解……因此，教师要善于在教学过程中将自己的教学意图清晰地传递给孩子，并设法将教学意图转化为孩子的学习意图，从而实现师生之间教与学的和谐共鸣。帮助孩子知道自己"要什么"的同时，教师还需要帮助孩子了解"该怎么要"，为孩子指明学习的路径方向，帮助孩子完成自我实现。

4. "高质"体现在高"远"——持续的表达热情以及作用久远的音乐自信心

教师要通过自身的音乐素养，用艺术性的教学与孩子发生互动，持续地向孩子传递信息——音乐是美好的，音乐是享受的！让每个孩子都能借由音乐来娱人娱己、体悟生活、在思考和表达中感受自身音乐能力的不断生长，音乐自信的不断累加，让音乐成为生活的必需，与音乐为伴，成为与自我、社会、自然和谐的人。

第三节 基于审美的音乐活动实例研讨

一、小班音乐活动：咿呀咿呀呦

设计意图

这首乐曲改编自《王老先生有块地》，乐曲旋律活泼，其中反复出现的"咿呀咿呀呦"乐句是乐曲较为鲜明的特点，孩子在辨识乐句的过程中，能体验期待与满足的乐趣，非常符合小班孩子的年龄特点和欣赏需要。新《纲要》指出，幼儿艺术活动的能力是在大胆地表现过程中逐渐发展起来的，因此在活动设计上，教师力求通过多种感官的调动让幼儿充分辨识特定乐句、感应节奏，借助"锯木头、擦汗、洗澡"等游戏情境帮助幼儿反复体验、感受音乐的性质，体现"玩中学"的特色。

游戏情趣的营造和想象的激发需要借助一定的载体和手段，教师提供的一小块纱巾，很巧妙地帮助幼儿搭建想象与表现的平台，丰富了表达、表现的艺术语汇。

活动目标

1. 在情境游戏中感受歌曲欢快、活泼的音乐特点。
2. 尝试辨识反复出现的乐句"咿呀咿呀呦"，并运用肢体动作表现节奏"XX XX ｜X － ｜"。

活动准备

1. 彩色纱巾、音乐CD、录音机
2. 事先在黑板上画好四段波浪线，每段波浪线有四个起伏。

📹 活动实录

一、初步感受乐曲

（教师和幼儿脖子上系一块纱巾，进场。）

1. 听音乐，找找乐曲中反复出现的乐句

师：今天、我们一起来听一段特别有趣的音乐，这首音乐里有一句特别有趣的句子，看看谁能找出来？

（师幼一同欣赏乐曲，教师随音乐节奏轻微摆动身体，当出现"咿呀咿呀呦"乐句时，教师与幼儿目光交流、呼应。）

幼：我听到……（幼儿哼唱咿呀咿呀呦的旋律）、我找到了咿呀咿呀呦。

师：是这句吗？啦……咿呀咿呀呦，啦……（教师哼唱乐曲，突出咿呀咿呀呦的乐句）。你们的耳朵真灵。我们一起来和它打个招呼吧！听到"咿呀咿呀呦"的时候，我们就挥挥小手，这样我就知道你已经找到它了。

（再次欣赏音乐，教师用手放在耳边专注倾听音乐，在固定乐句出现时，用欣喜的表情和孩子一起挥手互动，并用困惑的表情引导孩子注意，并不是每一句都会固定出现"咿呀咿呀呦"）

师：呀，这个"咿呀咿呀呦"有点调皮，有时候会出来和我们打招呼，可有时要让我们等好久它都不出来，这是怎么回事？

2. 根据图谱，寻找固定乐句出现的规律

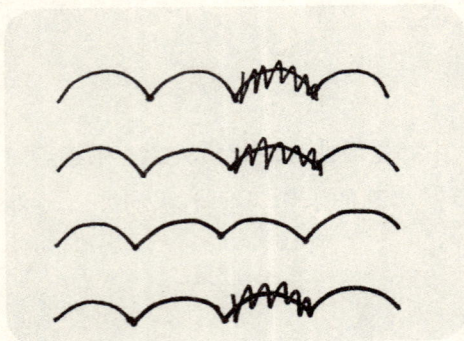

（出示黑板上事先画好的波浪线，教师随音乐用粉笔沿波浪线描画，在乐句"咿呀咿呀呦"的时候，用明显的摆动画出锯齿线来突出乐句和节奏。）

3. 用身体动作表现固定乐句

师：原来这里的"咿呀咿呀呦"会和我们躲迷藏，不是每一句都会出来的呀! 我们再来一起听一听、找一找。听到"咿呀咿呀呦"的时候,就跳跳舞吧!

教师示意幼儿解下纱巾,随音乐自由律动,在"咿呀咿呀呦"处挥舞纱巾。

二、表现固定乐句的节奏

1. 引入情境、表现节奏

师:森林里的小动物们想要造一座大房子。你们谁愿意来当小木匠?

幼:我愿意。

师:小木匠需要一把锯子来锯木头,变变变,我的锯子变出来。

(教师将纱巾拉直,幼儿纷纷模仿。)

幼:我的锯子也变出来了。

师:好,我们一起来练练锯木头的本领,在"咿呀咿呀呦"的时候才能"锯"哦!

(教师和幼儿手持纱巾,坐在座位上,随音乐在固定乐句处用纱巾来回拉动,表现锯木头的情境。)

师:本领练好了,看看这里有没有木头。(教师将手中纱巾盖在头上,伸展肢体)这里有一棵大树。哪个小木匠先来试试锯木头。

(教师请一幼儿上前合作演示锯木头,教师一边哼唱,一边示意幼儿在"咿呀咿呀呦"的乐句处在教师手脚关节处来回拉动纱巾,锯好后,教师作出手臂、肩膀等关节突然垂落的动作,表现木头被锯断了。生动的表现非常吸引孩子,孩子仔细观察的同时发出笑声。)

2. 合作游戏

师:想不想也来锯木头?被我摸到脑袋的小朋友赶紧到前面找个空位置变成一棵大树吧。三、二、一……呀,果然出现了一片森林,真棒!

(被请到的孩子都模仿教师将纱巾盖在头上,伸展肢体扮演大树。教师调整个别孩子的站位。)

师:其他的小朋友都来当神气的小木匠,带上你的小锯子,去找一棵大树做朋友,站在大树的身边吧!(其余幼儿一一对应地寻找合作伙伴,教师根据情况进行调配,以便每位幼儿都有合作表现的对象。)

(幼儿随音乐合作表现。)

师：好喽！木头锯好了，抱着自己的木头回家吧！（幼儿相互簇拥着回到座位上。）

3. 表现节奏

师：锯木头锯得好辛苦，赶紧拿毛巾擦擦汗吧！

教师和幼儿一同随音乐，表现拿毛巾扇风，在"咿呀"的时候，按照节奏在脸上轻拍表示擦汗。教师走到孩子身边，和个别孩子互动，按节奏在孩子脸上擦汗。

4. 再次合作游戏

师：休息好了，我们接着干吧，刚才当小木匠的小朋友现在赶紧变成一棵大树吧。

（幼儿互换角色，再次合作游戏。）

三、结束活动

师：木头都锯好了，小木匠都出汗了，一起来洗个澡吧！

（教师高举纱巾并抖动，表示是一个莲蓬头，孩子在招呼下自然地聚集到教师身边。）

师：拿好你的洗澡海绵球，一起来搓搓。我们一起来洗澡，搓搓搓搓搓。

（幼儿将手中纱巾揉成团，变成小浴球，和教师一同随音乐表现洗澡，"咿呀"乐句时，有节奏地搓洗身体的各部位。）

二、中班音乐活动：小精灵的魔法汤

设计意图

乐曲选自约翰斯特劳斯的《加速度圆舞曲》中的第一小圆舞曲，全曲因 A 段音乐不断由弱到强，由慢变快而得名"加速度"。B 段音乐则是一段典型的强弱节拍的圆舞曲音乐，并且由于旋律的强拍上不断出现的上波音而显得轻快活泼。此音乐作品短小简洁，清晰的 ABA 三段体结构非常适宜中班儿童欣赏与表现。对于需要在运动中学习感受音乐的儿童来说，速度经验的获得与运动是紧密相连，为此，教师在设计教学情境的过程中，努力从动作入手寻找能突显音乐特质的元素符号，设计与音乐感受更为匹配的音乐情境。以小肌肉动作——手指绕圈来感应 A 段渐强渐快的特点，由此、这个类似搅拌的动作成为整个故事情境的灵感与出发点，一个小精灵调制魔法汤的故事情境就开始在脑海中生发开来。于是，顺着这样的感觉、将抽象的音乐还原成以下动作：

引子：手指轻点瓶口两下，表示两拍并提示 A 段开始。

A 段：前四个乐句用食指随音乐的速度力度变化在瓶口上方绕圈。后四个乐句中的重拍：双手交替对着瓶口做"撒"的动作，五指伸展表现重拍的力度。

间奏：手指轻点瓶口两下，表示两拍并提示 A 段开始。

A 段：重复 A 段动作。

B 段：在旋律的强拍上伴随上波音，用双手拿住瓶子轻摇，每个乐句的四个小节依次表现为"摇——摇——看——停顿"，第四乐句强音处，增大摇晃的力度，并于句末将瓶子高举，吻合旋律渐强上行的特点。

间奏：手指轻点瓶口两下，表示两拍并提示 A 段开始。

A 段：动作同前保持一致。

有了吸引儿童兴趣的故事情境，有了吻合音乐感受的意象化动作，孩子便能生动形象地感知音乐的结构与段落、感知重复与变化，以及感受作品中速度力度的细微变化。

同时为了帮助儿童多通道地感知音乐，教师又设计了相应的图谱，将转瞬即逝的流动音乐变为可视的静态符号，让孩子能够从容地感知结构，理解段落与乐句。为了吻合中班年龄孩子学习的特点，借助蕴含"玄机"的矿泉水瓶，帮助孩子在游戏中主动探寻与辨识，自主理解和感受，反复表达与诠释。通过故事情境的引入、教师的动作演绎、图谱符号的呈现、游戏情境的反复体验等一系列措施使得儿童对乐曲的理解、感受与表达趋向深入与精细。

活动目标

1. 感受欢快流畅的乐曲风格，结合图谱了解 ABA 的曲式结构。

2. 感受并用肢体感应乐曲 A 段渐强、渐快的旋律特点，能分辨 B 段的乐句。

3. 借助故事情境加以想象，体验倾听、辨识、表现音乐的乐趣。

活动准备

黑板、粉笔、音乐 CD、人手两个矿泉水瓶子、一块不透明的手帕。

活动过程

1. 引入故事情境，教师示范演绎激发兴趣

师：今天老师带来了一首很有意思的曲子，里面讲了一个有趣的故事。在森林小木屋里住着一位可爱的小精灵，小精灵有个很神奇的本领，就是调制魔法汤。咦，谁知道什么是魔法？

幼：魔法就是变出一些想要的东西。魔法就是要念咒语，魔法还要加很多各种各样的东西放在一起……

师：看来你们对魔法了解的还真不少，小精灵调出来的魔法汤就是能够帮人实现愿望的。让我们一边来听音乐一边来看看他是怎么变魔法汤的？

教师进行动作示范。（教师取一矿泉水瓶子，内装半瓶清水。音乐起，A 段教师用食指指着瓶口在空中做搅拌动作，随着乐曲渐强渐快，教师动作也渐强渐快，并在四个重拍处做放魔粉的动作。B 段以"摇——摇——看一看"的动作演示节奏，因瓶盖中事先装有颜料，因此摇晃后清水变成有颜色的"魔法汤"。孩子被教师的表演吸引，对音乐和游戏产生好奇，激发了强烈的学习兴趣。）

2. 了解乐曲结构，随乐记录图谱

（1）提问动作，了解幼儿的音乐感受。

师：刚才听音乐变魔法的时候都做了什么动作？

幼：搅拌、放咒语、摇一摇……

（2）听音乐将秘方记下来，教师边听边画图谱。

师：想不想来学这个魔法呀？小精灵说调制魔法汤的秘诀就藏在音乐里，让我们一边听音乐一边把这个秘方记下来吧！

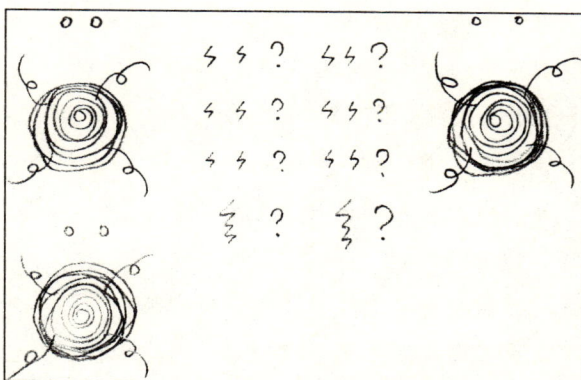

（3）引导幼儿理解相应的记录符号。

师：秘方告诉我们先干什么再干什么？

什么地方表示要撒魔法调料？什么地方要用力摇？

教师引导幼儿用自己的理解来解释音乐和画面符号的关系。

3. 初步感受，用肢体感应乐曲变化

（1）跟随图谱动作表现。

师：那就让我们边听音乐边来研究一下这张秘方，把它记在心里。

教师随音乐点图谱，幼儿坐在座位上边听音乐边手指点图，进一步感受音乐。

（2）借助道具初步完整表现。

师：咱们把魔法的本领都学会了，想不想也来试试？

教师提供幼儿人手一瓶清水，幼儿随音乐进行表现。（因为瓶内装的是清水，所以表演后没能变色，对此、孩子的眼神充满疑惑，迫切想要探寻其中的原因。）

师：为什么没有变出来？让我们再来听音乐找找窍门。（由于幼儿渴望变出魔法汤，因此这一动机推动着孩子更为细致地倾听，进一步辨识音乐的特点。）

4. 进一步体验与表现

（1）情境体验A段，引导幼儿辨识旋律"渐强渐快"的特点，并用肢体动作加以表现。

幼：要搅拌得快一点。师：是一直都很快嘛？幼：一开始要慢一点，然后越来越快。力气也要越来越大。

师：你的建议很有道理，我们一起来试试。

（2）分辨 B 段乐句，感知重音

幼：变的时候要摇两下，看一看……

教师跟念节奏，帮助幼儿辨识 B 段乐句"摇摇 变，摇摇 变，摇摇 变，咕噜咕噜 变"

师：摇摇变的时候有没有发现有个地方特别响？

幼：摇三次以后第四次要很重很重地摇，用力地摇。

教师用动作回应，帮助幼儿感知句末的重音并用动作强调表现。

（3）借助实物教具操作，表现节奏。

5. 游戏《小精灵的魔法汤》

（1）再次倾听音乐。

师：大家把音乐里藏着的小秘密都找到了，真棒！现在请闭上眼睛，一边听音乐一边想想其中的秘密，小精灵要将魔力传给大家。

幼儿闭上眼睛，再次倾听音乐。教师将孩子操作的魔法瓶换成瓶盖装有颜料的魔法瓶。

（2）根据音乐表现故事情境：搅拌魔法汤——变变变——搅拌魔法汤

师：请到的小魔法师轻轻地站到自己的魔法瓶旁边，用手指轻点瓶口，千万不要让里面的魔力逃走。（教师要用紧张、神秘的口吻帮助幼儿控制自己的情绪，做好准备。）

幼儿随音乐表演。（在 B 段时，孩子会因为瓶内水变出颜色而欣喜，教师在接纳孩子的情绪基础上，用眼神和动作引导孩子继续跟随音乐表演下去。）

（3）调整游戏要求，增加情趣，再次游戏。

师：呀！太棒了，我们都成功了，你想让魔法汤帮你实现什么愿望呢？让我们来"摇——摇——想一想。"

（幼儿跟随音乐，再次表演，教师退位观察个别孩子的表现，在关键的音乐转折处用语言进行提示，例如：音乐 A 段前的两拍，教师语言提示为：准备——继续——加油！）

6. 活动结束

师：玩得开心吗？记住这首曲子的名字叫《加速度圆舞曲》，回家可以请爸爸妈妈从网上找一找，和爸爸妈妈一起来玩这个游戏！

三、大班音乐活动：我是猫

设计意图

这是由一首乐曲填词而成的歌曲，乐曲慵懒诙谐，富有情趣，有爵士蓝调的曲风。在填词设计时加入四种角色的猫咪，使得音乐形象更鲜明，更易于幼儿表达表现。其中"可爱猫"和"威风猫"着重体现音色轻柔与粗放的变化，"调皮猫"和"帅气猫"在演唱时突出跳跃和连贯的对比。同时，"帅气"猫和"威风猫"的加入，能大大激发男孩参与演唱的兴趣。

教师为歌曲的表现设计下列动作，以帮助幼儿感知各种猫的性格特点。

"我是猫"——手握拳似爪子般前伸，另一手同样动作前伸，交叉叠放在另一手上；

"可爱猫"——手腕相抵，手掌摊开，托着脸；

"调皮猫"——双手握拳前伸，交叉叠放，肩膀左右高低耸动；

"帅气猫"——单手拇指食指做手枪状，托在下巴下；

"威风猫"——双手五指张开似爪子，往前伸；

"摇摇我的尾巴"——一手叉腰，另一手模仿尾巴转圈；

"喵喵喵"——双手在脸颊处往外摸胡须状；

"请你把我带回家"——双手胸前握拳做祈祷状，再往前伸做拥抱状。

附：歌曲《我是猫》

填词：沈颖洁

我是猫　可爱的猫；

我是猫　调皮的猫；

我是猫　帅气的猫；

我是猫　威风的猫；

摇摇我的尾巴　喵喵喵；

请你把我带回家。

活动目标

1. 感受歌曲优雅、诙谐的曲调特点，在反复倾听中熟悉歌词曲调，自主跟唱。

2. 在教师感染带动下尝试用不同嗓音及肢体动作表现不同性格的猫咪。

3. 感受扮演及表现角色的快乐，体验与同伴一同歌唱、游戏的乐趣。

活动准备

各种各样猫咪的图片幻灯、音乐、毛线团、猫耳饰、角色标识物（爱心、小球、领结、王冠）。

活动过程

一、情境导入

——看看，这里有这么多各种各样的猫咪，你最喜欢哪一只，为什么？

教师和幼儿共同观察形态各异的猫咪，感受猫咪不同的外形及性格特点。目的在于激活兴趣，为多元化地表现猫咪特点，进行经验与情感铺垫。

幼 1：我喜欢那只白色的小猫，因为它看起来很可爱，很乖。

师：是呀，小猫咪好像在说：喵喵喵，喜欢我吗？喜欢我就抱抱我吧。（用温柔的语调回应。）

幼 2：我喜欢这只像海盗一样的猫，因为它很酷。

师：的确，我也觉得它很与众不同呢。（教师及时接纳肯定孩子的感受，与孩子共鸣。）

幼 3：我喜欢那只像老虎一样的猫，因为它非常厉害。

师：那你们猜猜看这只猫咪会发出怎样的叫声？（孩子们发出低沉、粗粗的叫声——喵！）

那么它的叫声又会怎样？（教师指向第一只白色很温柔的小猫，孩子们发出纤细、温柔的嗓音。）

师小结：原来不同的猫咪，它们的叫声也是各不相同的。各种各样的叫声就像我们人说话一样，还可以表示不一样的心情。

二、发声练习

——请你也来当一只小猫咪，和毛线球玩游戏。

跟随教师的指令和教具（毛线球）演示，进行长短音及音高音低的音色探索。

1. 我要玩毛线球——情绪音色探索

师：现在请你也来当一只很特别的小猫咪，（出示毛线团）小猫咪最喜欢玩毛线球，想不想玩啊？试试能不能用小猫的叫声来告诉我你的心情？看看我有没有听懂你的意思。

请个别幼儿示范，教师根据孩子的叫声，即兴翻译解读。

师回应：我明白了，你在说"给我玩玩好吗？"真是一个温柔的小猫咪。

师回应："快给我快给我，不然我要生气啦！"我听出来你是一个急性子的小猫。

……

全体幼儿尝试用各种音色的叫声来表达情绪。

2. 长短线头——长短音色探索

师：小猫还会和毛线球玩游戏呢，毛线头拉得长长的，小猫的声音会长。拉得短短的，小猫的声音就会……

幼儿尝试。

3. 抛线团——高低音色探索

小猫还会跟着毛线球的高低来叫出不同的声音。

教师手拿毛线球在空中划出高低弧线，嗓音相应进行高低音转化。

幼儿尝试。

三、学习歌曲

1. 引出情境、教师完整范唱，引导幼儿初步感受歌曲内容与旋律

幻灯中投放出四张图片。

师：宠物店里有这样四只小猫咪，都想和我们做朋友，希望我们把它带回家，成为它们的小主人。究竟选哪一只小猫呢？听听它们是怎么介绍自己的。我们再做决定？

教师连续范唱两遍，第一遍不加动作，第二遍加入小幅度提示性动作，帮助幼儿记忆歌词内容。

师：它们都是怎样的猫？

幼：我听到歌里唱了可爱的猫。（是哪一只呢？）就是那只总是笑眯眯

的猫。

......

教师根据孩子的回答，逐一梳理，笑眯眯的是可爱猫。动得不停的是调皮猫。打着领结，看上去特别精神的是帅气猫，露着牙齿很厉害的是威风猫。

2. 教师进一步范唱，引导幼儿关注音色变化与猫咪角色特点的关系。

教师加工范唱；教师带上猫耳朵头饰，然后分别佩戴蝴蝶结发卡、网球、领结、皇冠等角色象征物、教师用不同音色反复范唱四遍（四句歌词相同），帮助幼儿熟悉旋律。其中两遍带伴奏，两遍不带伴奏，教师可放慢速度，引导幼儿清晰模唱，掌握节奏、旋律。

师：你们决定把谁带回家？那好，那就先可爱猫吧。教师用甜美纤细的嗓音演唱。

师：威风猫不乐意啦！它说：我会捉老鼠，更厉害呢。教师用较粗的嗓音来演唱。

以上两遍范唱带伴奏，以帮助感受整体旋律、音色。

示范帅气猫、调皮猫，教师清唱，并放慢速度，引导幼儿清晰辨别旋律与节奏。

（反复范唱目的在于让幼儿在反复倾听、感受旋律的基础上自然产生跟唱意愿。）

3. 幼儿完整学唱，尝试表现不同性格的猫咪。

——对比角色，初步学唱。

（1）可爱猫与威风猫。

师：为什么你们唱可爱猫和威风猫的时候声音那么不一样？

幼：我是故意用粗粗的声音来唱威风猫的，这样听起来厉害一点，就像大老虎的声音。

师回应：是呀，可爱猫的声音细细的，威风猫的声音粗粗的。声音的粗细可以把它们特点表现出来。

幼：可爱猫唱歌的时候要笑眯眯的。

师回应：除了声音、表情的配合也很重要呢。

（2）调皮猫和帅气猫。

师：唱调皮猫和帅气猫的时候有什么特别的地方？

幼：调皮猫的声音是短短的，一跳一跳的，帅气猫的声音很得意的。

师回应：你听出了调皮猫活泼好动的感觉，帅气猫对自己充满自信呢。

——提示歌词顺序，按顺序逐一用四句歌词演唱四种角色的猫咪。（教师用动作提示角色特点。）

师：四只小猫都那么可爱，还是一起把它们唱到歌里吧，注意，它们的顺序是……（教师演示幻灯，幻灯上为四只小猫标上序号）先是可爱猫，接着是调皮猫，再是帅气猫、最后是威风猫。

——提出音色挑战，用嗓音的转换来表现不同性格特点的猫。

师：真了不起，刚才从你们的样子里看到了不同的小猫，这回老师要闭上眼睛，能不能让我从声音上就听出四只不一样的猫咪。挑战一下吧！

四、分角色轮流唱

1. 幼儿带上猫耳朵头饰进行分角色演唱，用标识分组并确定角色

现在都来当小猫咪吧！教师请幼儿到前面分发戴上猫耳朵头饰。同时教师将小椅子间距稍作调整，分成四组。将爱心、网球、领结、皇冠四张角色标志牌贴在每组的椅背上。引导幼儿明确分组。

师：看懂这些标志了吗？可爱猫、调皮猫……的家都在哪里？现在老师要长长地叫一声"喵"，想当什么猫就赶紧坐到相应的位置上吧！喵——

2. 教师用简单的动作指挥幼儿分角色轮唱

教师指挥时用眼神和手势提前示意需要接唱的幼儿，降低幼儿接唱的紧张感。

3. 交换座位，再次轮唱

五、游戏《选猫咪》

以选猫咪为情节，幼儿进行表演唱，用肢体、表情、音色来表现不同特点的猫咪。

师：真是一些会唱歌的猫咪，现在请猫咪一边唱一边来表演，我摸摸你的脑袋，就请你跟着我回家，跟在我身后和我一起去邀请其他的小猫。

六、活动延伸

1. 歌曲中提供了四种个性各异的猫咪，在延伸活动中，可以鼓励幼儿

进行创编，将自己的爱好和个性融合到角色中进行创编，如："跳舞猫、贪吃猫"等，增强演唱的趣味。

2. 在范唱时，教师提供各种角色标识性的动作是为了加强幼儿对角色性格特点的感受，后续活动中可尝试让幼儿自主为四种不同性格的猫咪设计动作。

3. 可组织幼儿观看百老汇音乐剧《猫》，感受不同特点猫的演唱及舞蹈表现力。

下篇

《纲要》与教师的
专业成长

《纲要》与园本教研

践行《纲要》的理念，教师的专业发展是关键。《纲要》指出："教师要成为幼儿学习的合作者、支持者、引导者。"这就需要教师拥有观察、分析、评价幼儿发展的能力，拥有设计和组织合适的教育活动的能力，拥有对自己的教育行为进行反思的能力，同时还要学会学习、学会选择、学会合作、学会面对多样化和差异性等。要达到这样一种理想的专业发展境界，教师需要强有力的外部支持，其中，园本教研是主要的支持教师实现专业发展的有效途径。

园本教研可为教师专业素质的发展提供技术性支持，它可帮助教师加深对教育理念的理解、践行新的教育理念。例如，它可帮助教师获得观察、分析、评价孩子发展的能力，设计和组织合适的教育活动的能力，自己对教育行为进行反思的能力，从而提高教育质量，做个有智慧的教师！

园本教研可为教师的专业发展搭建平台。园本教研倡导的就是教师要形成终身学习的意识和能力，主动理解自己的教育实践，并不断加以研究，以实现自身的专业自主发展，做个有思想的教师！

笔者从2005年开始，先后担任幼儿园教研大组长、区协同幼教教研员、区幼教教研员一路走来，我们一直将园本教研作为重要的研究内容。我们深入挖掘教研活动内涵，大胆创新教研活动形式，努力培育教研文化，重点对园本教研的有效性开展了研究。我们倡导要让教师"享受教研的快乐"，即希望教师在教研的过程中是快乐轻松、乐于参与的，当然这要求教研活动能满足教师的需要，能让教师有所收获、能解决教师遇到的实际问题，能帮助教师体验到成功与自信，对教师的专业成长具有意义。为此，我们践行"有备而研"的教研理念，即因地制宜选择相合适的教研组织形式，以期从思维方式的引领、教研文化的浸润、互动技巧的习得等方面促进教师的专业发展。进而打造一支崇尚自然开放、尊重教育实践、关注教研实效、倡导分享欣赏的教师团队。经过笔者在园本教研方面的研究与实践，在教研伙伴的共同努力下，本园、本区的园本教研活动曾多次在上海名师基地、杭州市教研室、浙江省教研室组织的研讨活动中现场展示，北山幼儿园成为全国"以园为本"教研制度建设项目实验园，北山幼儿园的大教研组成为全国青年文明号。

第六章　教研的智慧

第一节　有效教研需要有备而研

一、有效的教研设计与教师专业成长

在大力开展"以园为本"教研改革的今天，教研已成为教师职业生命中不可或缺的重要内容，成为教师专业成长的给养之源。在开展园本教研的实践探索过程中，我们深深感受到通过园本教研实现教师专业成长的引领和支持是一项重要而艰巨的挑战。作为教研的基本理念"以教师的发展为本"，要落实到具体的教研实践中需要不断地思考这样两个问题：

——我们教师需要什么样的教研？

——我们的教研能带给教师怎样的发展？

带着这些问题，北山幼儿园于 2002 年开始进行了"关注教师需要的园本教研新模式"的实践研究，通过调查和充分了解教师需求，从教研形式和组织机制等方面进行了创新。不断创新的教研形式和灵活自主的组织机制让教师群体逐渐感受到教研并非沉闷枯燥，而同样是一件快乐和满足的活动，形成了自主、宽松的教研氛围。有了这一良好的基础，教研探索又开始深入地思考第二个问题：我们的教研能带给教师什么？将探索的重点聚焦到"追求教研的深度和质量、追求教研的有效性"上，使教研真正对个体的成长发展具有意义！

基于这样的一种认识和追求，我们认识到教研活动作为最常态的教研载体更需要进行精心的设计，有备而研才能实现有效的教研，才能使教师

在有限的时间、空间里获得更大的发展！对于教研组织者来说，思考"怎么样的教研设计才能促进教师真实有效的发展"，是一个非常有现实意义的问题，其中包括教研设计者对教研理念的价值取向，对教研设计前期的准备，教研流程中核心要素的把握，以及设计者自身要努力发展的特质等。这些都有助于保障教研活动的深入，提高有效性。

二、教研设计需要客观剖析教研背景

1. 剖析教研文化

以园为本的教研活动脱离不了一直传承下来的教研文化。在进行教研活动设计前有必要剖析本园已有的教研文化积淀。虽然教研文化的形成是一个日积月累的过程，不可能依靠一两个教研活动的设计一蹴而就，但是在教研设计者长期的信念追求中，才有可能营造出自主、平等、和谐的教研文化。

剖析的教研文化要点包括：

教师的心态——教师是否认同教研是教育工作的一部分，认同自己的研究者角色，能将教育实践作为研究的源泉。是否拥有个体的自主发展追求。

反思的习惯——教师是否能理解并研究自己的行为，具有一定的问题意识，并能经常性地追问，进行价值判断和取舍。是否致力于解决实践问题，改善行为，提高教育智慧。

团队的作风——教师团队之间是否具有开放的心态，共享的意识，敢于在同伴面前暴露自己的观点而没有被"评价"的压力。能否尊重差异，真诚地对话交流、合作共享。

研究的基础——教研的重点是否在前期的研究中进一步深入，而非盲目的"热点切换"。是否抓住了教育核心的基本元素，而非脱离实际的"求新求异"。

通过对这些教研文化要点的剖析、追问，我们才能冷静地反思，寻找园本教研的薄弱点和突破口。

2. 了解教师需要

基于教师的需要来设计教研是教研活动有效与否的重要前提。教研设计者需要在活动设计前深入分析教师的需求，即教师内在的需求、真实的需求、切合实际的需求而非教研组织者、管理者的需求。如同孩子的成长一样，教师的专业成长也有着关键期和最近发展区，不同的阶段、时期也有着不同的发展需求。而在各种需求中，满足自身价值不断自我实现的需求是最具价值，也是教师最为在意的。于是我们向教师列举了教师 A、B、C 的状态描述，鼓励教师剖析自己，进行对照反思。

教师 A：我就像一粒小种子，现在仍埋在土壤里，渴望破土而出的那一刻，我渴望关注又害怕被关注，我希望自己能悄悄地快速成长，我很认真、很积极，但有时不知道该主动做些什么，只是服从、等待、接受，我该成为怎样的教师？我很茫然！

教师 B：我希望得到大家的认同，我不甘于满足日常的教学工作，我希望将自己的能力发挥到最大，希望有很多的历练机会来敲打、锤炼。也许这个过程会很累，但是我希望把握有限的时间，让自己上到新的高度与平台。

教师 C：我有充分的实践、有自己的风格和特点，我希望能维持现状、因为一切都是我熟悉的、了解的、能掌控的。但变化来得太快，我有些焦虑。我不知自己还有多大的发展空间，如何突破瓶颈？从内心出发，我也渴望得到大家的尊重与认可。

教师对所列举的三种状态产生了共鸣，纷纷用细腻的文字描述了自己最为真实的内心状态以及对自身的具体规划。

我计划：能走出幼儿园去学习经验；利用寒假，好好整理归纳自己的实践，完成一篇高质量的经验总结。

我计划：利用带新小班的机会，从与幼儿的情感互动入手，努力成为富有亲和力的老师。

我计划：希望这些年能多实践，我愿意主动承担教研课的执教。在教育技巧上寻找更多的策略，努力成为教坛新秀……

"教师渴望怎样的发展，需要怎样的发展平台？"而这些信息就给教研

设计者提供了依据，帮助教研设计者有针对性地确定教研目的，为个体搭设实践平台，提供教研服务与支持。

三、有效教研需要深入关注教育现场

教研活动必须与日常的教育生活紧密相连，幼儿园的教育绝不仅仅是一两个精雕细琢的教学活动所能替代的，而是包含幼儿一日生活的所有内容。教师的专业成长也不可能仅仅发生于人工搭设的舞台上，而应更多地存在于日常的专业生活中。可以说，教育的实际困惑需要在现场情境中解决，教师的实践知识也需要在现场情境中获得。因此，深入到教育现场是在设计教研活动的前期所进行的必要功课，以此来收集共性问题，解决实践困惑。

1. 寻找共性问题

如果教研管理者和教师没有在日常工作中积累大量的实践素材，很难开展有效的教研。深入到教育现场，有助于发现和收集更为广泛的教育困惑和问题。为了保障对教育现场的深入关注、我们尝试开展了"三8分享日"，即在每月的8号、18号、28号三天分别定为"08环境观摩日"、"18教室开放日"、"28案例交流日"，在这3天里，管理者与教师有意识地去观摩共享各自的教育实践，寻找问题。当然，在此之前，管理者与教师达成共识，"三8分享日"的目的旨在分享、寻求和发现教育实践中的问题，为教研积累研究素材而非考核检查。

环境观摩日：教师利用中午时间，自由结伴进入到其他教室观摩环境，细细地观察感受其他班级整体多维空间的布局、活动区的内容设置和材料投放，以及主题活动、区域活动中孩子学习过程的呈现方式等，通过现场的互动探讨（教师们会按照平行班、平行组进行现场即时的讨论或质疑）和观摩表上书面的反馈（教师们会简要表述自己最为欣赏的做法、对不甚理解的做法提出建议，以及观摩后准备在自己班借鉴调整的设想）寻找到很多的问题。

教室开放日：管理者和空班教师可以带着摄像机、相机、观察反馈表等观察记录工具，根据预约或随机地进入活动室观摩。了解其他教师师幼互动的策略，观察孩子是如何学习、如何交往。管理者和教师能以观察者的身份客观地发现问题，为后续教研活动提供了案例和素材，同时采集的视频资料可以更真实地还原教育现场。

　　案例交流日：教师将教学中的实践反思以案例的形式呈现，并上传到共享的网络平台上，教研组织者则对每一案例就教师的观念行为等进行书面反馈。通过对教育案例的交流学习，教研组织者能进一步挖掘教师在行为背后的思考，探讨教育观念和行为。

2. 分析处理问题

　　园本教研的根本任务就是解决教师实际教育情境中的困惑。教师面临的教育情境是纷繁复杂、不可预料的，这就决定了教师所面临的教育困惑是千变万化的。因此在教研活动设计前需要对所收集的问题、教研素材进行预处理，通过对不同问题的分析判断进行有机地筛选、整合。如：共性普遍的问题就放到群体教研活动中去探讨，通过专业引领共同寻找更适宜的解决方法；个体的问题则采用个别的互动交流，通过同伴互动帮助个体借鉴学习；对于值得倡导的做法则搭建实践平台，或用图文并茂的书面方式、视频资料介绍等方式向更多的教师进行推荐式的反馈。

第二节　教研活动设计中的要素把握

经过前期充分的准备，就要展开具体的教研活动方案策划。在进行教研活动方案设计时，一般来说都会有以下四个流程，但我们认为真正对教研活动的有效性发生着影响的，则是对每个环节中一些核心要素的把握（见图 6-2-1）。

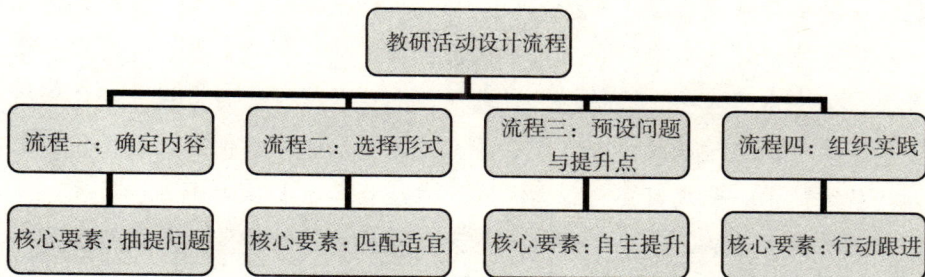

图 6-2-1　教研活动设计流程

一、预设核心内容——抽提问题

1. 关键词：抽提问题

在预设教研内容时，最关键的是对案例中的核心问题进行抽提。我们往往尽可能多地呈现教育现场中鲜活的案例。但如果仅仅是对案例或课例简单地重现，教师往往很难从大量复杂的信息中获得清晰的研究意图，导致"东敲一砖、西砸一榔头"研得不着边际，看似研讨得热烈生动，实则难以出现真正有价值的认知冲突和思想碰撞，教研活动结束后教师没有获得实质性的感悟与提升。

2. 抽提的策略

△ 聚焦放大以关注细节

△ 删除枝蔓以突出重点

△ 设置对比以引发认知冲突

通过教研设计者有意识地抽提问题，以传递出明确的教研意图，帮助教师有目的地展开对话、交流，更好地促进教师教研主动性的发挥，提高教师面对教育情境自我决策的能力和素质。

例如：在主题活动《鱼鳍的作用》中，老师引导幼儿观察鱼鳍并探究鱼鳍的作用，有的孩子说鱼鳍是为了小鱼能够游泳、有的说鱼鳍是为了小鱼看起来更漂亮……教师提出怎样才能了解鱼鳍的作用？有的孩子就说要去查资料、有的孩子说把鱼鳍剪掉看看小鱼还会不会游泳。教师经过价值取舍，引导孩子在不伤害小鱼的基础上了解鱼鳍的作用。在实际探究的过程中，金老师提供了很多纱布、胶带纸、绳子等一系列工具。教师发现孩子能有意识地先在自己身上试一试捆扎的感受和体验，然后再用到小鱼身上，体现出了对小鱼的情感。但其他的一些教师则认为，探究"鱼鳍的作用"这个研究过程太复杂太漫长了，是否可以采用简便一点的操作，比如：教师提供一些视频资料帮助儿童获得经验；不要让孩子自己动手操作了，孩子能力不够，教师可以用一条大鱼进行示范性的演示，实验结果会更一目了然。还有的教师坦言，说不定自己真的会将鱼鳍割掉，让孩子看到实验结果……

经过分析，我们发现教师之间的多种做法和主张反映出教师们对探究的不同价值取向："重结果还是重过程，是习惯于知识传递还是引导儿童建构经验，在科学探究中对生命的尊重，对儿童情感体验的关注……"于是，我们对这一源自实践的鲜活案例进行了有意识的提炼，抽取其中能引发观念碰撞和认知冲突的两个主张。

甲方——"……带领孩子在不伤害小鱼的基础上实验探究……"

乙方——"……提供科普读物和视频，帮助孩子了解鱼鳍作用……"

（经过辨析式研讨，教师们有了深刻的理解：组织孩子的探究活动不应以知识点的获取为目的，而更应关注儿童探究的过程，帮助儿童自主建构经验，并尊重生命。）

虽然，每个人在研讨过程中各自的领悟、感受、吸纳各不相同。但在经过对问题有效地抽取，教师们都能将研讨聚焦到"如何处理预设与生成的问题，如何引发幼儿主动探索避免简单的教授，如何深层地观察、了解、分析孩子的已有经验"等核心问题中来，实现有价值的观点碰撞。

二、甄选活动形式——匹配适宜

1. 关键词：匹配适宜

在选择教研形式时，最为关键的是要确保教研内容与教研形式的匹配适宜。尽管教研形式的创新与拓展能大大激发教师的参与兴趣，但我们的注意力不能仅仅停留在创新形式的追求上。当大家津津乐道地尝试"头脑风暴"、"沙龙互动"、"论坛宣讲"、"心理测试"等新颖的教研形式时，我们始终认为这些形式都只是菜肴旁的一抹香菜，形式最终要服务于内容，形式与内容之间的匹配适宜是有效教研的关键。

2. 匹配的依据

△ 当课程推进遇到困惑和争议时 ——→ 辨析研讨

依据在于：辨析式研讨能利用教师群体间的差异，用认知冲突来引发观点的碰撞，可以使双方鲜明的立场得到充分的交锋，实现平等对话，有助于帮助教师多元地看待问题和选择性地吸纳经验。

△ 当互动行为适宜性犹豫徘徊时 ——→ 微格分析

依据在于：利用视频材料的影像回放可以帮我们重温教育现场，身临其境、设身处地地思考师幼互动的适宜性问题，对于那些转瞬即逝的、突发生成的事件进行充分地讨论展开，有助于提升教师应对复杂教育情境的现场决策能力。

△ 当面对高深理论晦涩难懂时 ——→ 观点诠释

依据在于：让教师用朴素的语言、具体的行为来诠释自己对某一理论材料的理解，打比方、举例子、做解释、加补充……这些自主的理解手段能够帮助教师除了会"说"《纲要》等理论材料中的"话"，同时还能理解、会实践、会反思。

△ 当感悟、创新、获得成功时 ——→ 经验分享

依据在于：让一些教师谈自己的收获和经验，以切身的感悟和心路历

程来分享教育实践，能够帮助教师充满自信地认同自己的研究者角色，同时缩短其他教师实践摸索的过程，实现团队的合作与共享。

例如：在开展主题活动时，"如何有效的组织幼儿开展团体讨论？"是教师们普遍困惑的问题，教师缺乏关于讨论活动的互动策略和教育智慧，导致讨论活动变得冗长低效。面对复杂的教育情境，教师困惑于"环节、流程、包括预设的问题都认真地准备了，但还是和孩子互动不起来，不知问题究竟出在哪里？""面对突然发生的问题，我该如何智慧的应对？"……身处活动中的教师往往对自己的行为、语言不敏感，难以发现其中的问题所在。教师自身的互动行为是否适宜，单靠观念和理论的探讨是不能有效地解决问题的。师幼的互动行为除了语言的互动以外还有非语言的互动，教师的面部表情、体态、目光等无声语言以及语速、节奏、声调等辅助言语都直接影响着师幼互动的质量。为了更直观地再现教育情境、聚焦细节，我们往往采用与研讨内容相匹配适宜的影像回放形式，截取某一活动的视频，采用微格分析的方法对其互动适宜性展开研讨。

在影像回放的研讨过程中，我们细细地咀嚼着教师的互动行为、找出了适宜的教育策略。可见，关于教师互动行为研讨的内容以影像回放的形式尤为合适，是其他教研形式所无法替代的。因此，只有找对了匹配适宜的教研形式，才能更好地发挥教研内容的价值，有效地达成教研目标。

三、倡导去权威——自主提升

1. 关键词：自主提升

教研活动需要进行专业引领，然而专业引领的核心在于教师思维方式、反思能力的引领，而非告知具体的操作方法。过去，由于受灌输式教研模式的影响，教师习惯于寻求最终的"标准答案"，教研组织者也往往会评价性地给出"专业建议"，引导教师明确最终的具体做法，实现所谓的引领提升。现在，我们更多地倡导"去权威性"，不是权威性地下结论，而是提出更多的思路和看法，引领教师一步步通过自己的思考和讨论、或从同伴的观点中获得启示、寻求适合自己的解决方案，学会选择、促进实践智慧的自我提升。

2. 提升的要点

△ 先行思考预测

教研组织者需要预先思考预测，教师们可能思考的角度？可能出现的问题？可能理解的程度？……

△ 多元信息提供

教研组织者可以根据教师困惑的"坎儿"，思考有哪些途径和信息可以提供给教师解惑释疑？各种解决方案操作的可行性？……

△ 策略性地引发

为了"去权威性"，教研组织者需要思考怎样抛出问题？由谁来抛？何时来抛？针对不同的教师该如何引发她们的反思？……

例如：教室开放日里，很多教师观摩了 G 教师执教的音乐活动。G 老师经验丰富、教学风格富有感染力、班级常规良好，整个活动流畅完整，给许多年轻教师留下了深刻的印象。然而，在活动中，G 老师采用了不同于一般的座位安排，并非"半圆形、马蹄形"而是"秧田式"。为什么她会这样安排？其他教师又会如何看待她的做法？不同的座位安排对师幼互动会产生怎样的影响？

于是，在教研活动前我们进行了先行的思考：

也许……	我们可以……
教师根本没有发现座位因素与师幼互动的有效性之间的关系。	主动抛出话题，就此切口展开深入探讨。
由于课堂效果尚好，许多教师会认同并盲目效仿这种"秧田式"的座位摆放。	引发体验，鼓励教师站在孩子的角度体验获得直观感受，感受不同座位摆放的优势及缺陷。
部分老师习惯于传统的惯性做法，不愿尝试改变。	组织讨论，探讨不同座位设置形态背后所反映出的教师观念，以及师幼关系。
……	……

果然，在以此为案例展开的教研活动中，教师一开始都众口一致地认同 G 老师的教学策略、环节设计等而忽略了座位问题。于是，在事先充分

预设了可能出现的问题后，我们试着抛出话题："有没有注意到 G 老师的座位摆放有些特别，之所以这样摆放有没有特别的用意？大家都来谈谈自己的感受吧。"

——"秧田式的座位，孩子的目光都聚集到教师身上，教师感觉一目了然，好像一切尽在掌握之中，所以常规特别好，孩子注意力容易集中。"

——"音乐活动中，孩子容易兴奋，这样的位置安排，孩子不会随意地离开座位。我们以前就一直是这样摆放的。"

看来，很多教师都只看到了表面的现象，对这一传统的做法产生了认同感。我们又一次提议："那不如，我们也来当小朋友，感受一下秧田式的座位和马蹄形的座位有什么不同。"

——"我只能看到前面的老师，别的小朋友发言的时候，我看不到。对于后排的孩子来说感觉老师太远了，可能会走神哦！"

——"老师觉得好，是因为把自己放在了最主导的位置上，试过才知道，孩子在同伴交流时，身体需要扭来扭去，那是因为孩子和同伴的视线有遮挡。"

切身的感受使教师在换位体验后逐渐意识到了不同的座位摆放具有不同的优势和缺点。"那么，你希望和孩子以什么样的状态来共享音乐呢？"

——"今天的孩子的确挺'乖'，但仅仅是学会了这首新歌，孩子们似乎并没有真正被音乐所感染。我们给予孩子分享、交流、表达各自音乐感受的机会太少了。"

——"有听众、有观众、有共鸣、有感动，我希望和孩子们一起享受音乐，少一些控制，多一些欣赏，对孩子的尊重也许就体现在这里……"

——"根据活动内容、形式的需要，灵活地运用各种座位变化还是值得尝试的。但首先要清楚地认识不同座位摆放所带来的优势和缺点，以便运用其他策略进行弥补。"

就这样，一场"温吞水"般的赞美会转变成了一次观点碰撞的辨析会。在层层深入的研讨过程中，教研者没有针对"秧田式"给出绝对的"好"或"坏"的标准化结论，而是引领着教师去发现问题、分析比较、体验思考、充分地讨论和交流。通过一步步地深入剖析，帮助教师学会辩证地反思、学会基于自身实际的取舍和选择，知道该怎么做的同时，还知道为什么这样做，从而自主提升形成属于自己的实践经验。

四、拓展后续延伸——行动跟进

1. 关键词：行动跟进

在考虑教研活动的实践拓展时，最值得关注的是后续的行动跟进，因为教研的最终目的还是完善我们的教育行为、解决实际的问题，提升教师的实践智慧。因此，教研的实践延伸不能停留在"笼统的倡议"和"提希望"上，而要真正指导教师具体的、进一步的尝试验证和拓展。

2. 跟进的措施

△ 及时反馈

利用教研反馈表及时收集教师即时的教研感受，引发教师对后续实践的设想。

如：本次活动你最大的感受是什么？

你欣赏或反对哪位教师的观点？理由是什么？

你最受启发的是什么？最想着手调整、付诸行动的是什么？

△ 实地调整

结合教研收获和体会，趁热打铁以小组互助形式进行实地或实例的调整。

如：在研讨了区域活动空间设置的合理性后，组织教师自由结队，到某一班级进行现场的区域设置调整。

△ 跟踪关注

跟踪关注，了解行动跟进过程中新一轮问题的产生与解决，循环往复地调整、完善。

例如：在大班的科学活动中，教师引导孩子在科学探究活动中记录观察结果。最初，W老师认为：大班孩子有一定的记录经验，限定的记录表不利于幼儿的个性化发挥，给孩子一张白纸，孩子在操作过程用自己的方式记录自己的感受和发现，这样更尊重幼儿的表达。但结果发现：许多孩子并不能清晰地呈现观察结果，许多符号让人难懂，在交流时连幼儿自己也难以准确记住符号的含义。W老师为之困扰：怎样的记录方式才能既不约束孩子的表达，又能让孩子清晰地表达观察结果呢？于是我们组织教师针对这一问题进行研讨。大家认为自主探索并不是放任不管，建议 W 老师设计一定的记录表格，帮助幼儿获得更多的记录经验和运用符号的能力，对于探索的发现也能有效地梳理。做到既体现对幼儿的尊重又体现教师的支持。

W 老师根据大家的意见设计了一张二项表，规定了"预测"与"结果"的记录项目，而表示材料的符号则采用幼儿商定的符号。但结果并未如预期那样顺利，在活动过程中新的问题又出现了，孩子的活动兴趣降低了，记录语言不丰富了，操作的流畅性削弱了……记录究竟是为了什么？通过记录孩子能获得什么？教师如何读懂孩子的记录去引导孩子更深入地探究？带着这些困惑，我们又围绕记录与探究的关系展开了研讨。最后大家认为，记录的目的是为了更好地探究，应根据孩子的能力差异，降低难度、有效提升，共同生成富有个性的记录方式。

W 老师重新投放的表格降低了记录难度：由两项表改为了单项表。删去了预测的部分。小朋友用于记录的表只有横线，不出现预测部分，在最左列已画有表示材料的符号。这样一来难度降低了，活动中孩子专注于探索的时间更多了。另一方面教师将孩子的发现记录汇总到老师的表里，进行集体的记录梳理，归纳了孩子的探究经验。

就这样，通过一次次层层递进地研讨，在"发现问题——提出解决方案——尝试验证——再次发现问题——尝试解决"这样一种循环往复的过程中，教师应对复杂多变的教育情境的能力不断加强，教研也因为能真正解决身边的实际问题而受到教师的欢迎。

第三节 园本教研的实例研讨

一、辨析式教研——在思辨中成长

1. 辨析式研讨的优势

　　教研活动中怎样的组织策略才能充分调动教师的参与热情，使得教师能轻松愉快地投入到教育研讨中来是我们一直努力尝试的内容。根据教研的目标和内容，我们采用了以"回顾分享、辨析研讨、信息传递、案例剖析、互助交流"为侧重形式的多种自主式教研形式。其中，"辨析式研讨"为形式开展的教研活动以其活泼热烈的氛围感、短平快的思维碰撞感、人人参与的互动感等独特魅力受到了教师的欢迎。省校本教研考察小组曾来园随机抽问了几位教师代表，"印象中最深刻的一次教研活动是什么？"好几位教师都不约而同地提到了"辨析式研讨"，可见这种教研形式对教师具有较强的吸引力。在实践过程中，我们也发现"辨析式研讨"对教师的发现问题、解决问题、开阔思维等各方面能力的提升确实有很大的帮助。

2. 辨析式研讨的操作方法

　　△ 第一步：选取一个议题

　　一个好的议题必定能起到事半功倍的效果，它能引发参与者的共鸣，产生发表意见的愿望。选择议题的依据应当尽可能呈现真实的教育情境，尽可能基于大多数教师的已有经验，尽可能对今后的同类问题有迁移借鉴的功能。其中包含两种来源：一种是由具体教育行为引发的适宜性辨析（即对于同一问题选择如何去做，为什么）；一种是基于教师现有的教育观念和行为倾向性的诠释型辨析（即不同的理论支撑、观点倾向对于同一问题如何理解，如何实践）。

　　注意：选题切口要小，真实生动，但所折射的观点和探讨的空间则应是深刻而宽泛的，有广泛性和延展性的。

例如：辨析式教研案例《影与像的争议》

议题缘由：在方案活动《影子》中，老师引导幼儿观察影子并绘画表现，从而来收集孩子对影子的已有经验。教师分析孩子的作品后发现，有部分孩子对影子与镜面中的影像两者之间在认识上有所混淆，他们认为镜子中的自己也是影子，也有的孩子画面中的影子是有眼睛有鼻子的。针对这一情况，两位老师在课程的推进过程中产生了争议。

△ 第二步：呈现两种立场

教师甲认为：应该在此时做一停顿，将孩子出现的问题花时间解决一下，让孩子能进一步了解什么是影子？什么是影像？做一个区分。

而教师乙则认为：影像有很多光学原理，如果从影子再牵扯到影像可能会更分散孩子的注意力，反而使问题复杂化，不如，让这些认知经验存在误区的孩子进一步探究影与像，其余孩子开始探究光与影的关系。

在课程的推进中，你更赞同哪位教师的观点？你会如何取舍？

事先为论题假设两种立场有助于将参与者更快地带入实际的冲突情景中，不同的判断与倾向性选择能使辨析双方形成观点的争论。不过在辨析过程中，我们也鼓励教师生成更多的假设，以便拓宽思路，呈现更为多元的解决方案。

注意：在呈现两种立场的同时要考虑立场的平衡，避免出现一边倒的现象。两种立场应没有明显的对错之分，两种做法也应没有高低之分。

△ 第三步：自选立场辨析

教研活动时，教师以甲乙两种不同的立场进行辨析式的讨论，不同的主张透露出不同的价值取向和观念。质疑的声音促使教师反思每一个看似适宜的教育行为。

我们小组的讨论方式是以"辩论"的形式展开的！我们分别选择自己赞成的观点，然后以这两种不同的观点分成甲乙两组。以下是甲乙两组的不同立场的观点阐述片断实录。

甲组观点："……停下来，区分影与像……"；

乙组观点："……继续前进，忽略影像区分……"

乙组："我们的孩子不是小学生、中学生、专家，不一定要把影与像了

解透彻，而是要聚焦在对科学活动的探索兴趣上。对于复杂的光学知识可以忽略。"

甲组："当很多孩子有混淆时，要让孩子会大致区分影与像，我们也不主张弄清楚什么是光学原理，会大致区分就够了。这样才能确保顺利地进行探究，这关系到孩子严谨的科学探究态度。"

（分析：不同的主张背后透露的观点价值取向还是趋向一致，大家认为科学探究的兴趣和态度更为重要。）

甲组："如大树下的、房子下的……黑乎乎的，有这一类特性的是影子，而有鼻子、有眼睛……很清晰的则是像。影子是光被挡住产生的现象，这是影子的特点，而像则不是，所以让孩子了解清楚这点就不太会混淆影与像。这应该不难理解，教师需要帮助孩子理清科学概念。"

乙组："懂的孩子一开始就理解的，不懂的孩子总是这么几个，是年龄小，本身认知水平的原因。"

乙组："我认为既不要告诉他，也不要去探索，把这个问题先留着，为什么会出现这个问题，继续研究下去，这个问题自然会慢慢明朗起来。"

（分析：在科学概念的获得上，不同的主张背后折射出不同的观念，在教与自主探索的问题上有了新的分歧。）

甲组："就比如我们班在研究滚动和转动时，虽然有部分孩子已经"懂"了，可是孩子用画画的方式记录探索结果时，他们往往又不知所措，无法记录，其实有的孩子嘴上拼命说'懂了'，但并不一定是真的懂了！教师认为大部分孩子懂了，其实也未必，你真的确信孩子懂了吗？你又是如何判断的呢？"

乙组："我们第一次绘画收集经验，起先有大部分孩子会混淆，下午再进行观察，只有部分男孩子在长廊看到眼、耳、鼻说是影像。第二次绘画，有明显提高，再让他们加入区分影与像的队伍中会'吃不饱'，应该让他们继续去探索更高层次的内容，不一定要捆绑式的学习。"

甲组："教师认为可以从他们绘画作品中了解孩子的认知水平，但偶然的一次作品是否能说明问题？也许孩子是由于自身的情感色彩添加了眼睛、鼻子。不过，不管如何，我们多了一个了解孩子的渠道，这也是给我们老师的一个讯息，让我们注意观察孩子。"

（分析：教师之间的质疑使问题进一步深入，即如何判断孩子的认知水平，如何了解孩子的学习？这种质疑的声音能促使教师反思每一个看似适宜的教育行为。）

乙组："我觉得在科学探究过程中，教师要适当控制干扰，不能在孩子出现什么问题就马上被孩子牵着走，教师预设的很多光影实验和游戏其实都能帮助孩子理解影子的。"

甲组："看来你们还是关心自己固有的预设目标，现在问题情境出现了，为什么不以此展开？瑞吉欧认为有认知冲突才能引发有意义的建构学习。"

（分析：在预设和生成的探讨中，显露出教师不同的目标取向，是注重教师预设的认知目标还是注重过程中的生成性目标，这样的探讨使双方观点又一次正面碰撞。）

甲组："所以当孩子作品中出现了影子有眼睛鼻子这类现象，就是一个信号，让老师去分析孩子语言背后的真实需要，那就是孩子对影子的特点还没有充分地感知经验。如果充分的感知，就不会有这样的问题出现。"

乙组："其实甲方和乙方还是有一致的东西。一个是同步进行，而乙是分成两组：一部分混淆的去探索影与像，另一部分继续往前走。"

（分析：在辨析过程中，并不存在最终的结论，也不存在最终适宜的行为。但每个人在此过程中，各自领悟、感受、吸纳的各不相同。）

在一次教研活动中可同时提供 2～3 个不同角度的辨析议题，同一辨析可以有两种立场供教师自主选择，使得教师在多种选择中自主寻找感兴趣的话题。有感而发，有理而论。

注意：人数控制在 10～15 人左右，以确保良好的辨析氛围，保障参与者的发言频率和互动效果。

△ 第四步：分享汇报交流

如同辩论中的最后总结陈词，辨析式教研活动注重同伴之间的交流学习，注重最后的总结概括汇报环节。因此每一组都需要安排记录人、汇报人对大家的发言进行归纳和提炼，分享汇报。

注意：将更多的机会留给青年教师，在交流分享之前，留出几分钟帮助年轻教师一起提炼概括，对提高其反思概括能力和语言表达能力是极大的挑战。

△ 第五步：即时感受反馈

有限的辨析往往不足以提供每位教师充分的表达机会，于是教研互动反馈表可以将辨析延续到更广泛的范围。"你参加的是什么问题讨论？你有什么观点？""在今天的辨析中，你最感兴趣的观点是什么？请记录一个你认同或质疑的观点。"

注意：不要过多地增加教师文字工作的负担，在教研活动结束前，花 5 分钟记录最为鲜活的感受，可以直观地收集教师的教研活动的感受与获得，对后续教研活动的调整提供依据。

反馈中的收获和感悟摘录：

——我觉得教师之间的互动交流很重要，特别是主题活动推进时，真的不知如何取舍，如何更有价值，大家出出主意，会踏实一些。

——男女教师之间的思维差异明显，以后要学习男老师更多的理性反思。

——多让孩子用喜欢的方式表达自己的想法，关注细节，把握教育契机。

——反思分析在方案中必须及时，教师彼此间的交流非常重要，对孩子的思维要及时梳理，这样才能发现问题，明确方向，有效推动。

（分析：经过辨析式研讨，该班的教师又对其开展的主题活动进行了调整与反思。放慢脚步，对影子的具体特征进行了更为深入的感知和探究……而其他的教师正越来越注重教师间的交流互动。更为慎重地对待自己的教育行为。）

△ 第六步：困惑议题征集

注重信息的反馈、问题的挖掘与收集，为下一次讨论积累素材。倡导教师都树立问题意识，当出现困惑和两难抉择问题时，乐意寻求同伴的互助，能主动提供议题作为研讨的载体。

注意：教师大多倾向于解决具体实际的教育问题，探讨具体该怎么做的问题，因此在收集困惑时，要避免太过个别化的实例，要同时考虑具体问题背后的价值和可延展的空间。

3. 辨析式教研的特点

△ 思辨的状态——高速运转、人人参与

因为每个人在表达自我的立场和观点的时候需要尽可能多地调动已有经

验和相关的理论支持，此时，思维必定是活跃的，高速运转的，而同时即便只是倾听者也需要积极思考来判断是否赞同和质疑发言者的观点。因此，在这种辨析式研讨活动中，参与者是兴奋的，充满表达欲望和乐于参与的。

△ 思辨的过程——观点争鸣、思维碰撞

整个辨析的过程是建立在一个个观点和实例的堆积上的，每个人有一个角度、观点、思维方式，十多个人就有了十多种角度、观点和思维方式。虽然是短短数十分钟、但其蕴涵的观点、信息量是巨大的。在这一过程中，不断的思维碰撞产生的火花能促使参与者更进一步地深入探讨观点背后的实质，或抛开已有的思维定势，寻求新的视野。

△ 思辨的要求——有一说一、不求周全

之所以在辨析式研讨中，大家的发言会相对于其他形式更为积极，也许在于辨析会上的发言不追求全面和完善，不必考虑措辞的严谨，不必套用相关的理论，直截了当地表露自己的立场，自己的主张，这样的交流使得大家感到轻松畅快，没有压力，自然畅所欲言。

△ 思辨的获益——明晰观点、拓展思路

你一言我一语，观点就在大家相互质疑中明晰起来，为了有理有据，有时候需要刨根问底，有时候需要设定假设，在这样的过程中，观点因更多的鲜活实例而清晰，问题的解决也呈现出更多元的解决方式，能实实在在地应对教学问题这也是教师接受它的重要原因。

4. 辨析式教研的原则

△ 基于真实的情境

教师所面临的教学情境往往是独一无二、变化不定的，实际教学情境中，教师更多地需要凭借自己的经验和智慧对教育情境作出自主的判断与选择。这往往就表现在教师普遍的研究需求——"理论我都懂，但是我还是想知道，遇到具体问题我该如何应对？"因此，基于真实教育情景的"辨析研讨"能将目光聚焦于教育研究现场，通过对实际发生问题的反思和改进，策略的选择与调整来帮助教师在理论与实践中进行反复探索。以真实教育情景为载体的研究能促使教师发展个人实践知识，满足教师提高应对各种实践情境能力的发展需要。

△ 尊重自己的观点

作为一名研究型的教师，尊重自己的观点尤为重要，瑞吉欧理论提出"教师是以专业的眼光赋予学习者和学习以价值的人"。华爱华教授也曾提到："教师的专业素养在于教师是否能学会解释自己的教育与幼儿发展之间的关系。"因此，作为幼儿教育的专业人士，我们需要学会重视自己的观点、尊重自己的观点，教师在实施具体的教育行为的同时，要懂得如何解释自己的教育行为，教育行为没有绝对的高低优劣之分，教育者有权发表和保留自己的看法，贵在"自圆其说"。这种教研形式给予了教师亮出自己观点的展示舞台。

△ 倡导开放的心态

自主教研需要教师以开放的心态参与其中，以尊重、理解的态度接纳不同的观点和声音。辨析式教研需要教师不断地发掘和捕捉话题，形成新的话题，其过程没有固定的终点，没有固定的结论，不强求某个正确答案的获取，不强求别人接受自己的观点，强调的是各方观点、思维的融合，因此，我们倡导教师在相互理解的基础上，以开放的心态，各取所需，共同反思、共同建构，提升和拓宽辨析及互动双方对教育行为的反思能力和实际教育的水平。

△ 注重反思与实践

任何信息、咨询都需要经过个别的自我的体验和实践，才能真正纳入到自身建构的理论体系中，丰富的信息量需要教师更进一步的自我反思与实践，在接受外在信息、理论知识的同时，通过自我反思以获得个人化的实践性知识。在"发现问题——寻求解决方案——不同观点、策略的支持——实践验证——反思调整——寻求新问题的解决"这一循环往复的过程中不断提升专业能力。

△ 鼓励质疑与吸纳

在辨析的过程中，个人所持有的教育观念和教育策略不断地显现出来，不同的思维方式也呈现出不同的教育主张，这是个人内隐的思维过程、教育观念得以外化显露的过程，但同时也是教师群体共享彼此内在理念、思维方式的绝好机会。因此，我们鼓励教师群体以尊重为前提地倾听，通过质疑，使得观念不断冲撞，探究走向深入，通过吸纳、包容，相互启发实现资源的共享，从而促进不同层次间教师的共同成长。

二、影像回放式教研——在观察中解读

1. 影像回放式教研的特点

影像回放是以一些摄影、摄像器材（如摄像机、数码相机等）为工具获取教学现场各环节的信息，以展示图像、音频、视频等信息运用于教育研究的辅助手段。作为一种新型教研辅助手段，采集的视频资料可以更真实地还原教育现场。通过对教育现场的重温，教师可以身临其境、设身处地地思考互动的适宜性问题，对于那些转瞬即逝的、突发生成的事件进行充分的讨论，从而提升教师应对复杂教育情境的现场决策能力。

以影像回放形式开展的教研之所以成为教师较为欢迎的教研形式，其原因在于——

△ 影像回放是一种记录与信息传递的方式，是教研活动的辅助手段。

△ 影像回放用事实说话，避免"权威至上"的尴尬。

△ 影像回放直观、明了，直接地呈现能对主人公教师的心理和行动产生积极的影响。

△ 影像回放尊重每个人的经验背景，能帮助每个教研参与者运用自身的经验去解释现象、更新观念、改善行为，克服划一、命令式的指导。

△ 影像回放可根据需要进行暂停、跳转、反复等操作，便于发现、剖析问题。

△ 影像回放便于优秀经验的传播和学习，使得教研感受更为鲜活、教学策略更为具体。

2. 影像资料采集方式

教师自我采集：教师自行拍摄教学过程中孩子的行为表现。主要用于对孩子行为特点、学习方式、兴趣需要等方面进行观察和分析，为进一步推进教学深入、提高行为的目的性提供依据。

优点：教师对孩子的了解程度较高，能有目的、有针对性地收集素材。教师对自己的教育意图更为清晰，能通过检核孩子的行为表现来调整下一

步的教学实施。

缺点：教师的采集局限于低结构的活动，只有当孩子较为自主地进行操作、探究、表现等活动状态时才利于教师的拍摄。

观察者现场采集：由教学现场的第三者进行拍摄，可以是管理人员或搭班教师。主要用于对教师与孩子的互动状态、互动策略、互动效果等方面进行观察和分析，为进一步优化师幼互动、提高教师互动行为的有效性提供依据。

优点：能客观、真实地记录互动细节，能同时反映教师与幼儿的互动反馈，较为全面和完整。

缺点：对观察者的要求较高，要对教学活动、幼儿特点有所了解，才能捕捉到有价值的影像素材。

3. 影像回放式教研的原则

△ 尊重性原则

所有的影像素材要本着尊重幼儿、尊重教师的原则。作为教研的素材、要在教师知情的前提下进行回放，并努力维护影像资料中教师主人公的主动性和积极性。研讨的过程要强调以开放的心态、欣赏的眼光去解释现象、更新观念、解决问题、改善行为。

△ 真实、客观性原则

影像资料的呈现，要真实、客观地记录"教"与"学"双方的自然状态，而非刻意表现的活动。

△ 针对性原则

影像资料的截取要力求凸现问题情境、聚焦认知冲突，而非断章取义地夸大矛盾或笼统拖沓地全盘呈现。作为教研的素材要能引发教师的思考，并以此展开讨论、分析与反思，从中获取解决问题的方法与经验。

△ 系统性原则

影像回放作为反思教学的工具，它是一个循环往复的过程，从拍摄回放——发现问题——分析、反思——行动解决——再次拍摄回放——再次发现新问题，讨论解决，形成一个循环往复、螺旋上升的过程，有助于教师自身的专业素养与整体水平的不断提高。

4. 影像回放式教研的流程

第一步：根据教研问题的需要，选择教学情境；

第二步：事先与主人公教师进行沟通，取得信任与理解；

第三步：真实、客观地采集自然状态下的影像资料；

第四步：筛选、截取影像资料、凸显问题；

第五步：对如何技术性呈现资料进行预设；

第六步：针对影像资料展开研讨；

第七步：梳理提升，得出解决问题的思路和策略；

第八步：对教师主人公个别化的沟通与反馈。

例如：

团体讨论中的回应

在开展主题活动时，如何有效地开展团体讨论是教师们普遍困惑的问题，教师缺乏关于讨论活动的互动策略和教育智慧，导致讨论活动变得冗长低效。面对复杂的教育情境，教师困惑于"环节、流程、包括预设的问题都认真地准备了，但还是和孩子互动不起来，不知问题究竟出在哪里？""面对突然发生的问题，我该如何智慧的应对？"……身处活动中的教师往往对自己的行为、语言不敏感，难以发现其中的问题所在。教师自身的互动行为是否适宜，单靠观念和理论的探讨是不能有效地解决问题。因为，师幼的互动行为除了语言的互动以外还有非语言的互动，教师的面部表情、体态、目光等无声语言以及语速、节奏、声调等辅助信息都直接影响着师幼互动的质量。为了更直观地再现教育情境、聚焦细节，我们采用与研讨内容相匹配的影像回放形式，截取某一活动的视频，采用微格分析的方法对其互动适宜性展开研讨。通过影像回放，教师们立刻关注到很多细节。并围绕着教师的互动行为展开了研讨、提出进一步优化行为的建议与策略。

影像回放式教研现场实录：

案例微格再现	教师分析研讨
一、了解问题 师：在做风筝的时候有什么感受？ 幼：线绑不住、绳子太细、结头打不住、棍子太粗…… 师：哦，线绑不住，嗯，绳子太细了…… （暂停、教师们对其中的语言类互动进行分析。） 教师请了4位幼儿上前介绍自己的困难，大圈的马蹄形座位使得幼儿和教师的距离均为3米以外。当有的孩子表述不清晰时，部分幼儿注意力开始分散。 （画面出现幼儿注意力分散的情况、教师请求暂停、提出看法。）	关于回应： 教师1：回应策略过于单一，一味重复幼儿的发言。缺乏归纳性和启发性。 教师2：回应需要兼顾认知和情感两方面。教师选择性地只对孩子认知方面的问题进行回应，而忽略孩子在情感、态度方面的问题。 关于互动距离： 教师1：互动距离比较远，不适合交流讨论的需要。 教师2：老师没有将幼儿表述的信息有效地传达给别的孩子。出现孩子自顾自说的现象。 教师3：教师对于孩子倾听的要求不够。没有营造分享发现的谈话氛围。
二、问题取舍 师：回忆了一下，我们的问题大致可以分成三类。1. 捆绑不起来，打结的问题。2. 两边不平衡的问题。3. 剪裁的时候，控制不好的问题。这三个问题如何来解决一下？ 教师边说边用3个简单的符号进行记录（镜头中出现教师的板书、暂停。）	关于表述： 教师1：教师的归纳非常清晰，有助于帮助问题孩子将关注点聚焦到主要的问题上来。 教师2：把同类的问题进行归类，也是对孩子思维的训练。 关于信息呈现： 教师1：通过简明的符号以及精心设计的板书，帮助孩子获得对问题的清晰感知。 教师2：看得出，教师一定事先进行了充分的预设和思考。只有充分的预设才能做到即时有效的回应。
三、解决问题 师：下面来解决第二个问题，怎么让两边变得平衡？ 幼：用尺子量一下。用积木搭成一样长，看看都用了几块积木，可以用铅笔做个记号…… 师：你们用的都是测量的方法，还有没有其他的方法？教师的语言平淡、一带而过。 （停顿、将教师的小结语反复播放。）	关于辅助言语 教师1：教师此时是进行了归纳，但是没有让孩子感受到所归纳的信息。 教师2：归纳提升的内容没有用辅助言语充分地表达出来。感觉一带而过，孩子会忽略其中重要的信息。 教师3：如果是我，我会怎样说：——"你们用的都是测量（加重语气）的方法。"建议用眼神、语气加重、停顿等方法突出重点提升的内容。

四、突发问题 幼：其实在绑之前就应该先看看是不是两边都平衡了。（对解决问题的先后顺序进行质疑。） 师：……不置可否 （停顿、对此环节展开讨论。）	关于回应： 教师1：此处、幼儿发起的互动是一个很好的教育契机，可以引发孩子对做事的顺序性、逻辑性的思考。但教师没有抓住问题进行有效深入，错失了一个教育契机。 教师2：如果是我，我会这样处理……
收获	1. 提问需要更为清晰、有指向性，能引发孩子的认知冲突和思维碰撞。 2. 回应需要教师进行及时地归纳提升；回应需要关注认知和情感两方面；回应需要敏感捕捉幼儿的互动，把握契机，生成新的内容。 3. 表述需要用语音、语调、加重或延长、停顿等策略帮助幼儿明显地感知。 4. 表述需要借助一定的载体和符号语言。 5. 在分享、谈话的活动中建议教师与幼儿保持亲密的距离，并更多地考虑孩子与同伴的互动机会。

《纲要》与研训创新

在深入贯彻《纲要》和幼儿园课程与教学发生深刻变革的今天，幼儿园的教育教学过程正逐渐从原先以"教"为中心的传授型转变为以"学"为中心的互动型，而教师角色也从以往单一的传授者转变为倾听者、观察者、引导者、支持者。于是，能否建立和谐、积极、适宜的师幼关系成为幼儿园教育改革的关键之一。教师能否与幼儿开展平等、深入、智慧的互动也成为摆在教师面前的一个重要任务。为此，近年来许多幼儿园都在积极探索能提高师幼互动有效性的园本教研策略与形式。一课多研、同课异构、微格分析、观摩评析……指向教师行为的研训方式为教师的专业成长搭建了阶梯。然而，研训方式的改革在实践中，有的只是形式上的变化，没有真正起到促进教师专业发展的作用。有的偏重于教学技巧的改进，忽略了教育观念的转变，鉴于此，我们对研训方式进行了深入的思考与探索。

我们以浙江省教研重点课题——"现场视导：提升幼儿教师互动行为适宜性的实践研究"为平台，探索了"现场视导"这一研训方式。在"现场视导"过程中，我们对视导对象进行跟踪式指导。具体而言，我们借助各种观察记录工具收集资料，并通过与教师面对面的分析讨论，帮助教师认识到何为"适宜的互动行为"，进而提高教师的互动行为的目的性、有效性，提升教师的实践智慧。

有关"现场视导"的研究，帮助我们打造了一支教育教学风格各异的教师队伍，建立起一个相互信赖、合作共赢的研究共同体，进而推动了全区教师的专业成长。本教研重点课题研究获得了浙江省第四届教研成果一等奖，并在通过省级教研活动中进行了展示，向全省推广。

第七章　"视"与"导"的对接

第一节　研训方式的创新构想

一、对现有研训方法的审视

在一次非正式谈话中，教师们议论起了幼儿园的研训方式：

甲：我们同学幼儿园里上学期在弄同课异构，一个内容，大家都八仙过海各想各的招数用不同方法来上课，他们脑汁都绞尽了。看起来倒是蛮过瘾的……有点开眼界的感觉……

乙：那老师是不是都在挖空心思呀，其实对于孩子来说，哪怕教师设计了再多的方案，用到一个孩子身上的也只有一个，教师与其花精力想花招还不如踏踏实实琢磨怎么把朴实的活动上扎实了。

丙：是呀，还是以前我们搞过的一课多研好，能够把一个活动的环节、目标、提问设计都理得清清楚楚。

甲：好是好，可是这个活动理清楚了，下次别的活动又不清楚了，每个活动中情况可复杂着呢。我们总是盯着活动，却找不到举一反三的方法。

乙：啊呀，其实不要那么刻意的准备了，不太真实，还是日常听课好，不过前提是不要领导来听课，不要搞突然袭击，不要最后无关痛痒地讲评一番。讲的道理都懂，但是实际操作又不是那么回事。

丙：对，其实下次我遇到什么麻烦的问题，最好就你们两个来帮我听听，我也不会紧张，你们也肯定能帮我出主意的，就像上次我家长半日开放之前，你们帮我试教一样。

……

虽然是三位教师茶余饭后的闲聊，但是其中却传递出教师对已有园本研训方式的反思与期望。分析教师们的对话，能让我们解读其中的心理需求，当我们与教师普遍访谈交流后，这种需求更清晰地表露出来，归纳起来主要有以下几方面：

1. 有被迫创新的焦虑

如果研训过多地强调如何激活教师的创造力，一味地鼓励创新，在发散的创意和策略中去表达自己对教育教学的个性理解与诠释，那么这样的研训结果更多地指向教师的课程开发能力而非课程实施能力。对于大多数教师而言，更切实际的迫切有待提升的能力则是课程的执行能力。因为对于孩子而言，孩子的成长发展不在于课程方案的多样性，而在于课程实施的适宜性。所以，当研训过多地指向求新求异求变时，教师对"被挖空心思"的焦灼感、浮躁感也随之产生，无法真正沉下心思来审读自身的教育行为。

2. 有脱离现实的茫然

如果研训仅仅是架设在人工搭建的舞台上，在一次次严格控制的设计预演中，那么教师会被引导更多地关注技术性的问题。在雕琢中追求细节的精致，过渡语、环节提问甚至于孩子的回答都经过精心的预设，而忽略了师幼互动中最为本真的质朴情感，心灵共鸣与思维跳动，这样的课例在研磨中越来越精致，但是教师回归到现实仍有无力感，也由此会产生一种不真实感，困惑于研训的目的是为了得到"精致成功的课例"还是"能举一反三的实践智慧"。

3. 有隔靴搔痒的低效感

如果研训仅仅是提供教师展示自我的平台，而不在后续的反思，分享、碰撞上做进一步的深入，那么也会流于走过场的形式。传统的听课评课由于缺乏具体的策略支持，往往会出现"跟随权威声音一边倒"，"笼统谈感受"或"执拗钻细节"的情况，而教师的心情也随着评课者的评价而大起大落，不是庆幸自己较好的发挥，就是纠结自己失常的表现，更多地关注大家是如何看待自己的能力，而忽略行为背后所呈现出来的问题，缺乏自我主动的反思以及后续的调整跟进。

4. 有权威至上的压力

即便研训聚焦日常教育教学的平凡时刻，但随时被"推门而至"的领导突袭，还是会带给教师心理上的不安，此时的研训其实带上了行政色彩的考核与监督意味，带来了权威至上的压力，每位教师都渴望将自己最为自信从容的一面展露出来，都不希望在自己没有心理准备的情况下被人揭短，哪怕是平日相熟的同伴。安全感缺失下的研训久而久之会使教师处于防御的心态，不利于开放共享的团队文化构建，更谈不上自我效能的获得。

从上述情况分析，我们认识到教师需要一种自然、真实、深入、和谐的研训方式。而这一研修的价值在于，提升教师基于问题的研究应用能力，同时还要提升教师基于发展的持续研究能力。于是"如何构建一种既能够提升教师专业素质又能够促进专业自主性的新型研训方式"成为我们的研究出发点。

二、对创新研训方式的预想

对现有的研训方式进行梳理后，我们需要博采众长、博观约取，以此来构建符合教师实际需求的新型研训方式。分析以往的研训方式，许多经验可以成为我们构想理想研训方式的基石。"同课异构"提示我们要关注个体，欣赏差异，将差异作为资源激活群体间的思维碰撞，智慧共享；"一课多研"告诉我们在持续跟进，层层深入的过程中才能直抵问题的核心，在行动跟进的过程中，寻求解决方案，反复验证策略才能富有实效地研究；"推门听课"提醒我们要关注发生在教学现场的平凡时刻，关注师幼互动中灵动瞬间；"微格分析"告诉我们可以借助科技手段与工具来定格真实，聚焦问题，深入细节。

众多经验归结到一起使得我们对理想化的研训方式有了更进一步的期待：

1. 理想的研训要有助于教师专业素质的实践性发展

理想化的研训应该能帮助教师提升教学理念、更新实践性知识，着力帮助教师建立关于教学过程有效性的反馈调节机制，从而实现对自身互动行为的自觉、有效的反思。即在实践中积累和提升应对复杂教育情境的互动能力，能觉察并反思自身的行为，将教育理念自然地转化为教育实践，从而提升教育质量，做有智慧的教师！

2. 理想的研训要有助于教师专业自主性的生态化发展

理想化的研训应该能帮助教师认可自身的专业地位，树立"工作即研究、研究即工作"的理念，不断研习理论、锤炼技巧，在专业成长的道路上能自主积极地加速发展。即能激发教师专业发展的动力，能够自信地认同自己的专业地位，持续地自发地开展教育教学研究，并能从自身行为对孩子的发展影响来自觉地思考问题，审视自己，谨慎地选择与孩子的互动行为。形成终身学习的理念和素质，主动地理解自己的教育实践，并不断研究，实现个体专业自主性的生态可持续发展，做有思想的教师！

3. 理想的研训要有助于形成师幼和谐的班级小气候

理想化的研训应该能直接作用于教学过程，着眼于改善互动行为、在教师和幼儿积极的互动中，教师能敏感地觉察儿童需要，理解并支持幼儿的想法，适时适宜地与之互动，实现经验的多维共享，情感的正向激励、思维的双向碰撞。与此同时，不仅幼儿得到有效的发展，教师也在互动中汲取经验和成长的养分，并在对自身互动行为适宜性的反思追问中逐步提高自己，达到自身主体的不断发展和提高，从而实现师生双方在互动中主体的积极建构和发展。促进师生关系的和谐建构，形成和谐、民主、尊重、信任的班级小气候。

4. 理想的研训要有助于形成和谐共赢的研究大环境

理想化的研训应该使参与其中的每一个人，有机会了解吸纳同伴的教育智慧，用善意的目光去欣赏他人，发现问题，并用真诚的态度尽自己的努力去提出调整、完善的意见建议，从而实现视导双方的共同成长。以开放的心态、自然的状态去呈现自我成长的轨迹，见证他人发展的历程，构建和谐共享，互惠共赢的研究大环境。

基于以上的一些思考，我们提出了《现场视导：提高教师互动行为适宜性的研训方法设计与操作》这一课题，以期以"现场视导"作为课题研究的突破口，通过对这一创新研训方法的操作要素、流程、实施方法的探寻，真正实现"关注教学现场，在善意的目光与智慧的引领"下提高教师互动行为的适宜性，在个体的行为优化中成就全体教师的专业成长。

三、新型研训方式——"现场视导"

1. 现场视导，提升互动行为适宜性

视导：即观察与引导，目前在很多语境中，视导一词多用于教学工作检查，教育水平的考核，学校办学条件的评估等，意同督导。而本课题则将视导用于教学研训过程中，表示研训的两大环节构成，即教学观察与反思研讨。有必要强调的是，"视"不等于居高临下的视察而是客观真实的观察，"导"也绝非单向施压的指导而是智慧碰撞的彼此引导。

现场：事件或行动发生的地点。本课题指的是日常的教学场地，一种真实、自然情境下师幼双方发生互动的场地。现场一词还能表述出对事件近距离的关注以及对事件发展的细腻而又丰富的感受。

现场视导：视导人员基于教学现场，从互动事件出发，借助一定的视导工具（器材、表格）进行观察记录，并将所观察到的资料，通过与被视导教师面对面的互动交流、反思分析，探究教师互动行为的意义，从深层次解读教师内隐的知识，潜在的教育信念，剖析教师与众不同的教学风格、别具一格的课堂组织、反复出现的惯例行为等等，帮助教师积累基于实践的互动策略，改善自身的互动行为，修正行为背后的教育观念，构筑良好的师幼关系，以调整和改善教师互动行为，促进教师互动行为的目的性、有效性、适宜性，提升教师应对复杂教育情境的实践智慧。

通过实践研究，我们需要探寻"现场视导"这一研训方式的操作方法与实施策略，形成视导团队间和谐信任的研究共同体，帮助教师提升互动

行为的适宜性，获得专业素质的实践性发展；形成观察与反思的研究习惯，共享与开放的研究心态，获得专业自主性的生态化发展。

2. 关注现场，让研究扎根于真实的教学情境

教师的专业成长其核心在于"获得产生于处理复杂性和不确定性教育情境过程的实践性知识"，反思当前我们的师幼互动现状，虽然我们能从理论上明确地认识到，师幼互动中的教师与幼儿是互为主体的，理想状态的师幼互动在于平等和谐地交流对话，而非简单的支配控制，然而从理念转化为实践层面，教师与幼儿在互动过程中的主体地位还是存在很大落差。特别是教学活动中，有的教师往往按照自己既定的教学目标和程序对孩子施加着影响，缺乏对自身角色定位的准确把握，缺乏对幼儿情感性互动的关注和敏感度，缺乏积极有效的反馈、回应策略和互动技巧，缺乏深入分析和判断幼儿需要的能力，导致低效互动、无效互动、甚至于负效互动的产生。现实的教学情境错综复杂，不可能有固定不变的结构和清晰的解决问题的步骤、程序，通常情况下，问题的解决没有单一的标准答案，甚至究竟什么是正确答案的标准也很不清晰，它要求指导者因人而异，有的放矢，对症下药，随机而行。

因此，我们的研究不能局限于对师幼互动的观念转变上，而是要实实在在地投身到教学现场中，在纷繁复杂、瞬息万变的教学情境中去解决实际问题，以调整和改善教师互动行为，促进教师互动行为的目的性、有效性、适宜性，提升教师应对复杂教育情境的实践智慧。

3. 注重视导，让研究服务于教师的专业成长

教师作为儿童发展的重要他人，其专业身份的特殊性，在互动过程中占据了一定的优势和主导地位。我们发现要改善并提高师幼互动的有效性，关键在于对教师能否在互动过程中积极地调整彼此、特别是自身的行为，能否实现理念到适宜行为的相互转换。教师自身互动行为的适宜性将直接影响到师幼关系的建立、教学有效性的达成、幼儿认知、情感、能力的发展。然而，当我们致力于提高教师互动行为的有效性时，仅仅通过教学理论的学习或教师自身单纯的经验摸索积累是无助于上述目标的有效达成。

教学现场复杂变幻的情境往往使教师身处其中，不识庐山真面貌，不能将自身的行为与复杂的教学情境进行有机整合，及时反思形成有意义的互动策略和有价值的"教"。因此真正要实现师幼互动的优质高效，提升教师的实践智慧，教师迫切需要值得信赖的同伴给予观察后的建议与引导。我们的研究需要借助一道"善意的目光"，一面"折射的镜子"，来帮助教师自我审视，实现专业自主的提升。

第二节　现场视导的操作设计

一、现场视导的操作要素

"现场视导"作为一种研训方式，指向教师的互动行为适宜性研究。操作流程是一个开放的、循环往复的周期过程，其包含以下相互关联的五个操作要素。

　△ 以构筑信赖开放的视导关系为基础
　△ 以崇尚真实自然的研究内容为条件
　△ 以选择适宜有效的观察工具为手段
　△ 以实现经验共享的沟通交流为关键
　△ 以促进解决问题的教学智慧为目标

二、现场视导的操作流程

在确认了操作理念后，我们设计了操作流程的架构，现以图 7-2-1 表示：

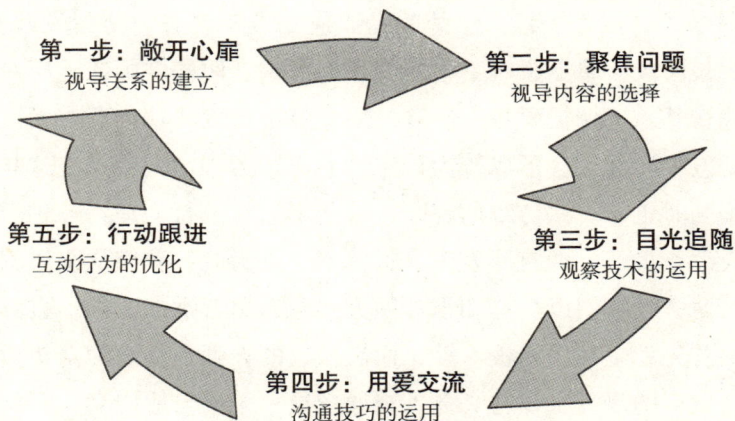

第一步：敞开心扉
视导关系的建立

第二步：聚焦问题
视导内容的选择

第三步：目光追随
观察技术的运用

第四步：用爱交流
沟通技巧的运用

第五步：行动跟进
互动行为的优化

图 7-2-1　现场视导操作流程图

三、现场视导的操作步骤

1. 敞开心扉，建立信赖开放的视导关系

建立信赖开放的视导关系是视导活动开展的基础。有别于传统听评课中监督与被监督，考评与被考评，现场视导中的双方是合作互助的关系，需要在开放共享的教研文化浸润下，用自主报名和征选的方式来产生视导团队与视导对象。在关注个体成长的同时，实现群体实践性智慧的共同提升。

△ 了解成长需求，营造教研文化

在课题开展之初，我们对教师团队进行了前期的调查，深入了解和分析教师的成长需求，教师渴望专业成长的心态给了我们很多的启示，教研力量不仅仅要带给教师专业技术的支持，同时更需要心理上的支持。为此，我们开展了《有话对你说——赞美会》帮助教师发现自身的特点和潜质，树立自信。《研究就在身边——闪光教育创意论坛》引导教师感悟教学研究的乐趣，认同自己的研究者身份。借助《爱如阳光——暖心畅想会》进一步帮助教师明确自身的发展规划，用积极的心态投入工作、学习与研究。在活动的浸润之下，"开放共享"的教研文化（开放的心态，共享的意识）逐渐形成，教师敢于在同伴面前暴露自己的观点而没有被"评价"的压力，这就是开展"现场视导"最为关键的基础。

△ 征选视导团队，激发互助愿望

如同孩子的成长一样，教师的专业成长也有着关键期和最近发展区，不同的成长阶段、时期也有着不同的发展需求。职初教师缺乏应对教育情境的实践智慧，迫切需要从有经验的同伴身上汲取成功经验，而资深教师数年来的教学积淀，会形成较为稳定的教学行为倾向性特点，这其中有优秀的经验同时也有一些传统的弊端，这些不适宜的行为成为一种习惯，需要在旁人的点拨下才能有所发现、得以纠正。为此，我们从全体教师中征选视导对象，教师们以自荐和推荐的方式甄选出合适的人选。自荐的教师从心态上首先就呈现出积极主动，而被推选的教师也会因为众望所归而感受到自己肩负的研究责任与义务。视导成员也采取自愿报名，班组协调的方式，确保参与的对象有发自内心的需要和互助共享的愿望，在关注个体

成长的同时，成就大家的发展需要。

附：视导团队征选报名表

表7-2-1 视导团队征选报名表

本学期将进行2期"关注个体、成就大家"现场视导活动，将征选两位教师（职初教师与资深教师各一）作为视导对象。请您自荐或推荐，写下你期望的教师名字。			
视导对象	职初教师（10年以下教龄）		资深教师	
视导需求	渴望学习他人的经验		愿意分享自己的经验	
有待解决的困惑				

表7-2-2 视导对象教学预设及反思表

姓 名		班 级		活动内容	
教学前期思考预设					
1. 活动的价值：（为什么要上？）					
2. 活动的方法：（怎样上？）					
3. 活动的有效性：（为什么要这样上？）					
教学后反思		我邀请的回访伙伴			
1. 我吸纳了哪些建议？					
2. 我将作何跟进调整？					

2. 聚焦问题，选择真实自然的视导内容

选择自然真实的视导内容是视导活动的必要条件。有别于传统听评课中，教师在不知情的状况下被"突击检查"或是知情后刻意的"过度包装"，现场视导中所观察的内容，往往由被视导者主动提出，针对自身互动中较为困惑的问题进行主动呈现。视导双方对活动内容及视导意图有事先的沟通和了解，而呈现的情境都是日常生活中的寻常时刻，因此，视导内容的选择要符合以下几个要求：

△ 在生态的教室环境中

教师的专业成长不可能仅仅发生于人工搭设的舞台上，而应更多地存在于日常的专业生活中。教育的实际困惑只有在现场情境中解决，教师的实践知识才能在现场情境中获得。研究中，我们主张追随真实自然的教学状态，以各班的活动室为视导现场，一方面可以了解孩子与教师在日常环境中的自然状态，一方面可以全方位感受教师与孩子共创的课程环境以及班级文化氛围，师生关系等因素。

△在自然的主题进程中

孩子的发展是累积，渐进的过程，教师适宜的互动行为也体现在对孩子持续地支持中，因此，我们希望教师尽可能呈现主题活动的自然进展，不要刻意修改主题进度、修饰自身的互动行为。以开放性主题活动的开始阶段、深入阶段、表现阶段等各个阶段，以讨论谈话、实地观察、操作探究、表现表达等多种形式为视导内容。要求教师真真切切地关注每一天发生在教师和孩子身上的"寻常时刻"中不寻常的思维跳动，呈现发生在主题推进过程中的"茫然徘徊"后豁然开朗的心路历程。

3. 目光追随，运用适宜有效的观察工具

运用适宜有效的观察工具是视导开展的必然手段。在对不同个性特点、文化背景的教师进行众对一的、为期数天的持续观察中，需要视导团队分工合作，有效观察。有别于传统听课中事无巨细的全盘记录，视导团队将分别使用三种不同目的的互动行为观察表，从语言互动与非语言互动两方面对教师行为和幼儿行为同时进行观察记录，同时借助视频器材，记录现场的互动细节，为后续的研讨留下鲜活的研修案例。

△ 摄像视频记录

借助摄像器材记录教学现场，能客观真实地记录师幼的互动过程，全面地记录教学环境的整体面貌，收集教学过程中师幼之间的情感共鸣与思维碰撞。所采集的视频、图像、音频资料、数据信息可以更真实地还原教育现场，并通过影像回放、定格、聚焦、放大，量化等技术手段帮助教师更为细致全面地回温教学过程，身临其境、设身处地地思考互动的适宜性策略。对于那些转瞬即逝的、突发生成的事件进行充分的讨论展开，借助

理性的分析帮助教师解决实践中的具体问题。提升教师应对复杂教育情境的现场回应能力。

△ 现场观察记录

为了帮助教师有目的地观察，在借鉴 Flanders 互动分析表的基础上，我们设计并提供两种表格分别指向不同的观察侧重。《表 7-2-3 师幼互动行为观察统计表》侧重于对整体活动中教师各种行为进行量的统计记录，数据能较为理性地呈现出教师互动行为的倾向性特点。表 7-2-4 教师语言互动观察记录表，表 7-2-5 教师非语言互动观察表则分别侧重于记录教师的语言互动行为和非语言互动行为，表中将教师可能出现的互动行为与孩子的行为分类罗列，见附表 7-2-4、表 7-2-5。视导教师分工选择其中某一项，进行聚焦式的观察记录，并详细记录互动行为。理性的数据统计和感性的案例实录，有助于全面细腻地了解班级生态，为后续的研讨提供支持。

表 7-2-3 师幼互动行为观察统计表（借鉴 Flanders 互动分析表设计）

日期		班级		视导对象		活动内容			记录人		
环节	教师行为							幼儿行为			
	讲话	指令	开放提问	封闭提问	关注	质疑	认同	鼓励	否定	禁止	倾听	吵闹	沉默	单一回答	广泛回答	发表见解	寻求关注	求助	认同	拒绝	游离
互动状态描述	幼儿活动参与度——教师活动开放度： 幼儿思维活跃度——教师思维引发度： 幼儿情绪愉悦度——教师情感认同度：																				

表7-2-4　语言互动行为观察表

班　级		视导对象情况		活动内容		记录人	
语言互动类型	1. 讲述、指令（倾听、吵闹） 2. 开放提问、封闭提问（广泛回答、单一回答） 3. 关注、质疑（寻求关注、发表见解） 4. 认同、鼓励（求助、认同） 5. 否定、禁止（拒绝、游离）					重点观察项	
环节	描述性记录					值得欣赏的亮点 ☆ 获值得质疑的问题	

表7-2-5　非语言互动行为观察表

班　级		视导对象情况		活动内容		记录人	
非语言互动类型	1. 手势、面部表情、眼神、体态、仪表变化 2. 时间控制、空间距离 3. 言语的非词方面和无固定意义的发音					重点观察项	
环节	描述性记录					值得欣赏的亮点 ☆ 获值得质疑的问题	

4. 用爱交流，实现经验共享的沟通交流

实现经验共享的沟通交流是现场视导的关键环节，视导团队在活动当天及时交流沟通，提出行为的优化建议，从而帮助教师客观审视自身互动的倾向性特点，从教师的行为表现来探寻背后支撑的教育理念，从适宜性的做法中提炼智慧，从不适宜的做法中修正策略，扬长避短，并在第二次的视导活动中加快行为的调整。其有别于传统的议课，不再是笼统、模糊感性体会交流，而是指向具体实践的经验与策略的共享。

△ 艺术性的"导"——尊重情感体验和心理感受

艺术性的"导"其表现应该是循循善诱、娓娓道来，而实质就在于要

尊重教师的情感体验和心理感受。在分享反馈的环节，研究团队一同来到温馨的视听室，围坐在沙发椅上，一边分享飘香的大麦茶，一边回顾视频画面，温馨宽松的氛围能让视导双方真诚地交流互动。对于收集到的影像资料，每个人随时都可以要求回放、暂停、重复，一同来分享自己对细节的解读。此时，视导双方所需要做的就是用描述性的语言来解说自己所观察到的事实以及自己的真实感受而非评价性地给出结论。

△ 智慧型的"导"——注重思维方式和反思能力

智慧型的"导"在于促进教师实践智慧的自主提升，在于教师思维方式、反思能力的引领，而非告知具体的操作方法。过去，由于受灌输式教研模式的影响，教师习惯于寻求最终的"标准答案"，教研组织者也往往会评价性地给出"专业建议"，引导教师明确最终的具体做法，实现所谓的引领提升。而在"现场视导"中，我们更多地倡导"去权威性"，不是权威性地下结论，而是提出更多的思路和看法，引领教师一步步通过自己的思考和讨论、或从同伴的观点中获得启示、寻求适合自己的解决方案。

5. 行动跟进，优化真实有效的互动行为

视导团队的建议，有待于被视导者自身主动的吸纳，而集体智慧共同提炼出的策略有待于每一位参与视导的成员进一步的验证，因此，现场视导更关注研后的行动跟进。此外，短期的视导活动结束后，被视导者还可从视导人员中邀请一位回访伙伴，给予自身更为长线的视导帮助与支持。

△ 提出待验证的优化方案

"现场视导"最终目的是完善教师的教育行为、解决实际的问题，提升教师的实践智慧，因此，视导后的分享交流并不能仅仅停留在理论层面的交流碰撞，而更应该持续地作用于后续的实践跟进，要将集体的智慧加以延伸拓展，真正指导教师具体、深入地尝试验证和拓展。在"发现问题——提出解决方案——尝试验证——再次发现问题——尝试解决"这样一种循环往复的过程中，不断加强教师应对复杂多变的教育情境的能力。

△ 确定跟进回访的视导伙伴

为了更好地行动跟进，我们采用了持续跟进的"回访视导制"。被视导的教师需要对自己后续的跟进行动有明确的思路和具体的优化措施，并

可在视导人员中邀请一位教师做自己的"回访伙伴",协同视导对象一同亲历、验证行为跟进的过程,帮助教师优化自身的教育行为。通过视导伙伴不断地鼓励支持、出谋划策,催化教师形成符合自身特点的教育风格,走向成熟。

第三节 现场视导的实施策略

现场视导由"视"与"导"两部分研修环节组成，即教学观察与反思研讨。有必要强调的是，"视"不等于居高临下的视察而是客观真实的观察，"导"也绝非单向施压的指导而是智慧碰撞的彼此引导。因此，我们倡导"善意的目光、诚意的引导"，用善意的目光去记录真实情境下的平凡瞬间，用诚意的引导去实现群体智慧的共享提升。

一、"视"的技巧

1. 兼顾教师与幼儿

研究中，我们强调将幼儿行为与教师行为联系起来观察与分析，因为只有将行为过程与效果同时联系起来思考，才能发现师幼间是否有实质的情感共鸣与思维碰撞，以此来检验教师互动行为的适宜性。在视导观察中，摄像机的机位要放在教学现场的侧面，既能摄录教师的表情、体态、空间位移，又能摄录幼儿的即时反应。所投放的表格中也将教师的互动行为和与之对应的孩子行为一一对应罗列。例如幼儿为什么反复出现单一回答，和教师的什么行为有关系？幼儿为什么没有发表见解的行为，相应地教师出现最多的行为是什么？……由此可以根据表格中相对应栏目的数据，解读出教师行为与幼儿行为之间的关系。

例1:《设计班棋》活动中教师与幼儿的互动片段

师（指令）:"请每一组来讨论一下，你们组想怎样来设计路线呢？商量好画下来。"

在分组讨论设计路线图后，老师组织幼儿进行了交流展示，其中，有四组都是设计了一条路线图，而其中有一组设计了四条路线图。

师（质疑）:"你们组怎么设计了四条路线啊？"（指令）"那你们待会儿

再商量一下，到底用哪一条吧？"

单从教师的互动行为来看，教师发出了指令，并对幼儿下一步的行动提出了具体的要求。指令清晰明确，似乎无可厚非。然而当我们对孩子进行同期观察时，发现教师指令后，孩子陷入了长达4分钟的沉默，面面相觑的背后透露出沮丧与尴尬。从孩子的反应来检验教师的互动，显然有不适宜的地方。在这里教师提出了质疑"怎么设计了四条？"，带有否定的意味，忽略了幼儿在此之前努力创造、渴望教师认同的心理需求，让孩子对自己组与众不同的做法产生了怀疑和焦虑？教师简单直接的建议"到底用哪一条"又指向了最后的结果，无形中剥夺了孩子面对问题情境自主寻求解决方案的可能。

于是，从孩子的需求出发，我们可以尝试这样调整教师的行为：

"哇，你们组一共设计了四条路线啊！真想每一条都试一试，可是棋盘只有一块，怎么办呢？"这样的互动中有欣赏、有认同、有冲突问题的抛出，还有对多元解决方案的期待，也能使原本一个脱离教师初衷的小插曲转化为开启同伴合作协商的教学契机。

2. 融合设备与感官

在现场视导中，不仅仅要借助现代化的视频摄像设备，对教学现场进行忠实的记录，与此同时我们还需要凭借自身的专业敏感性，调动全身的感官对教学现场进行细腻的感受。教师的眼神体态、与孩子的互动距离，教师行为背后隐约透露出来的教育观念，环境氛围以及长期构建起来的师幼关系……这些丰富的信息都有待于教师敏锐的察觉和捕捉，并结合观摩表加以细致的描述性记录。这些感性的信息，可以帮助我们了解教师互动行为背后的角色定位，教师对幼儿的关注度、敏感度，师幼关系状态和教师行为的个性倾向性特点，从而帮助教师明确自身状态，提升互动行为的专业化水平。

例2：一位视导教师的感性记录与分析

讨论活动中，刘老师面带笑容地问大家："幼儿园边上是什么山？""宝石山。""保俶山。"孩子们回答。刘老师一边环视四周的孩子，一边用微笑向答对的孩子表示赞同。为了帮助幼儿明确正确的名称，刘老师提高声调、放慢语速，并用双手做出一座山的形状："高高的——宝石——山（重音）。"孩子们纷纷跟着老师学起来。接着刘老师又问："那宝石山上的是什么？""保俶塔。"下面传来孩子的回答声。刘老师马上点头肯定，又放慢语速，提高声调，竖起两个手指表示塔状："山上有——尖尖的——保俶塔。"孩子们的注意被牢牢地吸引在刘老师身上，跟着做起动作。

分析：单一的语言互动在教学活动中显得平淡且不易引起关注，尤其是当部分幼儿的注意力较为分散的时候。但是在刘老师的活动中我们看到了更多的非语言互动行为，老师的眼神始终在关注着幼儿，笑容传递出认同幼儿的信息，同时辅以肢体动作将抽象的概念进行形象地表达。最有特色的是刘老师在言语的非词运用方面特别独到，放慢语速、提高声调、适当的重音和停顿都表达了"这是一个关键信息"或者"大家该看过来了"的信息，在这种多维的声势互动中，孩子的学习效率也显得格外地高。

3. 整合氛围与细节

在现场视导中，众对一的观察还具有一个优势，即可以在感受师幼互动整体氛围的同时，通过分工协作的观察更加聚焦细节，深入追踪，直抵问题的核心。以往的观摩活动中，教师的观察记录往往无法进行全面细致的活动实录，因此大多数教师会将活动的流程、环节，教师核心提问记录下来，而对师幼互动中的其他相关信息缺乏关注，以至于活动后的讨论点评只能模糊笼统地谈感受。因此现场视导从改变教师的记录方式入手，提供给教师不同观察侧重的记录表，教师根据表格中提示的观察项，有针对性地选择项目进行观察记录。

例3：对刘老师语言互动中"认同及质疑"的单项观察

班 级	中四班	视导对象情况	教龄14年	活动内容	讨论：爬山带点啥	记录人	陈 ×
语言互动类型	1. 讲述、指令（倾听、吵闹） 2. 开放提问、封闭提问（广泛回答、单一回答） 3. 关注、鼓励（寻求关注、发表见解） 4. 认同、质疑（求助、认同） 5. 否定、禁止（拒绝、游离）					观察项	第4项认同质疑
环节	描述性记录					值得欣赏的亮点获值得质疑的问题	
有二分组介绍各自设计的脸谱	• 师：你有什么感觉？（可爱）从哪里看出来可爱？（亮晶晶的大眼睛）师认同：哦，亮晶晶的大眼睛 　　老师的提问到重复"亮晶晶的大眼睛"为止，而没有继续追问：亮晶晶的大眼睛是什么意思，让孩子继续把自己为什么这么思考补充完整，其他孩子也能从中去发现亮晶晶的大眼睛和可爱之间有什么关系。 • 这个是可爱的面具，请你介绍一下。（幼儿介绍，但下面幼儿提出质疑认为不可爱）老师把幼儿的介绍复述了一遍，质疑：你们觉得是不是态度很好的样子——全班都认同：是！ 　　幼儿明明有争议，对观点有明显不认同，但老师却回应一个封闭式提问，以封闭式提问结尾，将孩子拉到预定的轨道上。孩子是真的认同还是不说而已？是否可以给予不认同的小朋友一些机会来表达不认同的原因：你们是怎样认为的？为什么你这么认为？ • 师：他的眼睛是怎样的？（斜的，感觉他有点怪，这个斜和那个斜是不一样的）师认同：是的，这里的斜眼看上去有点凶。 引发孩子去思考比让孩子知道结果更为重要。					当孩子已经高度概括地表达后，教师的回应如何进一步激发孩子的表达，阐释对作品背后的理解。 当孩子之间出现观点碰撞的时候，教师如何把握契机？推动孩子的理解。 当孩子有想法但不能准确表达时？如何引发孩子的质疑与思考？	

二、"导"的策略

对于视导所观察到的一切，如果没有总结反思，即使是适宜的互动也

无法延续适宜，因为我们不知道适宜做法背后的原因；而一旦我们实施了不适宜的行为则无法避免再次发生，因为我们不知道犯错的根源，因此我们需要研究"导"的策略，使反思更富实效。

1. "三明治"策略

　　充分地观察其最终目的是为了更好地解析教师的互动行为，从观察到的信息中提炼教育智慧、更新教育观念、修正教育行为、优化互动策略。因此，现场视导环节中的"导"至关重要，决定着研究的深度与效度，决定着教师的所得所悟。交流的过程中应遵循"三明治策略"，将"欣赏亮点——质疑追问——跟进建议"三部分艺术性地融合在一起，其调和剂就是"真诚"。

　　欣赏亮点：进入研讨的过程，视导双方往往会感到拘谨，此时需要用一些话题来破冰消融，拉近彼此的距离。因此，视导分享会的第一环节就是敞开心扉，由衷地赞美同伴互动行为中的闪光点，当教师从视导者的目光中看到了欣赏与真诚，教师的心扉也就自然地敞开。

　　赞美和欣赏要避免空洞地评价，需伴随细节的描述来呈现。因此不要说：看了活动我很感动，活动效果很好，教师教态亲切自然……而要说："发现邵老师与孩子之间是那么有默契，因为我注意到一个细节，邵老师请孩子起立回答的时候，都不用语言而是用眼神邀请。很想进一步了解邵老师是如何与孩子形成这样一种默契。"

　　欣赏他人的同时也要积极对照自身，悦纳自己，找到自身的闪光点。下表是刘老师将自己与视导教师的教学风格做细致地对比。

教育风格类型	楠楠	青青
理智型与情感型	（情感型） 　　在教育活动中，常常会表露自己的情绪情感，以此来感染幼儿，使幼儿产生强烈的情感共鸣，获得情感陶冶。	（理智型） 　　擅长情理分析，喜欢引导幼儿讨论应该怎么做，不应该怎么做，为什么应该，为什么不应该。

教育风格类型	楠楠	青青
言语型与非语言型	（言语型） 　擅长言语表达，表述清楚，语言的表现力和感染力较强。	（非语言型） 　喜欢运用语音、语调、语气的细微变化来传达极为丰富、微妙的信息；也喜欢运用略显夸张且充满童趣的身体语言来传达信息。
活泼型与文静型	（文静型） 　教育活动中常常包含着舒缓的节奏和祥和的气氛。	（活泼型） 　教育活动中常常包含着轻快的节奏、活跃的气氛和愉快的情绪体验。

质疑追问：每个教师都是鲜活的教研个体，有着不同的经验背景、思维方式和性格特点，同伴间的分享最大的价值在于经验的碰撞、交融与拓展。因此，有意识地运用质疑能帮助大家明晰观点、梳理做法、归纳策略。

质疑的目的是在于分享智慧，经验共享而非辩论谁的策略更为高明，我们和教师共同提出下列质疑法则——

不要说："我不同意你的做法"，而要说："我对此的看法是这样的……"

不要任意批评某一做法，而要说："我看到了……这一现象，想听听你的想法与思考？"

不要强调自己做法的高明，而要说："我曾做过另一种尝试，但不确定是否同样适用你的情况，你认为呢？"

不要总结性的评价活动成功与否，而要努力让自己的发言引发更多人的回应与思考。

例如：金老师发现邵老师的活动中有相当多的认同，孩子每发表一次见解，邵老师或帮其梳理或再次帮助完整讲述，每个互动环节都截止到邵老师的认同为止，于是提出了质疑："教师的认同究竟该起怎样的作用？"在这样的质疑推动下，教师们发现如果认同仅限于与教师预设答案一致的回答，那么这样的认同是"终止性认同"，而应该在认同基础上追问，成为"拓展性认同"，推动幼儿的思维与表达。

跟进建议：研讨最终要指向行为的优化，现场视导倡导每个参与者用心感悟所经历的一切，将受到的启发和感悟真诚地表露出来，提出进一步验证和尝试的设想。在跟进建议中，没有权威式的"某种最优方案"，而是提供更多种可能，供教师在复杂的教育情境中自主吸纳和验证。

行动的优化在于不断地验证，"试一试才知道"的理念才能推动教师的主动探究，积极吸纳，巩固适宜做法，修正不适宜行为。例如：在第一天的视导会议中，针对陈老师指令偏多、提问较为封闭的情况，在吸纳了大家的观点后，陈老师决定调整自己的互动行为，以下是陈老师的反思记录：

对我的肯定，使我的优势资源在同伴中得到较好的开发和利用。对此，我的心路是：被肯定——欣喜——明确；而对我的质疑，从而也引发了我对自己的反思，在以操作为主的活动中，老师等待少了，指令多了，是否能将一些指令转化为有效提问？对此，我的心路是：被质疑——反思——豁然开朗——尝试——肯定——欣喜——明确——再尝试……接下来的活动中我可以尝试这样调整：

以往可能会这么说	现在我觉得这样说更好
"数一数你买的车票是几号的？6号车来了，请6号票的小朋友上车！"	"数一数你买的车票是几号的？6号车来了，谁该上车啦？为什么？小司机觉得呢……"
"接下来出来迎接我们的是谁呢，数一数，有几个？"	"接下来出来迎接我们的小动物会有几个呢？为什么？"
"它们的新家需要粘上门牌号，数一数，这座房子里住了几个小动物，就请你在他们的房顶上粘上数字几"	"它们的新家需要粘上门牌号，你觉得该怎么粘呢，你是怎么想的？"

2. "三长两短"策略

分享感受的关键在于挖掘视导团队中每一位成员的情感体验与感受，并引导教师从视导的活动中推及自身，进行个别化的思考和表达以带给群体更多的思维拓展。在研讨中要遵循"三长两短策略"，即：

描述事实长：在分享中强调尽可能细致具体地描述鲜活的互动细节，这有赖于教师前期细致深入的观察，同时需要倾听技术的支持。真正的倾听包括听到所讲的内容、说话的声音以及肢体语言和表情，同时还包括让说话者意识到你在倾听，因此，专注的神情，饶有兴致的回应，都能激发分享者对事件尽可能细致地描述，做到三长之——描述事实长。

抒发感受短：在分享中切忌空洞的套话，尽可能少用概括性的词汇去进行定性的评价。此时可以用其他非语言的表达技术来辅助情感的抒发，如表示欣赏的鼓掌，表示祝贺的击掌，表示感动的抱拳等。这些亲昵的小动作一方面能活跃气氛，另一方面是为了节约时间，将交流的重点转移到对具体细节的剖析质疑中去。

质疑追问长：在分享中教师要努力关注教师行为背后的理念，每一种行为背后都有简单的、合乎逻辑的动机和原因，而理念就是隐藏在行为背后的指导思想。因此了解视导教师做了什么，还要了解她之所以这样做的理由和依据，这些常态化的行为背后就是其缄默知识的根本。我们要利用澄清技术帮助教师反思习以为常的自觉行动，相互的澄清和补充能更好地推动思维的深入。如"你的想法对我也很有启发，我试着理解一下你刚才的表达，主要是……"，"你的做法很特别，能再详细解释一下，你是怎样得出这个结论的？"通过这样的质疑能尽可能引发成员对行为背后理念的关注。

具体建议短：在分享中，有别于以往的磨课中往往会详尽地提出修改方案，在现场视导中，我们主张在提出建议的同时要以留白技术来支持教师独立的思考空间，教育情境的复杂决定了没有哪一种策略是绝对适宜的。因此，研讨的价值在于引发个体的反思与价值判断，提供一种思维方式的引领，短小的建议旨在指明思考的方向与路径而非详尽的解决方案，留白的空间有待教师自主吸纳、寻求行为的优化。

自我审视长：在分享后，我们还鼓励教师做进一步的自我审视，关注个体的同时成就群体的成长，我们鼓励教师用静默技术来回顾视导的全过程，回顾自己在其中的心路历程、所感所悟，将视导教师作为一面镜子来折射自身的教育观念与行为，在认知冲突和行为差异中实现彼此的智慧引领。

三、"视"与"导"的诉求

1. 视导双方的不同体验

对被视教师而言：将自己坦诚地呈现在同伴面前，需要勇气和责任并付诸行动，透过无数道善意的目光去审视自己的过程也是一个成长蜕变的过程。她要学会借鉴吸纳，吸纳同伴的智慧与建议；学会自圆其说，理直气壮地表达自己的教育意图；学会自我欣赏，充满自信地发现自己的成长潜能。在这种挑战和压力的催化下加速成长，实现化茧成蝶的蜕变，职业生命中的智慧之光也由此点亮。

对视导教师而言：见证同伴的教育实践同样需要付诸勇气与责任，同伴的行为就如同一面镜子，能聚焦与折射出教育中真实的问题，这些教育困境也许是自己同样困惑无所适从的；这些互动方式恰恰是自己惯常使用但从没有究其价值的；这些闪光的教育创意又仿佛能激发自己的教育热情的……当教师们设身处地地为同伴出谋划策、真心诚意地贡献智慧时，自己的教育意图、互动行为也将变得更为清晰，更为有价值。

就这样，视导双方在研究过程中实现了互利共赢的发展。教师群体的教育实践水平和理论研究水平得到提高，勤于思考、勇于实践、乐于表达。教师们看到了自身的发展前景，找到了自身专业成长的发展空间。

2. 视导双方的共同收获

教师互动行为所具有的教育含量和对幼儿发展所具有的价值体现出教师的专业化程度。非专业教师更多地从一般常识或常理出发，简单地用惯常的思维和做法来处理应对，而专业教师会更多地从其行为对孩子的发展来思考问题，细心而谨慎地选择与幼儿互动的行为策略。教师需要思考在这个具体的教育现场中，三个相互关联的问题：在这个情境中，可以发展幼儿什么？对事件中的幼儿行为该做何科学解读？在课程和教学管理上要如何处理应对？

通过研究，我们认识到：

△ 适宜的互动行为必定是目标明确的。

教师明白自己要做什么？以及为什么要这样做？同时帮助孩子明白自

己的意图。

教师能清醒地意识到自己的行为将推动孩子哪些方面的发展？同时也能准确清晰地将自己的互动意图传递给孩子，这样才能实现通畅和谐的互动交流。

△ 适宜的互动行为必定是能带给孩子积极的情感体验的。

教师的态度是温和的，让孩子和自己都感觉自然、舒服、安全。

作为孩子发展中的"重要他人"，教师要力图从语言、非语言互动行为中传达出成人对孩子的理解、尊重、信任与接纳。帮助孩子感受到自己被重视，从而产生自我悦纳的愉悦心情。

△ 适宜的互动行为必定能保持孩子的学习兴趣。

教师能像一块磁石，用充满魅力的磁场将孩子吸引在身边。

要想激发孩子的学习热情，延续孩子的学习兴趣。教师需要智慧地与孩子语言互动，艺术地进行非语言交流。这其中需要教师耐心聆听、细致观察、敏锐解读、智慧推动，从而将学习过程变得充满挑战，富有趣味。

3. 视导后的延伸思考

△ 加强反思提高视导人员的观察技巧

开展课题研究的过程中，我们深感教师观察技巧的薄弱，如何敏锐关注教学情境中纷繁复杂的互动信息？如何客观描述教育现场的互动情况？如何聚焦探寻互动过程中所呈现的问题？如何从丰富的信息中解读出行为背后的教育观念？一系列指向观察技巧的问题都提示着我们要加强反思，加强训练，努力提高视导人员的观察技巧，真正成为会看"门道"的内行。

△ 积极探寻积累更多科学的记录手段

在研究中，我们仅对视导机制、观察手段进行了浅略的探寻。要想让"视"变得更加透彻和理性，还需要进一步积累更多科学的观察记录手段。中小学课堂教学研究中所采用的空间流动记录、数量频次记录等研究方法具有较高的研究价值，但如何结合幼儿园教学的特点加以转化、运用还有待进一步的摸索。

△ 吸收心理学基础知识加强视导技巧

艺术性、智慧型的视导技巧在于能顺应教师的心理需求，满足教师自

我成长的需要。实践中，面对不同个性、鲜活的教师个体，视导技巧也需要随之处理得更为个性化、策略化。因此，以心理学为基础，进一步深入研究教师的心理活动，巧妙地将压力转化为动力，保持教师良好的研究心态，是有待于研究的命题。

△ 探索多维度多切口的视导专题

本研究仅对视导的操作方法进行了初步的实践，在此基础上，如何指向不同的研究切口，如何服务于不同需要的教师，如何解决不同层次的实际问题？都有待我们进一步的细化操作维度，不断探寻各种积极有效的专题视导，提高现场视导的有效性。

教学是可以省思的，是可以彼此提供善意的另外一对眼睛！现场视导给了我们一个对话自己、成就他人的平台。己欲立而立人、己欲达而达人，在充满诚意的互动中引领着彼此从模糊走向清晰，从困顿走向明朗，从无意的习惯走向刻意的作为。

回过头去，我们会发现，研究的脚步是坚毅的，历程是值得回味的，我们的成长也在悄然中发生着质的变化！

《纲要》与教师课程执行力

提升教师的课程执行力是确保课程得以有效实施，保教质量得到有效提升的核心所在。毋庸违言，当前幼儿园普遍存在着"课程执行空间大"但教师"课程执行能力弱"的问题，为此，我们将提高教师的"课程执行力"为研究的切入点。我们首先分析了幼儿园教师中普遍存在的"课程意识错位、课程能力缺位、课程行为越位"等现状与问题，并以2010年的省教育科学规划课题"区域提升幼儿教师课程执行力的实践研究"为平台，从课程执行力所应具有的"理解、运作、创生"三项能力入手，带领全区教师开展了"课程审议、课程运作、课程创生"等园本研究，进而推动幼儿园课程的规范管理与有效实施。

本课题研究的目的在于通过改变教师的课程观，进而改变教师的思维习惯，改变教师心目中那个抽象的"儿童"概念，更多地俯身倾听来自每一个鲜活个体的成长需要。"眼中有儿童，心中有目标"，在尊重天性、呵护童真、张扬个性、激发潜能的过程中，发现儿童、理解儿童、支持儿童、成就儿童。

本课题研究的过程在于注重教师教育实践智慧的提升，即根据幼儿园课程所具有的复杂性、情境性等特点，帮助教师获得灵活应对复杂教育情境的实践智慧。我们强调，教师要在深入领会课程目标的基础上，在"发现问题、提出问题解决方案、实践验证、提炼问题解决策略"，在具体的的课程实践过程中开展具有弹性的、自主的、创生性的各类主题活动。

本课题研究的意义在于能有效满足教师专业成长的诉求，帮助教师形成对儿童成长的合理期望，并让教师对自己所做的一切充满信心，产生价值认同感，从而获得自我效能感，提升职业幸福度。

经过区域性的研究推进，我们提炼了"教材研读•主题审议"、"课例研磨•现场视导"、"事件反思•项目推动"三大"提升幼儿教师课程执行力"实践策略，梳理了"研读卡、审议表、主题图、预操作、合作课、视导记、叙事录、任务单、项目书"九大具有实践操作性的策略，实现了教师课程观从以教材为本到以儿童为本的积极转变，促进了教师课程执行力由弱到强的积极提升，从而打造了以"提升课程执行力"为抓手的幼儿教师专业成长的区域品牌。此项研究先后获得杭州市科研成果二等奖、浙江省第五届教研成果一等奖的成绩，并先后在长三角首届教研论坛和第三届长三角幼儿园特级教师高峰论坛上进行了介绍推广。

第八章 关注儿童的课程执行

第一节 幼儿园课程实施的理念探讨

　　课程的有效实施作为课程改革中最为关键和重要的一环，是提升幼儿园保教质量的核心所在，课程实施的有效与否直接影响到能否帮助幼儿获得有益、关键的学习经验，促进身心全面和谐地发展，而教师，作为课程的执行者，其自身的课程执行能力高低是影响课程有效实施的核心元素。

　　当今幼儿园课程改革倡导幼儿园课程发展与实施的多元化、自主性，提倡"幼儿园从实际出发因地制宜地实施课程"，提出"教师应从本地、本园的条件出发，结合本班幼儿的实际情况，灵活地执行计划。"在这样的课程实施背景下，给予了课程执行者——教师，更为弹性自主的执行空间与权力。然而，迅猛发展的学前教育面临着幼儿园迅速扩张和教师队伍普遍年轻化的现状，这一亟待成长成熟的教师队伍在课程实施中还缺乏经验，缺乏有效执行课程的专业能力。于是，当聚焦幼儿园课程改革、探寻课程实施有效性的今天，我们需要冷静地追问：在课程实施中，幼儿教师的课程执行力是否能与其拥有的课程执行空间相匹配？如何提升幼儿教师的课程执行力？……基于这样的追问，对当前幼儿园的课程实施现状进行审视，发现问题依旧不少，主要包括以下几点：

一、幼儿园教师课程执行的现状

1. 貌似"经验整合"实则学科拼凑

　　主题活动是以一个话题为中心进行延伸的活动，这些活动紧紧围绕着核心话题展开，而这个话题也始终贯穿着主题。在这样的主题活动中，多个活动是以儿童的经验建构的逻辑脉络所串联起来的，其中自然整合、渗透着各领域的关键经验。儿童所经历的生活是整合多元的，所获取的经验也应当是整合多元的，因此，我们呈现给孩子的课程形态也应该是整合的。然而，现实的做法中，我们的主题更像是一个单元下相关信息的组合拼凑，例如在主题教学《春天》，画《柳树》、唱《小燕子》、念《春天多么美》的儿歌。孩子获得的是与春天有着关联、但彼此割裂的认知信息，这种主题教学也往往被有的教师自嘲为"披着主题外衣的分科教学"。

2. 貌似"分工合作"实则任务摊派

在主题教学中，往往由一个班级的两位老师共同承担着对主题活动的推进，老师需要通过相互不断地沟通，交流、讨论，才可以完整全面地了解孩子所历经的学习进程，依照孩子学习的兴趣变化和能力程度进行有意识地调整，相互衔接补充、共同商讨课程的优化。然而，在现实生活中，两位教师之间的分工合作非常的有限。所谓的分工，只是两位老师分头在周计划上按照自己的排班计划填满内容，前一天是否为后一天的活动做好铺垫，后一天的活动是否为前一天的活动做好迁移延伸？这些问题教师们鲜有思考，以至于主题中各内容之间的关联性、序列性根本无暇顾及。

3. 貌似"弹性取舍"实则简化压缩

课程的有效执行要求教师基于专家编制的课程方案，能够考虑儿童年龄和不同个体的不同需要、兴趣和发展水平，对专家编制的课程进行园本化、班本化的调整，以适合本班幼儿的实际。但是现实中的大多数教师往往会从教师本位出发，喜欢使用结构化程度较高的教材或教师参考用书，偏爱学科体系下的目标教学，在普遍缺少课程整合能力的情况下，通常以高结构的形式来完成。在面对教学素材的时候，寻找操作简便的，便于组织管理的内容，随意地删减、更替教学内容，简化教育组织形式，如"图片讲解替代实物观察，教师演示替代幼儿操作，课堂传授替代生活情景学习……"这一系列简化、压缩的课程执行过程，剥夺了孩子的体验探究交往的学习过程，使得课程的有效性大为削弱。

4. 貌似"钻研教法"实则不究价值

课程实施的有效性需要教研来提供保障性的落实，教研组根据课程实施中的问题及时组织研讨，共享智慧。但在实际操作中，很多教师将研讨的重心聚焦在教学策略与形式的优化上，缺乏对教学价值的追问。例如：有的教研组在面对大班科学活动"星星的座位"这一活动时，反复研讨如何改进教具，以便让孩子更快记忆12个星座的名称，而忽略了活动本身的价值定位——目的是为了激发孩子对星空的观察兴趣而非掌握12星座名称本身。可见，不追问课程价值的"盲目钻研"，只会将教师引入只关注教学技术而忽略课程价值的误区。

二、影响幼儿园教师课程执行力的原因分析

1. 课程意识的错位——课程的理解不够深刻

有效的课程实施建立在对课程深入、全面的理解基础上，不仅需要对课程执行过程的本质认识，还需要支撑这些认识的相应课程价值观，需要教师树立正确的课程意识。然而，实际的实施过程中，很多教师将教学意识等同于课程意识，认为只要将教材中的技术性问题解决好了，将教材中的教学内容悉数传递就是课程实施的全部，只追求对教学的技术性问题"教什么"、"怎么教"，而忽略了对教学的价值追问"儿童为什么要学"、"学什么才有意义"，这样的思维方式往往会使得我们的课程实施偏离核心价值。

2. 课程能力的缺位——课程的运作不够智慧

在课程意识的指引下，如何将课程编制者设计的文本课程转化为儿童经验的课程，需要教师进行一系列活动转化与整合，其中包括对教学素材的取舍、教学方法的选择、师幼互动的优化、课程资源的组织等等。但是在实际的实施过程中，无论是教师自身还是管理者都忽略了课程能力的提升，仅仅以教学能力来评价、推断教师的课程实施水平。因此出现"貌似经验整合的主题活动，实则是简单的学科教学拼凑；貌似是弹性取舍的园本化实施、实则简化压缩、替代剥夺孩子学习过程"等现象，使得课程的

有效性大大削弱。

3. 课程行为的越位——课程的创生不够有价值

　　静心回顾改革历程，我们发现伴随着课程改革的火热推进，教师在课程实施中的角色定位、价值取向、行动表现等都已经不自觉地发生着巨大的变化，在快速推进的过程中教师们带着些许茫然和无奈地做着自己并不理解的事，心态出现了偏差。刻意追求教学内容的新颖新鲜，盲目地进行园本课程的研发编制，片面地强调教师的原创能力，这些课程创生行为似乎超越了教师对课程改革的理解力和实践能力，超越了大多数的幼儿园、大多数的幼儿教师所具备的专业素养和课程创生能力，反而使课程领域失衡、逻辑混乱、幼儿在课程中获益甚少。

三、提升课程执行力是提高学前教育质量的保证

1. 保障课程规范化实施

　　本区域内幼儿园目前以省级审定的三套教材为蓝本开展课程实施，但是由于强调了课程实施的"因地制宜"，近年来，幼儿园大多为强调各自的办园特色而将园本课程的开发当做立园之本，找特色、挖亮点，要求教师结合各自幼儿园的品牌定位进行相关的课程开发。以至于教师对身边的教材漠不关心、不屑研读，被迫成为课程的编制者、开发者，承担起与之能力不符的创新使命。而研究"如何提升幼儿教师课程执行力"则能将研究关注点从"园本课程研发"转移到"课程的园本化实施"，是课程规范化实施、有效实施的保障。

2. 促进保教质量均衡发展

　　近年来，本区域以全新的发展速度实现着学前教育的全覆盖，这种迅猛发展的态势，使得新园不断迭出、新教师队伍不断扩张，加之区域内原有的部门办园、民办园、农村园……不同办园体制下所存在的差异，造成课程实施水平良莠不齐。但在课程改革的进程中，很多幼儿园面对薄弱的课程实施现状，能意识到园所差距，却不知如何改善，如何缩小与优质园

之间的差距。因此提升课程执行力则成为所有幼儿园寻求自身突破、夯实研究基础的一个最为核心和关键的抓手，能将所有幼儿园聚焦到统一的区域性研究视角中，缩小城乡差异、加速新园成长，促进区域内各级各类幼儿园保教质量的均衡发展。

3. 推动幼儿教师专业成长

课程有效实施有赖于专业化的课程执行者，教师的专业成长不是仅仅存在于人工搭设的各类教学评比或是各类论文评比中，而是真实地存在于课程实施的每一个寻常时刻。帮助教师关注自身的课程意识、课程能力、课程行为，在"如何理解课程、解读教材、如何整合资源、规划学习进程、如何积极互动、有效推动"等实际问题的解决中提升实践智慧，才能真正帮助教师自我实现。研究如何提升教师课程执行力也将帮助幼儿园在研训重心上从关注"课程开发"转向"教师能力提升"。

综上所述，我们认为当前通过开展课题《提升幼儿教师课程执行力的实践研究》能解决本区域课程改革中最核心、基础性的问题，能带给幼儿教师具体的实践操作智慧，加快教师专业成长的同时惠及儿童的成长与发展，提升幼儿园保教水平，具有较强的现实意义和研究价值。

第二节　提升幼儿教师课程执行力的理论思考

一、幼儿园教师的课程执行力

【执行力】　执行力这一概念最早出现于企业管理，指贯彻战略意图，完成预定目标的操作能力。包含完成任务的意愿，完成任务的能力，完成任务的程度。

【幼儿教师课程执行力】　本研究中将"执行力"这一概念引入，具体是指幼儿教师贯彻《幼儿园教育指导纲要》精神，保证课程实施有效性的课程操作能力，是指幼儿教师对幼儿园特有的课程系统的理解、把握（运作）与创造。具体包含三方面能力：理解能力、运作能力、创生能力。具体见如下表述：

幼儿教师课程执行能力

- 课程理解能力：正确解读教材、准确定位目标、明确价值判断
（教什么？学什么？为什么要学？）

- 课程运作能力：适时呈现情境、适宜互动策略、适度提高经验
（什么时机学？什么方法学？学到什么程度？）

- 课程创生能力：捕捉关键事件、探寻支持策略、满足发展需要
（为什么调整？怎么调整？为谁而调整？）

1. 理解能力

课程的理解能力包含三个要素：一是对教学素材（教材）和课程编制者设计的课程实施方案（教参）有正确的解读；二是对课程所要达成的目标进行准确的定位；三是能在即时效益和潜在效应的取舍之间，对课程价值做出明确的判断。

即课程执行中思考"教什么、学什么、为什么要学"的问题。

2. 运作能力

课程的运作能力包含三要素：一是能敏锐捕捉幼儿学习的即时兴趣需要和成长中阶段性的最近发展区，适时地呈现学习情境和内容；二是能基于儿童的学习特点和心理发展水平采用适宜的互动策略推进发展；三是能尊重儿童发展的规律与天性，在教育者期望的发展目标和幼儿的实际发展水平之间寻找平衡，进行适度的提升。

即课程执行中思考"什么时机学、什么方法学、学到什么程度"的问题。

3. 创生能力

课程的创生能力包含三个要素：一是能在课程实施过程中善于发现与预设课程出现偏离的关键事件，以此作为教育契机；二是善于分析解读儿童的发展需要，寻求多种支持策略，帮助儿童实现游戏与学习意愿；三是以儿童获得成长的满足与快乐的体验为创生的宗旨，满足儿童发展需要。

即课程执行中思考"为什么调整、怎么调整、为谁而调整"的问题。

二、基于儿童、从教育原点出发

教育最根本的出发点和归结点就是为了儿童的发展，在提升幼儿教师课程执行力的研究过程中，"以儿童发展为本"的理念应该贯穿始终。"如何有效实施课程"类似的研究命题由来已久，但本课题所要强调的是：研究要基于儿童，时刻体现对儿童的尊重，包括能否以儿童的立场来审视课程价值、能否遵循儿童的天性来衡量互动的适恰性，能否基于儿童的成长意愿与发展需要来进行针对性的支持推动。

1. 以儿童立场来追问

"儿童立场"是相对于原有的"教师立场"，特指以儿童的眼光去观察学习素材、以儿童的心理去揣摩学习素材、以儿童的语言去解读学习素材、以儿童的经验去处理学习素材。这是一个与我们成人立场有所区别的，看待、解决问题的视角，是一个具有独特个性的视角。以儿童的立场来追问，旨在对我们所提供给孩子的课程价值进行追问、反思、质疑。例如——

面对提供给儿童学习的材料，我们需要追问"这是儿童感兴趣、能理解的吗？能够获得直接经验、感性认识和探索体验的吗？"

面对编制好的课程实施网络，我们需要追问："这是按照儿童的经验获得展开脉络推进的吗？这符合儿童的认知发展规律吗？"

面对预设好的课程目标，我们需要追问："这是儿童真实的发展需要吗？是儿童在面对未来生活所必要的核心经验吗？"

……

从上述的追问中，我们不难发现，萦绕在教师脑海中的始终是"儿童"，以"儿童立场"来理解课程，"以儿童发展为本"为实施课程的根本目标，才是我们教育的本源所在。

2. 与童真天性来对话

尊重儿童的"童真天性"就是尊重儿童独有的年龄特点和学习方式，就该遵循幼儿教育阶段所独有的课程特点。保持与儿童"纯真天性"的对话。其中包括聆听童声，在了解和倾听中把握互动时机；解读童心，在体验和感受中读懂发展需求；焕发童趣，在支持与激励中满足成长体验；呵护童真，在留白和悦纳中把握提升尺度。与童真天性来对话，旨在课程运作时更体现对儿童的尊重、理解与接纳。例如——

当孩子突然对某一事物产生了浓厚的关注兴趣，你是否能把它当做一个信号，就此展开一段水到渠成的探究式学习。

当孩子出现目光涣散、神情凝重或者神游天际，你是否能把它当做一个警示，就此调整自己的支持策略，增加情感互动。

当孩子的学习兴趣和教师预期的发展目标相左时，你是否能把它当做一个契机，就此转变预设的方案，追随儿童的脚步。

……

从上述的反思中，我们认识到，孩子的行为、态度、言语都可以作为我们调整互动行为的依据，教无定法，只有在真实地抛接应答中，才能实现对孩子恰当的互动与推动，实施真正具有意义的课程。

3. 为成长快乐而推动

"成长快乐"体现的是对儿童发展的根本价值取向，帮助儿童体验成长，感受快乐就是最基本的教育宗旨。不仅关注儿童是否能适应未来生活，还要关注儿童的成长需求以及快乐体验。不同于当前有些幼儿园为了体现办园特色或是某种创新需求而开展的为创生而创生，为成长快乐而推动，特指教师先基于对儿童的观察解读，了解孩子的成长需求、游戏意愿，然后再通过时空、材料、人际等多维度的支持，帮助幼儿体验自我实现的快乐与满足。例如——

当孩子在学习中对某一现象充满好奇，你是否会鼓励孩子反复验证，寻找答案，并采用自己的方式去展现他的研究过程与结果。

当孩子在生活中遇到实际困惑，你是否会信任地放手，尝试让孩子自己分工合作、协商解决，最后提醒孩子将获得的宝贵经验迁移运用到相似情境中去。

当孩子在游戏中反复出现某种行为，乐此不疲、百玩不厌，你是否会提供场地、材料、相关经验的刺激，推动游戏的深入。

……

从上述的反思中，我们可以断定，孩子的成长不仅仅局限于成人安排的既定的课程方案中，还存在于儿童自发的各种学习、生活、游戏情境中，只要他们有自我实现的意愿，教师就有义务和责任去给予支持和推动。

第三节　提升课程理解能力

一、主题审议·教材研读——提升课程理解力

"主题审议·教材研读"是指从教育最根本的出发点和归结点去审读、商议课程方案，将现有教材教参中所提供的课程资源和活动设计统整为适合园情班况的主题实施方案，为课程的园本化、班本化实施提供依据，从而提升课程理解力。其具体做法如下：

一是通过对主题方案的理性商议，帮助教师以专业的眼光和审慎的态度，集结群体智慧，寻找最为适宜优化的实施方案，彰显课程价值，确保课程执行的可操作性。倡导教师理性商议主题方案既是从文本到实践必经的转化通道，又是教师融入个体实践智慧，参与课程开发的积极尝试。

二是通过对教材教参①的充分审读，帮助教师在课程编制者的理论高度和实践智慧基础上获得相对优质有效的课程实施建议，避免对教材的简单照搬或轻易扬弃，还原教材真实的编写价值和意图。倡导教师深入研读教材教参，既是课程规范性执行的保障性措施，又是课程园本化实施的基础性工作。

二、提升课程理解力的操作步骤

第一步：通读教材教参全面信息。从研读方法入手倡导教师研读教材教参，倡导通过研读主题说明，分析主题对于儿童的发展价值所在，从主

---

① 幼儿园的课程其物化的形态是由专门的课程理论专家、教学专家共同精心编制成的课程方案。目前在浙江省共有三套省级审定的课程方案。不同于中小学教材，幼儿园教材在提供教学素材、内容（教材）的同时还提出了具体可操作的实施方案（教参）。不仅仅包含高结构化的活动方案，同时还对低结构化的日常生活、游戏、环境、家园合作等给出了指导性的实施建议。

题说明中读出主题产生的背景、对儿童发展价值以及实施推进中的层次，理清主题展开的脉络。审读主题一览表，全面了解"儿童需要学什么"，形成完整的课程实施蓝图。

第二步：通透主题编制实际意图。从研读境界入手，倡导教师带着吸纳的心态正确领会课程编制者的意图，品读教学设计、展读教学建议。

第三步：理清主题实施脉络。倡导教师群体形成主题审议的机制，基于主题目标对教育资源进行价值取舍和优化整合，去探寻"儿童将获取哪些经验？这些经验又该如何组合串联？"以此梳理主题脉络、规划走向，基于儿童兴趣经验下弹性的扩展与调控。删除枝蔓、凸显主要脉络犹如在课程执行中规划好了路线图，以保障在明确的方向指引下到达课程目标的彼岸。

第四步：厘清活动价值关系。倡导教师始终以课程意识为支撑来考量主题活动中每一个具体活动所承载的主题发展目标，对儿童的经验拓展点和发展挑战点。在主题的行进脉络中，找到相关关联，互为支撑的"单元"、"组合"，找到彼此之间互为铺垫、补充、迁移、拓展的关系所在，以助于主题经验的深入。

三、提升课程理解力的操作载体

1. 审议表

在开展主题审议时，提供"主题审议表"帮助教师群体在一定的思维路径指引下带着理性思考对原有的主题方案进行审视与取舍，共同完成主题的"目标挖掘、脉络梳理、内容取舍、走向规划"等一系列内容的审议。

"审议表"中要求教师研读主题说明从核心经验、关键能力、情感态度等三个维度澄清主题对于儿童发展的价值所在。审读一览表以匹配性、序列性、多样性原则对主题活动一览表进行取舍，增补以确定内容。预读教学活动，预想儿童在主题开启、展开、结束各阶段的课程体验。对即将开展的主题进行详略弹性的处理。展读教学建议预设主题环境，为儿童的体验、探究、交往提供丰富的准备。

【例1】审议表：关于《建构式课程》大班下册《走近小学》的主题审议

审议主题	建构式课程大班下册《走近小学》	
主题目标	核心经验	了解小学，熟悉小学生一日生活和学习特点。
	关键能力	培养幼儿良好的物品管理、时间管理的习惯，有良好的学习品质，为入小学奠定基础。
	情感态度	消除对小学学习生活的担心，萌发上小学的愿望，向往成为一名小学生。
主题脉络	根据对主题说明的研读，主题将从"向往小学"入手进行情感激励，再通过"学做小学生"等一系列的体验活动帮助孩子获得直接经验。而"学做小学生"的内容又根据不同的发展目标分为："管理物品"、"管理时间"、"培养学习品质"三方面。通过主题从孩子对小学的向往和了解开始，通过一系列的体验活动，做好各方面的准备，学做光荣的小学生。	
主题内容	向往小学	1.好担心 2.小学什么样 3.特别的参观 4.我眼中的小学（生成） 5.一样不一样
	学做小学生——管理物品	1.慌张的莎拉 2.整理书包（植入省编教材） 3.我会整理 4.我爱我的小书包（植入旧版省编教材）
	学做小学生——管理时间	1.快睡吧，小田鼠 2.总是迟到的嘟嘟 3.课间十分钟（植入省编教材） 4.课间十分钟（生成） 5.快速收集行动（生成） 6.飞快行动 7.鹅太太洗澡
	学做小学生——培养学习品质	1.犟龟 2.一半先生 3.着急的豆豆 4.一棒接一棒
主题进程	1.在管理物品单元，仅仅从文学作品中了解到物品整理的重要性，并不符合孩子的学习特点，孩子需要在自身的操作实践中获得整理物品的直接经验，因此这个单元需要做适当的停留，加入旧版省编的内容，可以让孩子增加直接体验。 2.管理时间单元，是孩子目前存在的最大问题，孩子普遍时间观念不强、做事拖沓，缺乏有序做事的经验和能力。但这恰恰是孩子从幼儿园生活过渡到小学生活所必需的学习准备。因此，有必要生成部分内容，帮助孩子模拟体验，自主安排规划"课间十分钟"、"快速行动"等。这一类活动要在日常生活中随机渗透，发挥更大的教育价值。	

主题环境	1. 需要在主题开展前期，安排参观小学的活动。 2. 区域活动可增设"我的小学"角色游戏扮演区，在区角游戏中渗透"模仿小学生"的活动，营造向往成为小学生的主题氛围。 3. 日常生活中进行珍惜时间、合理安排利用时间的讨论与模拟竞赛，培养孩子时间观念，为入学做准备。

从上述主题审议表中，教师们通过群体的审议，对《走近小学》从"主题目标、主题脉络、主题内容、主题进程和主题环境"等进行审议，对主题课程的执行有指导意义，确保主题在一定的情境脉络、适宜的活动内容、丰富的主题环境中深入展开，在张弛有度、弹性地推进过程中实现对儿童的发展与推动。

2. 主题图

我们提倡教师绘制主题脉络图，将主题线索及推进的脉络通过图表的形式来呈现，便于教师了解主题中各相关经验的组织串联关系，清晰了解主题要达成的目标和推进的方向以及有待深入展开的内容。主题图的编制也可以直接运用于主题墙面的设置，通过儿童参与活动的过程性资料的丰富，直观再现儿童所历经的主题经验与过程。

"主题脉络图"以关键词的方式呈现主题的推进脉络，帮助教师清晰感知儿童经验建构的过程。主题图并没有固定的形式，根据每个主题不同特点而确定，主要包括：一是主题由哪些板块（单元）组成；二是单元之间的相互关系如何（递进、并列）；三是这些单元主要解决什么问题（促进儿童怎样的发展）。

这一类主题图的编制也可以直接运用于主题墙面的设置，通过儿童参与活动的过程性资料的丰富，直观再现儿童所历经的主题经验与过程。

【例2】主题图：关于《建构式课程》大班下册《走近小学》的主题审议

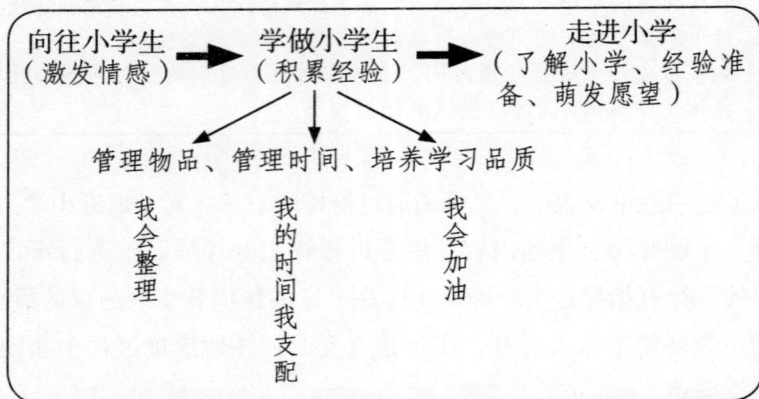

向往小学生 → 学做小学生 → 走进小学
（激发情感） （积累经验） （了解小学、经验准备、萌发愿望）

管理物品、管理时间、培养学习品质

我会整理　　　我的时间我支配　　　我会加油

【例3】主题图：关于《建构式课程》大班下册《掉牙了》的主题审议

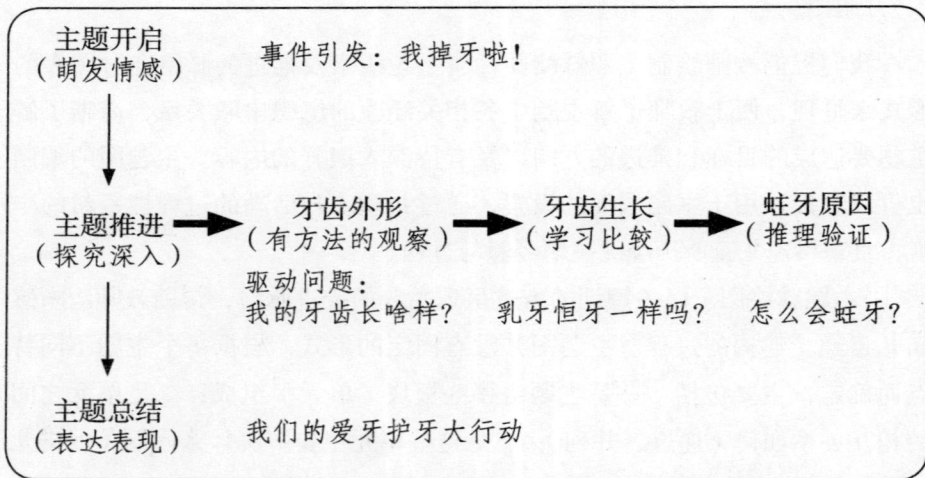

主题开启　　　事件引发：我掉牙啦！
（萌发情感）

↓

主题推进 → 牙齿外形 → 牙齿生长 → 蛀牙原因
（探究深入）　（有方法的观察）　（学习比较）　（推理验证）

驱动问题：
我的牙齿长啥样？　乳牙恒牙一样吗？　怎么会蛀牙？

↓

主题总结　　　我们的爱牙护牙大行动
（表达表现）

　　从上述主题图中，我们都可以清晰地看到主题开展的脉络，"激发情感——积累经验"、"萌发情感——探究深入——表达表现"，以及主题是由哪些具体的板块组合深入的，"从管理物品、管理时间、管理自我学习习惯"或是"牙齿外形、生长、蛀牙原因"，这些关键词凝练出主题的核心经验，同时，驱动性问题的提供也有助于教师时刻对照，检阅课程执行过程中，相应的问题有否解决。可以说主题图就是主题行进过程中的路线图和行程单，既明确了主题行进的方向又指明了需要重点关注的内容。

3. 研读卡

　　为了提升教师课程理解力，引导教师建立良好的研读习惯和研读策略，我们推行了教材研读的"四点研读卡"，提倡教师结合本班儿童的年龄特点和现有经验水平去寻找、解析教材教参的"欣赏点、疑问点、关键点、争议点"，并对四个点采取不同的研读方式来理解、优化教材，从而让教材更好地为儿童服务。

　　"研读卡"中的欣赏点在于教师要读出符合儿童学习特点的教育策略，用接纳的方式读懂教材编制者的意图，读出智慧所在。疑问点则是教材中一些疑惑的、模糊的、空白的、简练的部分，需要通过对话澄清和明晰，优化为更适合孩子的教学方案。关键点则是针对教学中的重难点的达成，教师加入自己的思考预设相应的策略与支架，供团队讨论分享。争议点是指教师对教材中存在异议的地方进行摘录，利用教师间的差异重点进行互动、碰撞，澄清观念与主张。

【例4】研读卡：关于中班科学活动《不一样的绿》的争议点研读

研读内容	中班科学活动《不一样的绿》	研读者	梁老师
研读关注	争议点：人手一份材料的操作环节，调出深浅不一的绿色，此环节究竟是验证性的操作还是应该成为探究性操作？		

争议点：
　　第二环节第二小点描述的操作要求："取一罐颜料，再根据罐子上的颜色标记，用勺子舀入相应的另一种颜色……"我觉得它这样的操作，孩子们只是按部就班地按照老师的要求做做而已，并没有发挥孩子的主动积极的思维，纯粹只是一种验证性的操作而已！而其实孩子真正需要的是在操作中进行自主探究、主动建构。

我的思考：
　　在操作前加入一个"猜想"环节，让孩子们在动手前，先想一想，猜一猜："假如我要调出一种像黄瓜一样的深绿，我该让中绿和哪个颜色调和在一起呢？"这样是否能让孩子们思考在前，动手在后了呢？

【例5】研读卡：关于中班语言活动《消气商店》的疑问点研读

研读内容	中班语言活动《消气商店》	研读者	柴老师
研读关注	疑问点：如何处理三个类似环节中雷同的提问？		

疑问点：
　　原教材中有三个环节是平行重复的。环节二帮熊大哥消气、环节三帮鹅小姐消气、环节四帮老鼠兄弟消气，三个环节中，教案使用了同样的提问策略——XXX怎么啦？它为什么生气？你能帮XXX消气吗？
　　如何将教案中稍嫌简略的提问进行补充优化，以体现教学的层次性，加强对儿童思维的引发？

我的思考：
　　环节二中，帮熊大哥消气，可以着重让孩子思考"让人变开心"的多种方法，追求办法的多样性，培养思维创新。
　　环节三，帮鹅小姐消气，可以让孩子先通过画面观察，了解鹅小姐生气的原因——太胖了，衣服穿不下了。然后将提问进一步聚焦"怎样让不满意自己身材的鹅小姐变开心？"这样能使得问题变得更有针对性，帮助孩子聚焦问题的症结所在，因地制宜地寻求解决问题的办法。
　　环节四，帮老鼠兄弟消气，可以更开放，让孩子直接来劝劝老鼠兄弟，让兄弟俩都开心。

　　从上述两个研读卡的案例中可以看出，教师在备课的过程中，能随时以儿童的立场保持追问和质疑的态度，避免了执行过程"盲从、简单照搬"的现象，能加入自己的理解与思考，并积极寻求对策。研读卡将教师在备课过程中的思维火花记录下来，为教研活动带来了鲜活的研讨素材，研读卡的使用使备课过程更为深刻，有意义。

第四节 提升课程运作能力

一、课例研磨·现场视导——提升课程运作能力

"课例研磨·现场视导"是指聚焦教材中某一主题活动，对主题中的主要课例进行反复研磨，优化活动设计方案，并通过教师团队的现场视导，优化教师的互动行为，促进主题课程的有效实施，从而提升幼儿教师课程的运作能力。具体做法如下：

一是基于对教学课例的深入研磨，帮助教师解析教育价值，梳理教学逻辑，搭建学习支架。将课程理念转化为精心的教学设计，以此来提供课程执行的优质蓝本。通过研磨帮助教师认识到，恰当的教学设计应该有助于提升幼儿学习品质，让幼儿不仅仅"学会"更要"会学"，在"转知成慧"的过程中"启智生慧"。

二是基于对教学现场的细致视导，基于教学现场，通过教师群体的观察指导，修正教师的互动行为。聚焦教师互动行为的适宜性，在纷繁复杂、瞬息万变的教学情境中去解决实际问题，将自身的行为与复杂的教学情境进行有机整合，及时反思形成有意义的互动智慧，让师幼双方智慧互动、和谐共鸣，形成"高参与、高情意"的品质课堂。

二、提升课程运作能力的操作步骤

第一步：解析活动的核心价值。在挖掘活动的核心价值、确定目标时既要横向兼顾学科经验和主题目标，又要纵向确定儿童经验的起始点和发展的挑战点。

第二步：优化活动的基本元素。根据幼儿的实际情况通过剪裁素材内容、重构教学环节、调整教学形式，从而优化活动设计以更适应本班儿童

学习特点。

第三步：解读儿童的言行情绪。要聆听童声，倾听儿童语言同时解读行为背后的认知困惑、情感冲突，呵护童真，带着尊重、悦纳和期待，善待孩子的思维火花、情感跳动。

第四步：焕发儿童的学习品质。从经验梳理、思维扩展、情感认同等角度进行智慧理答让孩子"会思"，通过情感激励、追问质疑帮助儿童自我悦纳、自我挑战、自我实现，让孩子"乐学"。

三、提升课程运作能力的操作载体

1. 预操作

提倡教师基于教学设计进行"幼儿预操作"。教师通过观察幼儿预操作、分析预操作所见来了解幼儿经验水平，筛选操作材料，判断提问、指令、程序等要素的适宜度，进而思考教学的设计是否适宜，提高教师团队的前设计能力。优化活动设计方案，提高集体教学的价值。

预操作能及时发现儿童现实能力与教学计划之间的落差，帮助我们及时调整，重新定位目标、寻找更具挑战、更符合儿童学习特点的组织形式。

【例6】预操作：关于《我害怕》的目标定位

预操作内容设计	针对《我害怕》活动原目标中"能大胆说出心中的害怕"这一目标进行预操作，通过与儿童进行非正式交谈，了解孩子的已有经验，以确定是否要调整活动目标。
预操作情况记录	午睡起床后，老师一边为几个女孩梳头，一边问：你最害怕什么？女孩们很自然地说：我最害怕蛇、我最害怕鬼、我最害怕毛毛虫。一边说一边还模仿害怕发抖的样子，但神情很欢乐。另两个男孩也加入讨论，说：我最害怕地震和火山喷发。老师继续问：那看到害怕的东西怎么办？有两个孩子一边模仿尖叫的神态跑开了，另两个男孩说：我会打败它的。

续表

预操作分析及调整	"害怕"，是一种心理情绪，不同年龄的每个人都有各自不同的害怕，每个成长过程中的孩子都对"害怕"有着直接而又深刻的情绪体验。因此，这个话题能引发孩子的共鸣，值得展开深入的探讨。然而从预操作中孩子的回答可以发现，原设计目标中"鼓励孩子大胆地说出心中的害怕"显然对现在的孩子来说意义并不大，孩子缺乏的不是说出害怕的勇气，而是缺乏正视害怕，克服害怕情绪的自我调控方法。 　　建议目标可以调整为： 　　1. 能与同伴及教师讨论分享自己的害怕体验，知道"害怕是每一个人都有的情绪"。 　　2. 乐于积极寻找调控自己害怕情绪的多种方法。

　　上述案例中，当教师对原设计的目标定位产生质疑时，并不是盲目地调整，而是以儿童的实际经验为依据，通过预操作的方法来检验。经过预操作，教师能及时了解儿童的经验起点，适宜地调整教育目标，确保教学活动的价值。

2. 合作课

　　"青蓝合作课"是以教师群体间的差异为资源进行的课例研磨，幼儿园两位及以上的教师进行同一课例的设计优化与教学实施，促进教师团队间经验的共享与观念的碰撞，可以帮助教师关注教育机智、提高应对复杂教育情境的实践智慧。

　　"青蓝合作课"的合作体现在两个阶段，第一个阶段是师徒在研读的基础上进行教学方案的合作设计，共同完成对教育目标的定位、教学内容的剪裁、教学环节的重构、教学策略的调整等优化设计，形成教学的执行方案。第二阶段是师徒分别执教同一教学方案，在教学目标、流程包括核心提问都保持一致的活动中，可以鲜明地观察到不同教师与儿童的互动行为之间的差异。

【例7】合作课：师徒同读共研《会跳舞的小树叶》之提问对比

师傅C老师		徒弟R老师	
教师提问	幼儿回答	教师提问	幼儿回答
1.秋天到了，小树叶飘落下来是怎么样的呀？跟进提问：谁能用手指来学学样子？	幼：飘呀飘。 幼儿用身体动作做出"飘呀飘"和"转呀转"的动作，教师用语言进行总结。	1.秋天到了，小树叶飘落下来是怎么样的呀？我请举手举得好的小朋友。	幼：这样一下一下的。 原本离开座位用动作表现的幼儿回到座位上，但无法语言描述出小树叶的样子。
2.提问在先：我们来玩一玩小树叶，看看小树叶飘来飘去像什么？等会儿把你的发现告诉我。（提供每人一筐树叶，找空位置抛撒、观察。）玩耍后再次重复提问，像什么？	幼1：飞来飞去像蝴蝶。 幼2：飘来飘去像大象的耳朵。 幼1：像歪歪扭扭的小船。 幼2：像毛毛虫翻着跟斗。 幼3：像小鸟一样飞来飞去。	2.幼儿边操作玩小树叶（幼儿人手一片在座位面前），教师边问："看看小树叶像什么呢？" 教师见无回应后，做蝴蝶飞等动作，问：像什么？……	幼儿专心玩树叶，无人回答。 幼儿在教师动作提示下，说出：像蝴蝶，像飞机。

分析：师傅的提问虽然和徒弟完全一致，但是提问过程中更体现了对儿童学习特点的尊重。提问一，师傅知道幼儿难以用语言表达，便及时调整让幼儿用动作进行展示。而徒弟则一味强调语言描述，结果提问要求超越了幼儿的能力水平，幼儿无法表达。
提问二，师傅提问的时机把握比较科学，问题前置能引导幼儿带着问题进行操作，进行有意识地观察，而徒弟在儿童玩耍过程中提问，幼儿的注意力分配不强，因此玩耍的同时很难关注到提问。
此外，徒弟运用肢体动作进行启发，动作提示实则是封闭地告知答案，不利于儿童经验的自主表达。

案例中两位老师执行同一教案，可以聚焦差异，从差异中寻找师幼互动的策略。通过合作课的研修载体，可以帮助年轻教师避免"走流程"的教学困境，从资深教师的具体行为中吸取到互动经验。加快自身课程运作能力的提升。

3. 视导记

我们发现，仅仅通过教学理论的学习或教师自身单纯的经验摸索和积累是无助于教师课程运作能力的有效提升。教师需要在教学现场将自身的行为与复杂的教学情境进行有机整合，才能及时反思形成有意义的互动策略和有价值的"教"。因此"现场视导记"旨在借助教师团队的力量，需要值得信赖的同伴给予观察后的建议与引导，来帮助教师自我审视，实现课程运作能力的提升。

"现场视导记"从语言和非语言两种互动行为出发，对教学现场中的某一互动行为进行细致客观地记录，记录教师言行的同时更关注儿童的反应与表现。活动后再将观察记录的资料，通过与被视导教师面对面的互动交流，反思分析，探究教师互动行为的意义，从深层次解读出教师内隐的儿童观、帮助教师积累基于实践的互动策略，改善自身的互动行为，修正行为背后的教育观念，从而提升课程执行力。

【例8】视导记：对 X 老师语言互动中"认同与质疑"的单项观察记录

班 级	大一班	视导对象	X老师	活动内容	语言：种瓜	记录人	Y老师
语言互动类型	1. 讲述、指令（倾听、吵闹） 2. 开放提问、封闭提问（广泛回答、单一回答） 3. 关注、鼓励（寻求关注、发表见解） 4. 认同、质疑（求助、认同） 5. 否定、禁止（拒绝、游离）					观察项	第4项认同、质疑
环节	描述性记录					值得质疑的问题	
	幼：我听到瘦爷爷的瓜藤往天上爬，胖奶奶的瓜藤往地上爬。 师："哦，你听到了瓜藤往天上爬……"（简单重复孩子的回答） 建议：教师的语言认同可以进行策略方法的提升。例如："你学会用比较的方法来听诗歌，一下子就把诗歌里不同的地方找出来了，这个办法真好！"					——教师习惯于简单重复孩子的回答，如何进行情感激励？	

| 理解诗歌内容 | 幼：先要播种，再发芽，然后开花，花谢了结小瓜。
师：嗯，真能干！都说对了。（过于笼统）
建议：教师的语言认同可以指向学习品质，如回应："你懂得真多！下次自然角里遇到种植的问题，大家再来请教你哦！""爱看书的孩子知识面就是广。"

幼：我觉得很好笑的。
师：是呀，诗歌里面有很多儿化音，听起来特别有趣。
幼：跟屁虫。
师：回避，不予回应。
建议：教师可以进一步追问和质疑，如：诗歌里的哪个地方听起来特别好笑？为什么？为什么说瘦爷爷是胖奶奶的跟屁虫，你发现他们做的事情都一样吗？ | ——教师习惯于认同儿童回答中的认知信息，而对儿童回答背后传递出的情感态度、学习方法等信息缺乏认同。

——教师缺乏必要的追问和质疑，往往忽略与预设答案不吻合的信息，或者采用自问自答的策略，缺乏真实的对话。 |

    从上述案例中，我们可以发现，通过现场视导对教师某一种互动行为进行客观细致的记录分析，有助于教师获得实践智慧的提升，有助于教师将预设的课程方案在与儿童的"对话中"、"智慧抛接"过程中充分展开，使课程的运作过程更为生动饱满。

第五节 提升课程创生能力

一、事件反思·项目推动——提升课程创生能力

"事件反思·项目推动"是指教师能基于对儿童的观察解读，反思主题推进中的关键事件（特指那些在主题行进中超越或是偏离教师预设的事件），从事件中捕捉儿童的情绪、言语、行为等背后的成长需求，积极采取多维的推动策略，实现对儿童学习、游戏意愿的支持，从而提升课程创生能力。强调教师创生行为与儿童意愿之间的先后关系。儿童发展需要在先，教师支持性推动在后。其具体做法如下：

一是对关键事件的敏锐反思，在主题方案的推进中捕捉那些貌似"出格"的小插曲，将其视为"关键事件"，反思挖掘其对儿童的发展意义，从事件中儿童的情绪、行为、言语中解读成长需求，为进一步的课程调整与创生带来依据。我们提出虽然我们无法开展完全弹性自主、动态生成的项目课程，但一定要使我们的创生行动渗透方案教学、项目课程的精神理念。

二是对生成项目的多维推动，在主题课程的实施以外，为孩子量身定做地设计一些小型的学习任务、游戏项目，以此来满足孩子个性化、多元的成长需求，体验自我实现的成功与满足。我们鼓励教师，因为园情班况所致，生成项目不在于是否完美、周全，虽然不可能完全创生主题以囊括每一个孩子的兴趣点、适合每一个孩子的发展需求，但是却可以在一些微小处、一些小型的项目中体现对儿童的关注与推动。

二、提升课程创生能力的操作步骤

第一步：在关键事件中捕捉教育契机。从孩子已有发展水平和主题期望发展的能力之间的落差，孩子兴趣与主题内容之间的偏差中检核教师的

课程执行，捕捉教育契机。

第二步：在言行情绪中解读发展需求。需要解读儿童的情感是否需要满足、探究是否有待深入，从而去判断对儿童的发展价值所在。

第三步：在日常生活中渗透主题经验。在一日生活的各个时间段中渗透主题经验，帮助儿童在不同结构化程度的活动中感受到主题经验的整合与相互作用。主题的开展和结束都不是一个突然开始和戛然而止的过程，需要在时间上进行先期的铺垫和后期的延伸，以满足不同孩子的学习速率和发展需求。

第四步：在专设任务中实现多维推动。为儿童"量身定做"设计小型的学习任务与游戏方案，满足快乐体验、推动发展的自我实现。

三、提升课程运作能力的操作载体

1. 叙事录

通过"主题叙事录"将日常主题进程中的普通事件转变成关键事件，首先是对事件事实性描述，进行关于"什么"的记录，其次是对事件进行解释、赋予其意义，关于"为什么"的分析。遵循"事件是什么——关键在哪里——可以怎么做——何以这么做"的思维路径，即"描述——释义——行动——反思"的过程。帮助教师建立思考方式，提升问题意识，提高解读儿童行为和反思自身教育行为的能力。

【例9】叙事录：主题活动中教育关键事件《盒子里到底是什么？》

教师姓名	陈老师	班　级	中　班	教　龄	11
主题名称	小鬼显身手				
主题描述	中班主题《小鬼显身手》，其中由"辛劳的快递员"作为小单元的引出，帮助孩子了解快递员的工作状态。并通过健康活动《快递送货忙》来加深体验。				

关键节点一 （值得反思的 事件1）	事件名称：乱扔包裹的快递员 事件描述：为了进一步帮助幼儿了解快递员的工作状态，教师组织健康活动《送货忙》，为了游戏情境的逼真，教师投放了大大小小的各种快递包装盒，让幼儿走过小桥、跑过小路来回送货。 但是，送货快到达终点时，好多孩子都将手里的包裹随手一扔，扔到终点处的框里。我反复提醒：快递员要保护运送的货物，要轻拿轻放……但孩子没有意识。
关键节点二 （值得反思的 事件2）	事件名称：盒子里到底是什么？ 事件描述：在教师营造的送货情境下，孩子们终于将货物送到了目的地，放松运动时，有孩子来告状：老师，他们把盒子拆破了！原来，几个男孩子发现包裹摇动时里面有响声，于是就将纸盒挖了个洞，对快递邮包中的货品一探究竟。他们还解释：我又没有拿里面的东西，我只是想看看。
就本主题而言，事件的关键点在哪里？	这一偏离教学预设的"插曲"就是一个"关键事件"，教师从孩子的表现中解读到：孩子对快递该由谁来拆不明确；孩子对快递员的工作性质和所需要的责任心体验不深……这个关键事件反映出孩子的好奇心理，也传递着一种信息，孩子如果能体验到收货的欣喜，就能将这份感激迁移到快递员身上，那对主题的核心价值是紧密联系的。
可以怎么做？	教师可以在日常生活中丰富认知信息，帮助孩子认识快递包裹上的标识与地址信息，通过"易碎品、小心淋雨"等标识中，引导幼儿以责任心确保物品完好无损且快速地送到，进一步体验快递员工作的职业特点和特殊性。同时增加了一个环节，通过教师扮演收货人，当面拆开邮包，并致谢。这一过程不仅满足儿童的好奇心，还让孩子真切地感受到自己劳动的意义。
为何这样做？	教师从孩子的表现中解读到：孩子对快递该由谁来拆不明确；孩子对快递员的工作性质和所需要的责任心体验不深……教师认识到，偏离的轨道上一定有孩子渴望了解的认知信息，一定有满足他们的情感需要的内容，因此，能发现"关键事件"并深刻反思，才能捕捉教育契机，帮助儿童实现"无心插柳柳成荫"的境界。

从上述叙事录中，我们可以看出，教师需要敏锐发现一些有别于寻常的"关键事件"，从貌似"出格"的关键事件背后，发现教育契机。只有具备反思能力的教师在课程的行进中不断关照孩子的行为表现、情绪反应，从这些落差和偏差中检核自己的课程执行，才能使课程创生真正服务

于儿童发展。

2. 任务单

　　幼儿园主题课程的实施过程中，在园的一日生活能提供给儿童相对系统完整的主题经验，但每个儿童的学习兴趣、学习能力、学习方式乃至学习速率都不尽相同，因此，为满足儿童进一步探究和深入的学习渴望。教师可以借助"任务拓展单"的形式，将儿童的探究与体验延伸到家庭生活中、拓展到幼儿园的空间之外，实现课程的生本化拓展。

　　"任务拓展单"可以有不同的形式，例如：教师可以将儿童在主题课程进程中提出的问题加以记录，并将此问题转化成驱动性的任务，推动儿童的自主探索、主动观察发现。也可以任务单的形式将儿童的学习需求转告家长，指导家长提供个别化的支持，在家庭中拓展相关经验、满足学习需求。任务单还可伴随班级中开展的主题，进行长线的任务拓展，儿童可以根据自己的原有水平与能力，通过一个阶段的挑战，实现自我成长与提升。

　　【例10】任务单：大班活动《小兔过生日》

　　主题活动中，《小兔过生日》的故事留给了孩子很深的印象，孩子对故事中统筹安排、调整做事情的顺序，有个初步的理解，尤其对两种不同的做事顺序造成"来得及或来不及"的后果非常感兴趣。如何统筹安排，需要建立在丰富的生活经验基础上，需要通过实践操作来获得感性经验。于是，老师顺应孩子的学习兴趣，开辟《小兔过生日》游戏区角，幼儿随机摸出不同的工作任务单，根据不同的三件工作，进行排列组合，以确保在规定时间内完成所有的工作，让小兔的生日聚会顺利进行。

　　工作一：洗碗、洗衣机洗衣服、晒衣服

　　工作二：扫地、拖地、烧开水

　　……

　　【例11】任务单：大班活动《纸牌叠叠乐》

　　区域中，教师提供了一些纸牌供孩子进行"比大小"等游戏，可是在实际操作中，孩子却尝试着将纸牌当做一种建构材料进行搭建叠高。教师关

注到孩子的游戏意愿后，首先给孩子创设了相对独立的空间，并给予孩子自由探索尝试的机会。一个阶段后，孩子已经初步有了用折、团往上搭高的概念，于是，教师又帮助孩子一同梳理纸牌搭建的多种技能：横折、竖折，把长边对折两次形成了更高的立体面，将短的那边对折两次，形成了扇子一样的形状……同时教师提供了很多纸牌建构的大师作品（吉尼斯纪录）。慢慢地孩子从中习得了折叠剪、拼插、组合、架空、围合等技能。可是纸牌很轻，稍稍用力纸牌就会倒塌，教师向他们提出挑战，任务单——比比谁的纸牌建筑又高又稳！比比哪个团队是我们班的叠纸牌大王队！

就这样，一个纸牌游戏在老师的支持推动下，不仅提升了幼儿叠高的技能技巧，还促进了同伴的合作交往，更让孩子获得了坚持不懈，积极挑战的良好情感体验。

【例12】任务单：中班活动《物品由来大搜索》

亲爱的爸爸妈妈：

今天老师给我们讲了《百人糕》的故事，没想到一块小小的普普通通的甜糕，居然经过了那么多人的劳动与加工。老师说，生活中的每一件物品都有很多很多人的劳动参与其中。我想试着来找一找，一瓶普普通通的果粒橙，会有哪些劳动者参与在里面呢？请您协助我一起来了解和记录吧！

从上述案例中，我们可以看到"任务单"的形式非常丰富，教师通过"任务单"形式的推动项目，可以帮助儿童实现主题经验的延续与拓展，也提供了儿童自主学习的机会。同时，面向家长的任务单，可以帮助家长了解幼儿园的主题课程内容，进行有针对性的个别化的亲子互动，拓展儿童的学习经验。"任务单"驱动下的活动都为低结构活动，有效地弥补集体教学中整齐划一的要求所带来的弊端，更开放自主，有助于儿童自主性的发挥。

3. 项目书

基于对关键事件的记录与分析，教师能从中了解儿童的学习兴趣、探究热情和游戏意愿。我们倡导教师不一定要创生庞大的主题，可以从小型的项目入手，凭借教师的专业判断与取舍，为儿童提供适宜的多维支持，帮助儿童实现个别化的学习意愿，体验成功与自我实现。"项目书"可以帮助教师理性分析儿童的学习、游戏意愿中蕴含的发展价值，经过判断取舍，融入教师的感性创造，形成适宜的操作项目。

"项目书"分为"经验分析、价值判断、策略支持、成效表述"四块内容，教师首先需要从儿童的语言、行为、情绪表达等方面来了解儿童的已有经验和期望获得的挑战。其次，对儿童所萌发的学习、游戏意愿进行价值判断，分析其能带给儿童怎样的关键经验、核心能力和游戏体验。教师还需要从时间、空间、材料、人际支持等多方面进行支持策略的预设，使得项目更具操作性、可行性。最后，教师还将对此项目的成效进行表述，为将来指导类似活动积累经验，为园本课程项目的开发积累素材。

【例 13】项目书：中班活动《高跷乐》

经验分析	班里的幼儿最近对踩高跷发生了浓厚的兴趣，在走廊上、小操场上来来回回地练习踩高跷，逐渐喜欢上了这项活动，许多孩子在能够独立地踩高跷后，踩高跷还有了一些新的玩法。 　　1. 不满足于练习踩高跷，孩子们会自发进行比赛。 　　2. 开始尝试用高跷走障碍物。 　　3. 踩高跷的技能存在差异性。
价值取舍	1. 活动具有可操作性：踩高跷所需的材料容易收集，日常生活中废旧的牛奶罐、毛竹筒、肉松罐等材料都可用来制作成各种不同的高跷，而且高跷游戏便于开展，幼儿可以自主地选择不同高低、不同材料、有拉绳和没拉绳的高跷，在区域活动或户外活动中进行，使自己得到充分的练习、游戏，从而丰富一日生活。 　　2. 活动能有效地促进幼儿发展：踩高跷可以发展幼儿的身体平衡能力，提高动作的协调性，发展团结协作和竞争的意识。幼儿可以通过收集、交流、讨论、制作、探究、竞赛、欣赏、表演等多种活动形式，了解有关高跷的传统文化内涵；探索高跷的新玩法，愿意参与挑战，敢于尝试及克服困难，发展合作和竞争的意识。

续表

策略支持	策略一：将班级走廊设置成一个高跷特色区，投放了由教师、家长、幼儿共同收集材料、并动手制作的各种各样的高跷，如，木制高跷、竹筒高跷、旺仔牛奶罐高跷、奶粉罐高跷等，教师用"蝌蚪人图谱"记录下新玩法，展示在主题墙上，使幼儿可以看着图谱随机练习，提高踩高跷的技能。 　　策略二：搭建支架，激发幼儿挑战的兴趣，与孩子共同探讨跨越障碍物的动作要领：侧过身体，前脚跨过障碍物，身体站稳以后再跨后脚。 　　策略三：创设游戏情境，享受挑战的乐趣。加入生动的角色内容可以充分激发幼儿游戏的兴趣。共同商议创设森林情境，小组合作搭建冒险的难关（森林里的小河、小桥、山洞、山坡、弯弯曲曲的小路等）。 　　策略四：融入音乐游戏，维持挑战的兴趣。 　　让幼儿跟着音乐节奏和旋律，运用各种踩高跷的方法来跳高跷舞，体验集体跳高跷舞带来的快乐。 　　策略五：利用榜样作用，发展不怕困难、勇于挑战的精神品质，欣赏《日本孩子走高跷》的视频。激发像日本孩子那样挑战木制高跷的强烈欲望。
成效表述	1.促进幼儿身体动作技能的发展：活动中，幼儿的平衡能力、各种动作协调能力得到了发展，从而增强了体质。在探索高跷的不同玩法、挑战高跷的游戏中，幼儿的走、跑、跳、平衡、钻等大肌肉动作都得到了发展。 　　2.促进了幼儿自主学习能力的发展。 　　3.促进了幼儿社会性的发展。 　　活动过程中，很多游戏需要小组合作共同完成，幼儿在游戏中形成合作、助人、谦让等行为，学会协调与组织、团结与协作。幼儿的自制力和坚持性等意志品质都得到发展。

　　上述案例中，教师通过"项目书"的制定，明确了"高跷"活动对儿童的发展价值，也预设了多种支持策略以确保高跷项目活动的深入开展。教师在满足儿童游戏意愿的同时，给予儿童技能、情感、合作能力、意志品质等多方面的提升。虽然这一类项目书所开发的都是小型的游戏项目，但仍渗透着"支持儿童、追随儿童"的项目课程实施精神，支持儿童获得快乐的成长体验，教师从中也能获得成功感与自我满足。

　　以儿童的视角来审视，
　　会让我们珍视孩子的童真天性。
　　以儿童的立场来追问，
　　会让我们明晰教育的基本元素。
　　以儿童的需要来追求，
　　会让我们的教育回到最根本的原点。

参考文献

［1］郑莉，金亚文. 基础音乐教育新视野［M］. 北京：高等教育出版社，2004.

［2］许卓娅. 学前儿童音乐教育［M］. 北京：人民教育出版社，1996.

［3］［美］贝内特·雷默. 音乐教育的哲学［M］. 熊蕾译. 北京：人民音乐出版社，2003.

［4］肯·古德曼著. 全语言的全 全在哪里［M］. 李连珠译. 南京：南京师范大学出版社，2005.

［5］冯晴. 阅读教学与思维发展［M］. 杭州：浙江教育出版社，2006.

［6］梅子涵. 相信童话［M］. 北京：少年儿童出版社，2007.

［7］彭懿. 图画书阅读与经典［M］. 北京：二十一世纪出版社，2006.

［8］［美］KarenWorth Sharon Grollman著. 蚯蚓，影子和漩涡——幼儿班里的科学活动［M］. 刘占兰，易凌云等译. 北京：北京师范大学出版社，2008.

［9］［美］吉恩·D. 哈兰著. 儿童早期的科学经验［M］. 张宪冰等译. 北京：北京师范大学出版社，2006.

［10］Joseph S.Charlene M.Czerniak著. 中小学科学教学——基于项目的方法与策略［M］. 王磊等译. 北京：高等教育出版社，2004.

［11］中国学前教育研究会幼儿园课程与教学专业委员会. 幼儿园科学探究的教与学［M］. 南京：南京师范大学出版社，2006.

［12］李季湄. 回到基本元素去——走进新纲要［M］. 北京：北京师范大学出版社，2006.

［13］虞莉莉. 幼儿园教育案例专题研究［M］. 杭州：浙江大学出版社，2005.

［14］李季湄. 对新时期幼教教研有关问题的思考［J］. 幼儿教育，2007（5）：7—11.

［15］华爱华. 谈教研员在园本教研中的引领作用［J］. 幼儿教育，2007（5）：12—13.

［16］庞丽娟. 教师与幼儿发展［M］. 北京：北京师范大学出版社，2006.

［17］郑慧琦，胡兴宏. 教师成为研究者［M］. 上海：上海教育出版社，2006.

［18］［美］Gary D. Borich. 教师观察力的培养——通往高效率教学之路［M］. 么加利，张新立译. 北京：中国轻工业出版社，2006.

［19］刘晶波. 我在幼儿园看到了什么［M］. 南京：南京师范大学出版社，2006.

［20］丽莲·凯兹著. 与幼儿教师对话［M］. 廖凤瑞译. 南京：南京师范大学出版社，2004.

［21］叶子，庞丽娟. 师生互动研究述评［J］. 学前教育研究，2009（3）：44—48.

［22］上海中小学课程教材改革委员会. 上海市学前教育课程指南解读［M］. 上海：上海教育出版社，2005.

［23］严仲连. 幼儿园课程实施适应取向的内涵、特点及影响因素［J］. 学前教育研究，2010（2）：27.

［24］［美］得不·柯蒂斯，马季·卡特著. 和儿童一起学习 促进反思性教学的课程框架［M］. 周欣，周晶，张亚杰，高黎亚译. 北京：教育科学出版社，2011.

［25］［美］贾博尔·L.鲁普纳林，詹姆斯·E.约翰逊主编. 学前教育课程［M］. 黄瑾，裴小倩，柳倩等译. 朱家雄，胡娟审校. 上海：华东师范大学出版社，2011.

［26］中央教育科学研究所学前教育研究室. 幼儿园教育质量评价手册［M］. 北京：教育科学出版社，2009.

索 引

图书在版编目（CIP）数据

与孩子共成长：《幼儿园教育指导纲要》的实践性
解读 / 沈颖洁著. — 杭州 ： 浙江大学出版社，2013.10
（2015.9重印）
ISBN 978-7-308-11899-6

Ⅰ．①与… Ⅱ．①沈… Ⅲ．①学前教育－教学研究
Ⅳ．①G612

中国版本图书馆CIP数据核字(2013)第170854号

与孩子共成长《幼儿园教育指导纲要》的实践性解读

沈颖洁　著

责任编辑	徐　静	
封面设计	杭州林智广告有限公司	
出版发行	浙江大学出版社	
	（杭州市天目山路148号　　邮政编码　310007）	
	（网址：http://www.zjupress.com）	
排　　版	杭州林智广告有限公司	
印　　刷	富阳市育才印刷有限公司	
开　　本	710mm×1000mm　1/16	
印　　张	15.5	
字　　数	240千	
版 印 次	2013年10月第1版　2015年9月第3次印刷	
书　　号	ISBN 978-7-308-11899-6	
定　　价	39.00元	